Felix Hornstein

Die schönsten Weihnachtsgeschichten

Felix Hornstein (*1960) ist Gymnasiallehrer für Latein, Katholische Religionslehre und Geschichte und unterrichtet am Gymnasium Tegernsee.

Felix Hornstein

Die schönsten Weihnachtsgeschichten

Neu gelesen und interpretiert

Patrimonium-Verlag 2020

Impressum

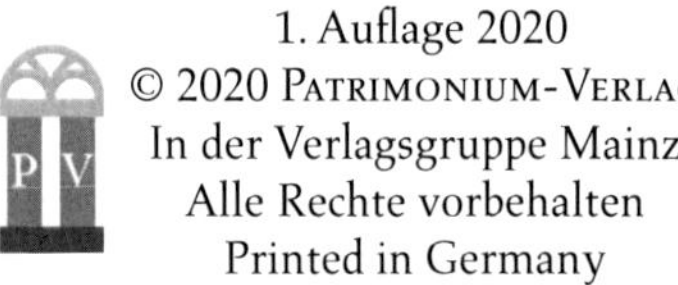

1. Auflage 2020

In der Verlagsgruppe Mainz

Printed in Germany

Erschienen in der Edition »Patrimonium Poeticum«

Patrimonium-Verlag
Verlagsgruppe Mainz
Süsterfeldstraße 83
52072 Aachen
www.patrimonium-verlag.de

Gestaltung, Druck und Vertrieb
Druck & Verlagshaus Mainz
Süsterfeldstraße 83
52072 Aachen
www.verlag-mainz.de

Umschlag:
Gestaltung Dietrich Betcher

ISBN-10: 3-86417-142-3
ISBN-13: 978-3-86417-142-0

Für meine Kinder
Toni, Hansi, Fini und Otto

Inhalt

Einleitung

Es gibt viele Weihnachtsgeschichten, aber nur wenige gute. Zu groß ist die Gefahr der Sentimentalität. Man transportiert die Geburt des Erlösers vom Heiligen Land nach Oberbayern oder in die Kaschubei oder nach Russland oder sonst wohin und reichert sie mit Lokalkolorit an. Man badet in der Idylle. Andere Geschichten berichten wehmutsvoll von der eigenen Kindheit und beschreiben das Weihnachtsfest mit den leuchtenden Kerzen und dem Christbaum und evozieren die Düfte nach Zimt und Vanille und Sternanis, nach Glühwein und nach Gänsebraten, die man bei uns gemeinhin mit dem Fest verbindet. Das Fest als Schlaraffenland und Kerzenflitter. Und als Zeit, in der die Familie noch einträchtig versammelt war.

Schließlich gibt es irgendwelche Begebenheiten ungewöhnlicher Art, die just am Weihnachtstag passiert sind oder irgendwelche Schwierigkeiten oder Missverständnisse mit den Geschenken, die mit dem eigentlichen Sinn des Festes aber wenig zu tun haben.

Und schließlich gibt es noch Väterchen Frost: An Weihnachten ist es gewöhnlich, jedenfalls in den meisten Geschichten, bitter kalt, der Schnee liegt meterhoch – jedenfalls tat er das in unserer Kindheit noch, weit entfernt von allem Klimawandel. Weihnachten, das heißt dann schöne Winterbilder und daneben Oasen von Wärme und Gemütlichkeit.

Manche Geschichten rationalisieren und moralisieren das Wunder der Weihnachtsnacht, zeigen etwa, wie jemand einen »Engel« findet, der ihm an diesem Tag aus der Patsche hilft, der einer armen Familie einen Fresskorb vor die Tür stellt oder eine Fuhre Holz vor dem Hof ablädt. Überhaupt findet sich Sentimentalität vor allem in Erzählungen von guten Werken just in dieser Nacht, wenn sich die Familien in ihren Häusern verbarrikadieren und beim bullernden Ofen besonders gerne Geschichten von Menschlichkeit hören. »Es ist von altersher in den Weihnachtsmärchen Brauch, alljährlich einige arme Mädchen und Knaben erfrieren zu lassen«, beginnt eine Weihnachtsgeschichte von Maxim Gorki.[1]

Anders die Geschichten von der Kriegsweihnacht. Das geht es um das existentielle Elend des Soldaten – Elend bedeutet ja so viel wie »im Ausland«, »fern der Heimat«. Es ist kalt, der Tod ist nahe, zu Hause feiern die Familien und man erlebt, was Weihnachten bedeutet, aus dem Abstand nur umso intensiver. Nie werden das Elend und das Getrenntsein von den Liebsten so existentiell gefühlt, ist doch Weihnachten in unseren Breiten *das* Fest der menschlichen Begegnung. Und gerade da kommt es oft zu menschlichen Begegnungen in unerwarteter Richtung, sogar über die Schützengräben hinweg. Der Landser weiß ja: Der da auf der anderen Seite ist wie du selbst, ihm geht es wie dir. Diese Geschichten sind also alles andere als kitschig. Und sie handeln von menschlicher Größe und Ahnungen des Friedens »inmitten der Nacht«.

Als freilich meist gescheiterten Versuch, der Kitschfalle zu entkommen, betrachte ich manche moderne Weihnachtsgeschichten. Da wird Weihnachten verfremdet, es wird als Täuschung und Betrug entlarvt, als kommerzielle Veranstaltung, hinter der doch jeder nur

---

1 Maxim Gorki, »Von einem Knaben und einem Mädchen, die nicht erfroren sind« – in: Natalis, Gottfried, Weihnachtserzählungen des 20. Jahrhunderts, Frankfurt am Main – Leipzig 1994, S. 86–97.

seinen eigenen Vorteil sucht, dabei aber letztlich einsam und allein bleibt. Der weihnachtliche Trost gilt selbst als Kitsch. Hier artikuliert man ineins den Generalverdacht gegen die religiöse Hoffnung und gegen den Kapitalismus.

Ernst zu nehmen sind freilich die Darstellungen des Schicksals der Armen und der Einsamen an diesem Tag: Wie wird es ihnen da gehen, wenn alle feiern und niemand für sie Zeit hat? Aber das ist ein schwieriges Genus und ich kenne nur wenige Beispiele für gute Geschichten dieser Art. Denn der hohe Ton macht eine Geschichte noch nicht zu einem Stück guter Literatur. Meist enthalten diese Versuche zu viel Moralin: Hier finden wir die Anklage gegen die selbstzufriedenen Bürger, die, so der unausgesprochene Verdacht, auf Kosten der anderen feiern. Aber dieser Vorwurf trifft nicht immer. Denn manchmal geht es ja auch um das Teilen der Festesfreude und um das Weitergeben des Lichtes.

Ein Sonderfall ist die weihnachtliche Idylle: Sie steht meist unter Kitschverdacht, ist aber durchaus nicht in allen Fällen kitschig und kann sogar weit in die Tiefe reichen. Überhaupt verstecken sich mitunter tiefsinnige Geschichten unter Weihnachtsschmuck: Dann werden auf leichtfüßige Weise große Wahrheiten ausgesprochen.

Wenn es aber so schwierig ist, was in aller Welt zeichnet dann eine wirklich gute Weihnachtsgeschichte aus?

Die wirklich guten Geschichten sind meines Erachtens die, die auch ganz ohne Weihnachten gute Geschichten wären, in denen dem Weihnachtlichen aber eine ganz besondere Rolle zukommt. Gute Weihnachtsgeschichten berichten von einem existentiellen Ereignis oder Geschehen in der Welt der Menschen, das in Verbindung mit dem Kairos von Weihnachten eine besondere Wendung nimmt. Das ist das entscheidende Stichwort: Der

Kairos, der rechte Augenblick. Weihnachtsgeschichten handeln von dem besonderen Augenblick, von der Zeit einer besonderen, spürbaren Nähe Gottes in dieser Welt, von einer Herabkunft des Friedens, der wie ein Katalysator eine wunderbare Wandlung der Menschen und der Verhältnisse bewirkt. Da geht es um ein Geschenk, das »zur rechten Zeit« gebracht wird, um die, die sich am Weihnachtstag versöhnen und zugleich ihre Familien aus einer alten Feindschaft erlösen, da geht es um den einsamen Gottsucher, der an diesem Tag der Herrlichkeit des verborgenen Gottes ansichtig wird, da geht es um einen bösen Räuber, der seine Wildheit verliert, um einen nutzlosen Menschen am Rande der Gesellschaft, der die Aufgabe seines Lebens findet, um ein böses, verhärtetes Herz, das an diesem Tag aufgebrochen und ins Leben zurückgebracht wird, um Geschenke, die die junge Liebe in ihrer grenzenlosen Offenheit zeigen. Oder auch um einen Baum, der zum Weihnachtsfest leuchten durfte und doch sein Glück nicht fand.

Weihnachten ist das Fest der Menschwerdung Gottes, das Fest, an dem sich zeigt, dass diese Welt mehr ist als ein einsam und sinnlos durch die Weiten des Universums schwebender Materieklumpen, da geht es um einen Frieden, der in dieser Welt und doch nicht von dieser Welt ist, um den besonderen Moment, in dem Dinge möglich sind, die sonst undenkbar erschienen, um Überfluss und Fülle und Herrlichkeit. Und immer um das Licht, das in die Finsternis kommt. Die Tragik des göttlichen Lichtes kennt jeder, der schon einmal in die Evangelien von Jesus Christus hineingeschaut hat: »Die Finsternis hat es nicht ergriffen« (Joh 1,5): Bei Weihnachten geht es darum, dass dieses Licht von manchen ergriffen wird, in denen sich dabei das Wunder der Menschwerdung neu vollzieht. Das Licht will ja nicht allein bleiben, es will andere erleuchten und anstecken: »Er gab ihnen Macht,

Söhne Gottes zu werden«, heißt es bei Johannes weiter (Joh 1,12).

Die wirklich wichtigen Veränderungen dieser Welt sieht man nicht. Sie ereignen sich im Verborgenen. Das gilt für die einsamen Gedanken eines großen Denkers – meist bleiben sie einsam –, es gilt für die Entstehung eines neuen Menschen im Mutterschoß, es gilt überhaupt für alles Wachstum, das unendlich langsamer abläuft als das oftmals krachende Ereignis einer Zerstörung, wiewohl auch diese meist im Unsichtbaren vorbereitet wird: Als Haarriss im Inneren eines Rades, als Faulen im Inneren eines Baumes, als Absetzungsprozess in Freundschaft, Ehe und Gesellschaft. Weihnachtsgeschichten berichten meist von einer Ankunft des heiligen Wortes oder Kindes in der Stille, die dann zum Ereignis wird. Jede Geburt ist ein Ereignis, in dem eine längere Zeit der Hoffnung zum Ende kommt und ist doch zugleich selbst nicht mehr als Hoffnung: Das Kind ist schon da, aber es muss noch groß werden. *Wer* da geboren wurde, sieht man richtig erst im Nachhinein. Immer aber geht es bei Weihnachten um eine Umwendung der Verhältnisse. So punktuell das Fest auch bleibt, es enthält die Botschaft: Alles wird gut.

Ich habe im Folgenden einige besonders geglückte Weihnachtsgeschichten zusammengestellt und interpretiert. Dabei ging es mir nicht um eine literarische Untersuchung oder Kritik. Vielmehr kam es mir jeweils darauf an zu zeigen, wie viel Daseinsernst in einer unscheinbaren Weihnachtsgeschichte verborgen sein kann und wie weit sie über alle Gefühlsduselei hinausragt. Vor allem aber ging es mir um die Antworten, die diese Erzählungen auf drängende Fragen des Lebens und der Zeit bieten. Gute Literatur misst sich wie Erz am Feingehalt. Ich habe mich bemüht, den Feingehalt dieser Geschichten herauszuholen.

Ich hoffe, mit Hilfe dieser Geschichten den guten alten Brauch zu unterstützen, in der Familie, im Freundeskreis oder in der Pfarrei Weihnachtsgeschichten vorzulesen. Wenn man eine Geschichte vorträgt, tut man gut daran, sich darüber zu unterhalten. Anregungen für dieses Gespräch zu bieten, darin sehe ich einen Sinn dieses Buches.

Ich selbst lese seit Jahren Advents- und Weihnachtsgeschichten in der Familie und in der Schule. Dort sind sie willkommene Abwechslungen. Zugleich dienen sie der Vorbereitung auf das Fest: So erschließt sich sein Sinn oft fast von selbst. Ich würde mich freuen, wenn der ein oder andere diese Anregungen aufgreifen und die Weihnachtsfeiern mit ernsthaften Geschichten bestreiten würde. Und besonders würde ich mich freuen, wenn dabei mehr herauskäme als eine gefühlsmäßige Einstimmung auf Weihnachten: Die ernsthafte Auseinandersetzung mit dem Fest der Fleischwerdung des Herrn.

Tegernsee, im September 2020
Felix Hornstein

Felix Timmermans: Sankt Nikolaus in Not

Es fielen noch ein paar mollige Flocken aus der wegziehenden Schneewolke, und da stand auf einmal auch schon der runde Mond leuchtend über dem weißen Turm.

Die beschneite Stadt wurde eine silberne Stadt.

Es war ein Abend von flaumweicher Stille und lilienreiner Friedsamkeit. Und wären die flimmernden Sterne herniedergesunken, um als Heilige in goldenen Messgewändern durch die Straßen zu wandeln – niemand hätte sich gewundert. Es war ein Abend, wie geschaffen für Wunder und Mirakel. Aber keiner sah die begnadete Schönheit des alten Städtchens unter dem mondbeschienenen Schnee.

Die Menschen schliefen.

Nur der Dichter Remoldus Keersmaeckers, der in allem das Schöne sah und darum lange Haare trug, saß noch bei Kerzenschein und Pfeifenrauch und reimte ein Gedicht auf die Götter des Olymps und die Herrlichkeit des griechischen Himmels, die er so innig auf Holzschnitten bewundert hatte.

Der Nachtwächter Dries Andijvel, der auf dem Turm die Wache hielt, huschte alle Viertelstunden hinaus, blies eilig drei Töne in die vier Windrichtungen, kroch dann zurück in die warme, holzgetäfelte Kammer zum bullernden Kanonenöfchen und las weiter in seinem Liederbüchlein: »Der flämische Barde, hundert Lieder für fünf Groschen.« War eins dabei, von dem er die Weise kannte, dann kratzte er die auf einer alten Geige und sang das Lied durch seinen weißen Bart, dass es bis hoch ins rabenschwarze Gerüst des Turmes schallte. Ein kühles

Gläschen Bier schmierte ihm jedes Mal zur Belohnung die Kehle.

Trinchen Mutser aus dem »Verzuckerten Nasenflügel« saß in der Küche und sah traurig durch das Kreuzfensterchen in ihren Laden.

Ihr Herz war in einen Dornbusch gefallen. Trinchen Mutsers Herz war ganz durchstochen und durchbohrt, nicht weil all ihr Zuckerzeug heut am Sankt-Nikolaus-Abend ausverkauft war – ach nein! Weil das große Schokoladenschiff stehen geblieben war. Einen halben Meter war es hoch und so lang wie von hier bis dort! Wie wunderschön stand es da hinter den flaschengrünen Scheiben ihres Lädchens, lustig mit Silberpapier beklebt, verziert mit rosa Zuckerrosetten, mit Leiterchen aus weißem Zucker und mit Rauch in den Schornsteinen. Der Rauch war weiße Watte.

Das ganze Stück kostete so viel, wie all die kleinen Leckereien, die Pfefferkuchenhähne mit einem Federchen am Hintern, die Knusperchen, die Zuckerbohnen und die Schokoladenplätzchen zusammen. Und wenn das Stück, das Schiff aus Schokolade, das sich in rosa Zuckerbuchstaben als die »Kongo« auswies, nicht verkauft wurde, dann lag ihr ganzer Verdienst im Wasser, und sie verlor noch Geld obendrein.

Warum hat sie das auch kaufen müssen? Wo hat sie nur ihre Gedanken gehabt! So ein kostbares Stück für ihren bescheidenen kleinen Laden.

Wohl waren alle gekommen, um es sich anzusehen, Mütter und Kinder, sie hatte dadurch verkauft wie noch nie. Aber kein Mensch fragte nach dem Preis, und so blieb es stehen und rauchte immer noch seine weiße Watte, stumm wie ein toter Fisch. Als Frau Doktor Vaes gekommen war, um Varenbergsche Hustenbonbons zu kaufen, da hatte Trinchen gesagt: »Sehen Sie nur mal, Frau Doktor Vaes, was für ein schönes Schiff! Wenn ich

Sie wäre, dann würde ich Ihren Kindern nichts anderes zum Sankt Nikolaus schenken als dieses Schiff. Sie werden selig sein, wie im Himmel.«

»Ach«, sagte Frau Vaes abwehrend, »Sankt Nikolaus ist ein armer Mann. Die Kinder werden schon viel zu sehr verwöhnt, und außerdem gehen die Geschäfte von dem Herrn Doktor viel zu schlecht. Wissen Sie wohl, Trinchen, dass es in diesem Winter fast keine Kranken gibt? Wenn das nicht besser wird, weiß ich gar nicht, was wir anfangen sollen.« Und sie kaufte zwei Pfefferkuchenhähne auf einem Stäbchen und ließ sich tagelang nicht mehr sehen.

Und heute war Nikolausabend; aller Kleinkram war verkauft, nur die »Kongo« stand noch da in ihrer braunen Kongofarbe und rauchte einsam und verlassen ihre weiße Watte. Zwanzig Franken Verlust! Der ganze Horizont war schwarz wie die »Kongo« selbst. Vielleicht könnte man sie stückweise verkaufen oder verlosen? Ach nein, das brachte noch nicht fünf Franken ein, und sie konnte das Ding doch nicht auf die Kommode stellen neben die anderen Nippsachen.

Ihr Herz war in einen Dornbusch gefallen. Sie zündete eine Kerze an für den heiligen Antonius und eine für Sankt Nikolaus und betete einen Rosenkranz, auf dass der Himmel sich des Schiffes annehmen möge und Gnade tauen. Sie wartete und wartete. Die Stille wanderte auf und ab.

Um zehn Uhr machte sie die Fensterläden zu und konnte in ihrem Bett vor Kummer nicht schlafen.

Und es gab noch ein viertes Wesen in dem verschneiten Städtchen, das nicht schlief. Das war ein kleines Kind, Cäcilie; es hatte ein seidig blondes Lockenköpfchen und war so arm, dass es sich nie mit Seife waschen konnte, und ein Hemdchen trug es, das nur noch einen Ärmel hatte und am Saum ausgefranst war wie Eiszapfen an der Dachrinne.

Die kleine Cäcilie saß, während ihre Eltern oben schliefen, unter dem Kamin und wartete, bis Sankt Nikolaus das Schokoladenschiff von Trinchen Mutser durch den Schornstein herunterwerfen würde. Sie wusste, es würde ihr gebracht werden; sie hatte es jede Nacht geträumt, und nun saß sie da und wartete voller Zuversicht und Geduld darauf; und weil sie fürchtete, das Schiff könne beim Fallen kaputtgehen, hatte sie sich ihr Kopfkissen auf den Arm gelegt, damit es weich wie eine Feder darauf niedersinken könnte.

Und während nun die vier wachenden Menschen im Städtchen: der Dichter, der Turmwächter, Trinchen Mutser und Cäcilie, ein jedes mit seiner Freude, seinem Kummer oder seiner Sehnsucht beschäftigt, nichts sahen von der Nacht, die war wie ein Palast, öffnete sich der Mond wie ein runder Ofen mit silberner runder Tür, und es stürzte aus der Mondhöhle eine solche strahlende Klarheit hernieder, dass sie sich auch mit goldener Feder nicht beschreiben ließe.

Einen Augenblick lang fiel das echte Licht aus dem wirklichen Himmel auf die Erde. Das geschah, um Sankt Nikolaus auf seinem weißen, schwerbeladenen Eselchen und den schwarzen Knecht Ruprecht durchzulassen.

Aber wie kamen sie nun auf die Erde? Ganz einfach. Das Eselchen stellte sich auf einen Mondstrahl, stemmte die Beine steif und glitschte nur so hinunter, wie auf einer schrägen Eisbahn. Und der schlaue Knecht Ruprecht fasste den Schwanz vom Eselchen und ließ sich ganz behaglich mitziehen, auf den Fersen hockend. So kamen sie ins Städtchen, mitten auf den beschneiten Großen Markt.

In Körben, die zu beiden Seiten des Eselchens hingen, dufteten die bunten Leckereien, die Knecht Ruprecht unter der Aufsicht von Sankt Nikolaus in der Konditorei des Himmels gebacken hatte. Und als man sah, dass es nicht reichte und der Zucker zu Ende ging, da hatte Knecht Ruprecht sich in Zivil geworfen, um unerkannt in den Läden, auch bei Trinchen Mutser, Süßigkeiten zu kaufen, von dem Geld aus den Sankt-Nikolaus-Opferstöcken, die er alle Jahre einmal in den Kirchen ausleeren durfte. Mit all den Leckereien war er an einem Mondstrahl in den schönen Himmel hinaufgeklettert, und nun musste das alles verteilt werden an die kleinen Freunde von Sankt Nikolaus.

Sankt Nikolaus ritt durch die Straßen, und bei jedem Haus, in dem ein Kind wohnte, gab er je nach der Artigkeit des Kindes dem Knecht Ruprecht Leckereien, welche dieser, mit Katzengeschmeidigkeit an Regenkandeln und Dachrinnen entlangkletternd und über die Ziegel krabbelnd, zum Schornstein brachte; da ließ er sie dann vorsichtig hinunterfallen durch das kalte zugige Kaminloch, gerade auf einen Teller oder in einen Holzschuh hinein, ohne die zerbrechlichen Köstlichkeiten auch nur etwas zu bestoßen oder zu schrammen.

Knecht Ruprecht verstand sich auf seine Sache, und Sankt Nikolaus liebte ihn wie seinen Augapfel.

So bearbeiteten sie das ganze Städtchen, warfen herab, wo zu werfen war, sogar hier und da eine Rute für rechte Taugenichtse.

»Da wären wir bis zum nächsten Jahr wieder mal fertig«, sagte der Knecht Ruprecht, als er die leeren Körbe sah. Er steckte sich sein Pfeifchen an und stieß einen erleichterten Seufzer aus, weil die Arbeit nun getan war.

»Was?«, fragte Sankt Nikolaus beunruhigt. »Ist nichts mehr drin? Und die kleine Cäcilie? Die brave kleine Cäcilie? Schscht!«

Sankt Nikolaus sah auf einmal, dass sie vor Cäciliens Haus standen, und legte mahnend den Finger auf den Mund. Doch das Kind hatte die warme, brummende Stimme gehört wie Hummelgesumm, machte große Augen unter dem goldenen Lockenkopf, glitt ans Fenster, schob das Gardinchen weg und sah Sankt Nikolaus, den wirklichen Sankt Nikolaus.

Das Kind stand mit offenem Munde staunend da. Und während es sich gar nicht fassen konnte über den goldenen Bischofsmantel, der funkelte von bunten Edelsteinen wie ein Garten, über die Pracht der Mitra, worauf ein diamantenes Kreuz Licht in die Nacht hineinschnitt wie mit Messern, über den Reichtum der Ornamente am Krummstab, wo ein silberner Pelikan das Rubinenblut pickte für seine Jungen, während es die feine Spitze besah, die über den purpurnen Mantel schleierte, während es Gefallen fand an dem guten weißen Eselchen, und während es lachen musste über die Grimassen von dem drolligen schwarzen Knecht, der die weißen Augen herumrollte, als ob sie lose wie Taubeneier in seinem Kopf lägen, während alledem hörte es die zwei Männer also miteinander reden:

»Ist gar nichts mehr drin in den Körben, lieber Ruprecht?«

»Nein, heiliger Herr, so wenig wie in meinem Geldsäckel.«

»Sieh noch einmal gut nach, Ruprecht!«

»Ja, heiliger Herr, und wenn ich die Körbe auch ausquetsche, so kommt doch nicht so viel heraus wie eine Stecknadel.« Sankt Nikolaus strich kummervoll über seinen schneeweißen Lockenbart und zwinkerte mit seinen honiggelben Augen.

»Ach«, sagte der schwarze Knecht, »da ist nun doch nichts mehr zu machen, heiliger Herr. Schreib der kleinen Cäcilie, dass sie im kommenden Jahr doppelt und dreimal so viel kriegen soll.«

»Niemals! Ruprecht! Ich, der ich im Himmel wohnen darf, weil ich drei Kinder, die schon zerschnitten und eingepökelt waren, wieder zum Leben gebracht und ihrer Mutter zurückgegeben habe, ich sollte nun diese kleine

Cäcilie, das bravste Kind der ganzen Welt, leer ausgehen lassen und ihm eine schlechte Meinung von mir beibringen? Nie, Ruprecht! Nie!«

Knecht Ruprecht rauchte heftig, das brachte auf gute Gedanken, und sagte plötzlich: »Aber heiliger Herr, nun hört mal zu! Wir haben keine Zeit mehr, um noch einmal zum Himmel zurückzukehren, Ihr wisst, für Sankt Peter ist der Himmel kein Taubenschlag. Und außerdem, der Backofen ist kalt und der Zucker zu Ende. Und hier in der Stadt schläft alles, und es ist Euch sowohl wie mir verboten, Menschen zu wecken, und zudem sind auch alle Läden ausverkauft.«

Sankt Nikolaus strich nachdenklich über seine von vier Falten durchzogene Stirn, neben der schon Löckchen glänzten, denn sein Bart begann dicht unter dem Rande seines schönen Hutes.

Ich brauche euch nicht zu erzählen, wie Cäcilie langsam immer bekümmerter wurde von all den Worten. Das reiche Schiff sollte nicht bei ihr stranden! Und auf einmal schoss es leuchtend durch ihr Köpfchen. Sie machte die Tür auf und stand in ihrem zerschlissenen Hemdchen auf der Schwelle. Sankt Nikolaus und Knecht Ruprecht fuhren zusammen wie die Kaninchen. Doch Cäcilie schlug ehrerbietig ein Kreuz, stapfte mit ihren bloßen Füßchen in den Schnee und ging zu dem heiligen Kinderfreund. »Guten Tag, lieber Sankt Nikolaus«, stammelte das Kind. »Alles ist noch nicht ausverkauft ... bei Trinchen Mutser steht noch ein großes Schokoladenschiff vom Kongo ... wie sie die Läden vorgehängt hat, stand es noch da. Ich hab' es gesehen!«

Von seinem Schreck sich erholend, rief Sankt Nikolaus erfreut: »Siehst du wohl, es ist noch nicht alles ausverkauft! Auf zu Trinchen Mutser! Zu Trinchen ... aber ach!« ... und seine Stimme zitterte verzweifelt, »wir dürfen niemand wecken.«

»Ich auch nicht, Sankt Nikolaus?«, fragte das Kind.

»Bravo!«, rief der Heilige. »Wir sind gerettet, kommt!«

Und sie gingen mitten auf der Straße, die kleine Cäcilie mit ihren bloßen Füßen voran, gerade nach der Eierwaffelstraße, wo Trinchen Mutser wohnte. In der Süßrahmbutterstraße wurde ihr Blick auf ein erleuchtetes Fenster gelenkt. Auf dem heruntergelassenen Vorhang sahen sie den Schatten von einem dürren, langhaarigen Menschen, der mit einem Büchlein und einer Pfeife in der Hand große Gebärden machte, und sein Mund ging dabei auf und zu. »Ein Dichter«, sagte Sankt Nikolaus und lächelte.

Sie kamen vor Trinchen Mutsers Haus. Im Mondlicht konnten sie gut das Aushängeschild erkennen. »Zum verzuckerten Nasenflügel«.

»Weck sie rasch auf«, sagte Sankt Nikolaus. Und das Kindchen lehnte sich mit dem Rücken an die Tür und klopfte mit der Ferse gegen das Holz. Aber das klang leise wie ein Samthämmerchen. »Stärker«, sagte der schwarze Knecht. »Wenn ich noch stärker klopfe, wird's noch weniger gehen, denn mein Fuß tut mir weh«, sagte das Kind. »Mit den Fäusten«, sagte Knecht Ruprecht. Doch die Fäustchen waren noch leiser als die Fersen.

»Wart, ich werd' meinen Schuh ausziehen, dann kannst du damit klopfen«, sagte Knecht Ruprecht.

»Nein«, gebot Sankt Nikolaus, »kein Drehn und Deuteln! Gott ist heller um uns als dieser Mondschein und duldet keine Advokatenkniffe.« Und doch hätte der gute Mann sich gern einen Finger abgebissen, um Cäcilie zufriedenstellen zu können.

»Ach! Aber den Kerl mit den Affenhaaren auf dem Vorhang«, rief Knecht Ruprecht erfreut, »den darf ich rufen, der schläft nicht!«

»Der Dichter! Der Dichter!«, lachte Sankt Nikolaus.

Und nun gingen sie alle drei schnell zu dem Dichter Remoldus Keersmaeckers.

Und kurzerhand machte Knecht Ruprecht kleine Schneebälle, die er ans Fenster warf. Der Schatten stand still, das Fenster ging auf, und das lange Gestell des Dichters, der Verse von den Göttern und Göttinnen des Olymps hersagte, wurde im Mondschein sichtbar und fragte von oben: »Welche Muse kommt, um mir Heldengesänge zu diktieren?«

»Du sollst Trinchen Mutser für uns wecken«, rief Sankt Nikolaus, und er erzählte seine Not.

»Ja, bist du denn der wirkliche Sankt Nikolaus?«, fragte Remoldus.

»Der bin ich!« Und darauf kam der Dichter erfreut herunter, jätete allen Dialekt aus seiner Sprache, machte Verbeugungen und redete von Dante, Beatrice, Vondel, Milton und anderen Dichtergestalten, die er im Himmel glaubte. Dann stand er ihnen zu Diensten. Sie kamen zu Trinchen Mutser, und der Dichter stampfte und rammelte mit so viel Temperament an der Tür, dass das Frauenzimmer holterdiepolter aus dem Bett stürmte und erschrocken das Fenster öffnete.

»Geht die Welt unter?«

»Wir kommen wegen dem großen Schokoladenschiff«, sagte Sankt Nikolaus, weiter konnte er ihr nichts erklären, denn sie war schon weg und kam wieder in ihrer lächerlichen Nachtkleidung, mit einem bloßen Fuß und einem Strumpf in der Hand, und machte die Türe auf.

Sie steckte die Lampe an und ging sofort hinter den Ladentisch, um zu bedienen. Sie dachte, es müsse der Bischof von Mecheln sein.

»Herr Bischof«, sagte sie stotternd, »hier ist das Schiff aus bester Schokolade, und es kostet fünfundzwanzig Franken.« Der Preis war nur zwanzig Franken, aber ein Bischof kann ja gern fünf Franken mehr bezahlen.

Aber nun platzte die Bombe! Geld! Sankt Nikolaus hatte kein Geld, das hat man im Himmel nun einmal nicht nötig. Knecht Ruprecht hatte auch kein Geld, das Kind hatte nur ein zerschlissenes Hemdchen an, und der Dichter kaute an seinem langen Haupt- und Barthaar vor Hunger – er war vier Wochen Miete schuldig.

Niedergeschlagen sahen sie einander an.

»Es ist Gott zuliebe«, sagte Sankt Nikolaus. Gerne hätte er seine Mitra gegeben, aber alles das war ihm vom Himmel geliehen, und es wäre Heiligenschändung gewesen, es wegzugeben.

Trinchen Mutser rührte sich nicht und betrachtete sie finster.

»Tu es dem Himmel zuliebe«, sagte Knecht Ruprecht. »Nächstes Jahr will ich auch deinen ganzen Laden aufkaufen.«

»Tu es aus lauter Poesie«, sagte der Dichter theatralisch.

Aber Trinchen rührte sich nicht, sie fing an zu glauben, weil sie kein Geld hatten, dass es verkleidete Diebe seien.

»Schert euch 'raus! Hilfe! Hilfe!«, schrie sie auf einmal. »Schert euch 'raus! Heiliger Antonius und Sankt Nikolaus, steht mir bei!«

»Aber ich bin doch selbst Sankt Nikolaus«, sagte der Heilige.

»So siehst du aus! Du hast nicht mal einen roten Heller aufzuweisen!«

»Ach, das Geld, das alle Bruderliebe vergiftet!«, seufzte Sankt Nikolaus.

»Das Geld, das die edle Poesie verpfuscht!«, seufzte der Dichter Keersmaeckers.

»Und die armen Leute arm macht«, schoss es der kleinen Cäcilie durch den Kopf.

»Und ein Schornsteinfegerherz doch nicht weiß klopfen kann«, lachte Knecht Ruprecht. Und sie gingen hinaus. In der Mondnacht, die still war von Frostesklarheit und Schnee, tönte das »Schlafet ruhig« hart und hell vom Turm.

»Noch einer, der nicht schläft«, rief Sankt Nikolaus erfreut, und sogleich steckte Knecht Ruprecht auch schon den Fuß zwischen die Tür, die Trinchen wütend zuschlagen wollte.

»Haltet ihr mir die Frau wach«, sagte der schwarze Knecht, »ich komme sofort zurück!«

Und damit stieß er die Tür wieder auf, und zwar so heftig, dass Trinchen sich plötzlich in einem Korb voll Zwiebeln wiederfand.

Und während die andern aufs Neue hineingingen, sprang Knecht Ruprecht auf das Eselchen, sauste wie ein Sensenstrich durch die Straßen, hielt vor dem Turm, kletterte an Zinnen, Vorsprüngen und Zieraten, Schiefern und Heiligenbildern den Turm hinauf bis zu Dries Andijvel, der gerade »Es wollt' ein Jäger früh aufstehn« auf seiner Geige kratzte.

Der Mann ließ Geige und Lied fallen, aber Knecht Ruprecht erzählte ihm alles.

»Erst sehen und dann glauben!«, sagte Dries. Knecht Ruprecht kriegte ihn am Ende doch noch mit hinunter, und zu zweit rasten sie auf dem Eselchen durch die Straßen nach dem »Verzuckerten Nasenflügel«.

Sankt Nikolaus fiel vor dem Nachtwächter auf die Knie und flehte ihn an, doch die fünfundzwanzig Franken zu bezahlen, dann solle ihm auch alles Glück der Welt werden.

Der Mann war gerührt und sagte zu dem ungläubigen, hartherzigen Trinchen: »Ich weiß nicht, ob er lügt, aber so sieht Sankt Nikolaus doch aus in den Bilderbüchern von unsern Kindern und im Kirchenfenster über dem Taufstein. Und wenn er's nun wirklich ist! Gib ihm doch das Schiff! Morgen werde ich dir's bezahlen!«

Trinchen hatte großes Vertrauen zu dem Nachtwächter, der aus ihrer Nachbarschaft war. Und Sankt Nikolaus bekam das Schiff.

»Jetzt geh nur schnell nach Hause und leg dich schlafen«, sagte Sankt Nikolaus zu Cäcilie. »Wir bringen gleich das Schiff.«

Das Kind ging nach Hause, aber es schlief nicht, es saß am Kamin mit dem Kissen auf den Ärmchen und wartete auf das Niedersinken des Schiffes.

Der Mond sah gerade in das armselig-traurige Kämmerchen.

Ach, was sah Cäcilie da auf einmal!

Dort auf einem glitzernden Mondstrahl kletterte das Eselchen in die Höhe mit Sankt Nikolaus auf seinem Rücken, und Knecht Ruprecht hielt sich am Schwanz fest und ließ sich mitschleifen. Der Mond öffnete sich; ein sanftes, großes Licht fiel in funkelnden Regenbogenfarben über die beschneite Welt. Sankt Nikolaus grüßte die Erde, trat hinein, und wieder war da das gewöhnliche grüne Mondenlicht. Cäcilie wollte weinen. Knecht Ruprecht oder der gute Heilige hatten das Schiff nicht gebracht, es lag nicht auf dem Kissen.

Aber siehe! Was für ein Glück, das Schiff, die »Kongo«, stand ja da, in der kalten Asche, ohne Delle, ohne Bruch, strahlend von Silber, und rauchte für mindestens zwei Groschen weiße Watte aus beiden Schornsteinen! Wie war das möglich. Wie konnte das so in aller Stille geschehen? …

Ja, das weiß nun niemand, das ist die Findigkeit und die große Geschicklichkeit vom Knecht Ruprecht, und die gibt er niemandem preis.

Interpretation

1. Das Idyll

Alle Literatur ist Existenzaussage. Die Qualität bestimmt sich nach der Dichte und Tiefe, in der sie die Welt zum Durchscheinen bringt. Im Gegensatz zur philosophischen Abstraktion fasst sie das Allgemeine in concreto.

Warum dann aber nicht gleich Philosophie, Auf-den-Begriff-Bringen der Fülle, Unterscheiden von wahr und falsch, Licht-ins-Dunkel-Bringen? – Literatur setzt da ein, wo es darum geht, die Fülle der Erscheinung zu bewahren und Verständnis zu bringen, wo sich die Dinge in ihrer Verwicklung nicht mehr glatt ordnen lassen.

Das heißt aber: Auch Literatur ist geordnet und logisch. Ist sie es nicht, ist es schlechte Literatur. Es ist wie bei einem Schachspiel. Jeder Spieler verfügt über eine festgelegte Zahl von Figuren. Bauern ziehen wie Bauern, Springer springen wie Springer. Das ist alles. Aber der schlechte Spieler wird sich nach wenigen Zügen hoffnungslos in eine aussichtslose Situation gebracht haben. Manche Tricks, die der mittelmäßige Spieler einsetzt, gelingen, weil der Gegner noch schlechter ist. Gegen einen guten Spieler führen sie in den Abgrund. Ebenso wird schlechte Literatur in ihren Gegenständen vor dem guten Leser nicht bestehen.

Soll man Felix Timmermans als einen »mittleren Autor« bezeichnen, anzusiedeln zwischen dem Genus der hohen Literatur und trivialer Unterhaltung? Timmermans, würde ich lieber sagen, ist ein Meister der Kunst, Schwieriges auf einfache Weise zu sagen: Seine Geschichten sind leichtfüßig und sie wirken einfältig, mitunter fast verstörend kindlich. Aber das gilt nur für die Unverständigen, die nicht sehen, dass sich hinter dieser Fassade hohe Literatur nur tarnt. »*Dulce est desipere in loco*«[2].

Timmermans bringt es zu einer geradezu unheimlichen Meisterschaft der schlicht-humorvollen Form. Seine Texte sind voller Obertöne und so einfach wie stimmig. Wie viel häuft er nicht hinein, was gibt ihnen die zwinkernde Vielbödigkeit, in der sie gelesen werden wollen? Als Sprungbretter nach oben, als Fenster in den »wirklichen Himmel«?

Ein solches Meisterwerk der Kunst des *ridentem dicere verum*[3] ist Timmermans köstliche Geschichte »St. Nikolaus in Not«.

Eine köstliche Geschichte? Ja, köstlich ist sie auch. Aber sie ist doch viel mehr.

Dazu sollte man sich Folgendes klarmachen: »St. Nikolaus in Not« stammt aus dem Jahr 1924. Die Geschichte ist also keine sechs Jahre nach dem Großen Krieg geschrieben worden, dessen Front auch durch Belgien hindurchlief. In weiten Teilen des Landes konnte man jahrelang jeden Tag das Wummern der Kanonen hören, wie ein fernes Gewitter. Der Krieg war nahe.

Und Timmermans? Sollte er von dem Ganzen nichts mitbekommen haben? War er ein Eskapist, der sich neoromantisch in vergangene Zeiten zurückträumte? Ein »Heimatdichter«?

Es gibt ja verschiedene Weisen, auf die Not und das Existenzelend zu reagieren: Man kann es beschreiben und wiederholen. Man kann gebrochene Existenzen darstellen. Man kann einen weinerlichen Ton anschlagen und beim Jammern bleiben. Man kann aber auch, wie Timmermans es tat, ein Gegenbild suchen und, was wesentlich schwie-

2 Horaz, Oden IV, 12,28: »Süß ist es, zur rechten Zeit den Dummen zu spielen.«

3 Horaz, Satire I, 1,24: »Quamquam ridentem dicere verum/ (Quid vetat?)« – »Doch lächelnd die Wahrheit sagen, was hindert daran?«,.

riger ist, ohne in Kitsch abzugleiten, eine Idylle verfassen. Und man kann darin Antworten geben, die weiterhelfen. Man kann den Menschen helfen, in dieser Welt wieder Vertrauen zu fassen, kann ihnen helfen zu leben. Menschen, die in einer kaputten Welt leben, haben nichts von der Spiegelung ihres Elends. Sie sehnen sich nach einer heilen Welt, nach einer »Not«, die keine ist – oder doch?

Nehmen wir die kleine Geschichte von der »Not« des heiligen Nikolaus einmal ernst. Erfreuen wir uns am Humor dieser Erzählung, klopfen wir sie aber auch ein wenig ab auf den Ernst des Daseins, der darin ausgesprochen ist.

2. Eine persönliche Bemerkung

Zuvor noch ein Wort zu meiner persönlichen Begegnung mit dieser Geschichte: Zu uns kam der Nikolaus nie, das heißt er brachte uns zwar in jedem Jahr süße Gaben, die er in die zu diesem Zweck vor die Haustür gestellten Stiefel hineinlegte, doch ließ er sich nie »persönlich« sehen. Aber mein Vater las uns jedes Jahr die Geschichte von der Not des heiligen Nikolaus' vor, bei Kerzenlicht, mit seiner warmen, sanften Stimme. Und so erlebte ich diese Geschichte, wie man sie nur als Kind erleben kann, in jener staunend-fragenden Art und Weise, die alle Bilder kindlich-wörtlich aufnimmt und die dann unmerklich zum Hinterfragen übergeht. Aber geblieben ist der Zauber der Geschichte immer. Auch heute nähere ich mich ihr nicht in einer Weise, die auf die eigene Aufgeklärtheit stolz ist und hinter der sich doch nur hochmütig-eingebildete Blindheit für das Geheimnis versteckt.

Anfangs nahm ich die Geschichte also wörtlich ernst. Natürlich kann ich mir selbst beim Aufwachen aus der Welt des Kindes nicht mehr zusehen. Aber da befand sich der Marktplatz des verschneiten Städtchens irgendwo bei uns und ich sann darüber nach, wie das gehen mochte: Sich auf einen Mondstrahl setzen und darauf herniedergleiten? Ich dachte an die vielen Kinder der Welt. Wie würde der Nikolaus damit fertigwerden, wo er sich doch schon mit der kleinen Cäcilie so lange aufhalten musste? Nun gut, es gab Helfer, vielleicht gab es mehr Nikoläuse. Ich rettete die Ursituation durch das Mittel der Vervielfachung.

Aber das ist eine schlechte Verteidigung eines in die Mühlen der Aufklärung geratenen Weltbildes: »Da stiegen fünfzig Engel hernieder!« – »Kaum glaublich, höchstens zehn!« Doch die Grundkoordinaten erschienen mir noch lange irgendwie wahr.

Und später? – Da erschienen sie mir immer noch als wahr. Entscheidend ist, wie man das Geheimnis lüftet: Man durchschaut es – und dahinter taucht der Betrug auf, das Nichts, die kalte Leere. Oder aber man erkennt hinter dem »falschen« Nikolaus, besser: hinter seinen Theaterrequisiten den »wirklichen St. Nikolaus«, wie es bei Timmermans heißt.

Wo wir nichts mehr sehen, da gibt es immer zwei Möglichkeiten. Erstens: Da ist nichts! Zweitens: Da können *wir* nichts mehr sehen. Timmermans' Geschichte ist einfach, aber tief. Und deshalb steigen so viele Obertöne auf, dass man sie erst richtig versteht, wenn man das Bühnenbild nicht wegwirft, sondern sich auf das Stück einlässt, das da gespielt wird.

3. Der heilige Nikolaus

Thema der Erzählung ist der heilige Nikolaus. Dieser Heilige hat nicht nur in der Ostkirche, sondern auch im Westen eine riesige Bedeutung. Im Westen kam seine Verehrung auf, nachdem Kaiserin Theophanu, die Gattin Kaiser Ottos II., die eine purpurgeborene byzantinische Prinzessin war, den Heiligen sozusagen geistlich in

Westeuropa eingeführt hatte. Physisch kam er nach, das heißt seine Gebeine folgten, als Kaufleute aus dem süditalienischen Reich der Normannen den Leichnam 1087, wenige Jahre vor der Eroberung der Gegend durch die Seldschuken, aus seiner kleinasiatischen Heimat Myra raubten und ihn nach Bari in Apulien brachten. Dort wird er bis heute verehrt.

Nikolaus wurde ein sehr wichtiger Heiliger. Er wurde zum Patron unter anderem der Bäcker, Seefahrer, Mädchen, Gefangenen, Apotheker, Juristen und Schüler.[4] Seine Bekanntheit verdankt sich nicht zuletzt dem Brauch, den Kindern am Nikolaustag ihre Geschenke zu übergeben. Wahrscheinlich war es Luther, der in den evangelischen Gegenden diesen Brauch abschaffte und das Christkind »erfand«, um die Heiligenverehrung zurückzudrängen. Da es aber doch irgendwie logischer und einleuchtender blieb, wenn ein Mann mit Sack die Geschenke brachte, mutierte der Heilige in den protestantischen Gegenden vielerorts zum Weihnachtsmann. Der hat sein rotes Outfit und die lächerliche Mütze erst seit 1931, aus einer Werbekampagne von Coca-Cola.[5] Das richtige Aussehen des Heiligen wird von Timmermans vorgeführt: Nikolaus war ein Bischof und deshalb trug er auch die Tracht eines Bischofs. Dargestellt wird er

4 Daran erinnert der Brauch der Wahl eines Kinderbischofs oder -abts, der über die Erwachsenen zu Gericht saß und sie durch einen Knecht bestrafen oder belohnen ließ. Erst später wurde das Verhältnis umgedreht.

5 »Coca-Cola Werbefachmann Archie Lee sucht nach einer Möglichkeit, Coca-Cola über eine Werbekampagne mit Weihnachten zu verbinden. Er beauftragt den Illustrator Haddon Sundblom, einen Weihnachtsmann zu zeichnen, der sowohl herzlich als auch realistisch aussieht. Von 1931 bis 1964 malt Sundblom Bilder des Weihnachtsmanns, die unsere moderne Vorstellung der Figur prägen: ein sympathischer älterer Mann, pausbäckig, mit weißem Bart und rotem Mantel.« unter https://www.coca-cola-deutschland.de/uber-uns/geschichte/1930.

immer im vollen gottesdienstlichen Ornat, also nicht in der schlichteren Alltagskleidung: »… während es sich gar nicht fassen konnte, über den goldenen Bischofsmantel, der funkelte von bunten Edelsteinen wie ein Garten, über die Pracht der Mitra, woraus ein diamantenes Kreuz Licht in die Nacht hineinschnitt wie mit Messern, über den Reichtum der Ornamente am Krummstab, wo ein silberner Pelikan das Rubinenblut pickte für seine Jungen, während es die feine Spitze besah, die über den purpurnen Mantel schleierte …«

Freilich unterlag auch die Tracht der Kleriker gewissen Moden – wenngleich die Entwicklung auf diesem Gebiet ganz anderes verlief als in der restlichen Welt. Im Prinzip tragen die Kleriker immer noch die Tracht der spätrömischen Staatsbeamten, die sie wohl schon im 3. Jahrhundert nach Christus übernommen haben. Einige ihrer Insignien bekamen eine oft sehr tiefsinnige symbolische Bedeutung zugewiesen – der Krummstab zum Beispiel bezeichnet den Hirtenstab, der Amikt[6] die Überschattung mit dem Schutz Gottes. Auch die Farben haben besondere Bedeutung und wechseln je nach Charakter. Die Farbe Weiß wird, gemeinsam mit Gold, an den freudenreichen Hochfesten getragen, wie zum Beispiel an Weihnachten oder am Ostersonntag. So kennen wir den eigentlichen Nikolaus. Rot hingegen steht für die Märtyrer und für die entsprechenden Feste – besonders auffällig, wenn am 26. Dezember, am Tag des ersten Märtyrers Stephan, das Rot das weihnachtliche Weißgold ablöst und uns darin erinnert, dass die Geburt Christi kein idyllisches Geschehen war. Im Mittelalter trugen die gewöhnlichen Bischöfe dagegen die Farbe Grün.

---

6 Von lat. *amictus* (= Überwurf, Mantel), ist ein rechteckiges, weißes Schultertuch, das bei der Messfeier vom Priester unter der Albe getragen wird.

Wer war nun der ursprüngliche, der wirkliche, besser: der historische St. Nikolaus? Viel wissen wir nicht über ihn. Immerhin doch so viel, dass er Ende des 3. Jahrhunderts nach Christus in Lykien geboren wurde[7], dass er Abt des Klosters Sion in der Nähe von Myra wurde, dass er höchstwahrscheinlich am Konzil von Nikaia 325 n. Chr. teilgenommen hat, – die Überlieferung, er habe Arius ins Gesicht geschlagen, erweist ihn als einen vehementen Vertreter der orthodoxen Seite: Wo der wahre Glaube bedroht ist, hört das Verständnis auf![8] – auch dass er die Christenverfolgung noch am eigenen Leib miterlebt hat – er wurde 310 gefangengenommen und gefoltert –, dass er aber im Gegensatz zu den Heiligen der ersten Jahrhunderte für seinen Glauben an Christus nicht gestorben ist.[9] So ist dieser Heilige als einer der ersten zwar ein Bekenner, aber kein Märtyrer.

Neben das furchtlose Bekenntnis des Glaubens tritt bei ihm ein zweites Element: Nikolaus, der sein ganzes Erbe unter den Armen verteilte, ist wohl der erste Heilige der tätigen Nächstenliebe. Und so kann man in unserem

---

7 Zwischen 270 und 286 in der Küstenstadt Patara. – Die griechischen Quellen zum heiligen Nikolaus finden sich bei Gustav Anrich, Hagios Nikolaus, Leipzig und Berlin 1913 und 1917. Zur Geschichtlichkeit des Heiligen bzw. beider Heiliger vgl. Thomas und Gertrude Sartory, Der Heilige Nikolaus, Freiburg 1981, bes. S. 12ff.

8 Moderne Untersuchungen des in Bari verehrten Kopfes brachten zu Tage, dass er selbst einen Bruch des Nasenbeins erlitten hat – ob es andersherum war und er selbst geschlagen wurde? Das würde zu Nikolaus passen, von dem berichtet wird, er habe den Irrlehrer mit Liebenswürdigkeit und voll Trauer aus dem Saal geführt, vgl. Sartory, ebda. S. 100.

9 Einschränkend muss darauf hingewiesen werden, dass die Überlieferung mit großer Vorsicht betrachtet werden muss. Nikolaus darf auch nicht mit dem späteren, gleichnamigen Abt Nikolaus des Sionklosters verwechselt werden († 564). Vermutlich sind einige der Wunder auf »unseren« Nikolaus erst später übertragen worden. Zu Nikolaus von Sion Sartory ebda., bes. S. 84ff., 86f.

Zusammenhang die ins Grundsätzliche reichende Frage stellen, was mehr wert ist: Der große Wurf, die einmalige große Tat, das Über-sich-Hinauswachsen des Blutzeugen, der seinen Leib für Christus und das Heil seiner Seele gibt, oder das weniger auffällige, unscheinbare Leben der dauerhaft durchgehaltenen Nächstenliebe? Aus den Legenden, die in reicher Zahl vom heiligen Nikolaus erzählt werden, so unterschiedlich sie auch sein mögen, leuchtet doch durchgehend ein Zug hervor: Alle kann man sie lesen als Widerschein einer lebenslang durchgehaltenen, kontinuierlich ausgestrahlten Güte und Liebe.

Wie will man jemandem den Charakter einer Persönlichkeit nachvollziehbar machen, ihm klarmachen, wie einer war? – Am besten, indem man ihm Geschichten erzählt. All die Legenden, mit denen der heilige Nikolaus in geradezu unübersehbarer Zahl überschüttet ist, ob einfach oder ins Phantastische ausgeschmückt, haben doch eines gemeinsam: Alle lassen sie ein goldenes Herz aufleuchten. Mit den Worten eines der alten Biographen des Heiligen, des Archimandriten Michael: »Im Glanz seiner Tugenden leuchtet die Gerechtigkeit der Sonne auf.« Nikolaus, könnte man sagen, übersetzt das Dogma der Menschwerdung Gottes ins Handgreifliche: Seine Wunder erklären nur das Wunder seines Lebens: die gleichbleibende, sein ganzes Leben lang währende Güte des Alltags.

Felix Timmermans bezieht sich in seiner Erzählung nur auf eine der vielen Nikolauslegenden, auf die Geschichte von der Befreiung der drei jungen Männer aus dem Fleischkessel:[10] »Ich, der ich im Himmel wohnen darf, weil ich drei Kinder, die schon zerschnitten und eingepökelt waren, wieder zum Leben gebracht und ihrer Mutter wiedergegeben habe.« Natürlich nimmt Timmermans die

10 Die Urform dieser Geschichte ist wohl die »Praxis de stratelatis«, in der von der Befreiung dreier Feldherrn vor der Hinrichtung berichtet wird, vgl. Sartory, ebda., S. 56–69, zur Deutung S. 53–56 und 69–74.

Gelegenheit zum Anlass, die Geschichte besonders drastisch auszuschmücken – eine Erklärung dieser Legende spricht davon, die Jünglinge seien in einen Gefängnisturm geworfen worden und die Version vom Fleischkessel sei aus einer falschen Bildinterpretation entstanden –, aber er unterstreicht damit auch das Wunderbare, den Hauch des Unglaublichen und Himmlischen, der unsere Alltagswelt umgibt und von dem wir gewöhnlich nur eine blasse Ahnung bekommen. Es ist das Wesen des Heiligen, dass es unsere normalen Vorstellungen sprengt. Das Wunder schafft Platz für das Unbegreifliche.

4. Timmermans' Flandern – der Ort des Dramas

Alle Geschichten Timmermans' spielen in der kleinen Welt an der Nete,[11] in einem »himmlischen Flandern«, einer wohlgeordneten, lebensfrohen Welt, die es heute nicht mehr gibt, sofern es sie je gegeben hat. Es ist das Flandern, wie wir es von der spätgotischen Tafelmalerei her kennen, von den Hintergründen der großen Tableaus des 15. und 16. Jahrhunderts. Den zeitgenössischen Text dazu lieferte der niederländische Historiker Johan Huizinga in seinem »Herbst des Mittelalters«[12]. »St. Nikolaus in Not« beginnt auf dem großen Markt, um den herum in langen Reihen die Backsteinhäuser mit ihren Treppen- und Spitzgiebeln und ihren vielen unterteilten weißen Fenstern stehen. Solche Plätze kennt man von den großen Städten wie Gent, Brügge, Antwerpen, Löwen, Mecheln und all den anderen. Bei »St. Nikolaus in Not« darf man sich auch das in Miniatur vorstellen, wie

11 Die große und die kleine Nete vereinigen sich in Timmermans Geburtsort Lier.

12 Johan Huizinga, Herbst des Mittelalters. Studien über Lebens- und Geistesformen des 14. und 15. Jahrhunderts in Frankreich und den Niederlanden, Stuttgart [12]2006 (Leipzig 1930).

bei einer Modelleisenbahn. Denn es ist eine überschaubare Welt, in die wir hier eintreten.

Eine Stadt ist ein Ort, an dem viele Menschen leben, jedenfalls so viele, dass man sie nicht mehr alle kennt. Deshalb kennt auch die Stadt schon Unterteilungen. Wie in kleinen Dörfern lebten früher die Menschen, nach Berufsgruppen sortiert, in ihren Gassen miteinander. Trinchen Mutser hat Vertrauen zu Dries Andijvel, »denn er war aus ihrer Nachbarschaft«. Die Nähe schafft Vertrauen.

Es ist eine arme Welt, in der die Geschichte spielt, aber auch ein sehr festgefügter, sicherer Mikrokosmos, in dem alles seinen Platz hat und nach einer festen Ordnung lebt – nach einer menschlichen und einer »himmlischen«: Am Abend, wenn es dunkel wird, geht man zu Bett und am Morgen, wenn es hell wird, steht man wieder auf. Es ist die Welt, die untergegangen ist, als man die Straßenbeleuchtung eingeführt hat und die vieltausendjährige Bindung des menschlichen Lebensrhythmus an die kosmische Uhr beendet hat. Die Bürger, die im 19. Jahrhundert gegen die Einführung der Straßenbeleuchtung protestieren, wussten schon, was sie taten. Freilich war ihr Widerstand zwecklos; da waren stärkere Kräfte am Werk!

Gerade vier Leute sind noch wach, als der heilige Nikolaus auf die Erde herunterkommt, und unter diesen ist Trinchen Mutser, die immerhin auch schon um zehn Uhr ins Bett gegangen war und nicht schlafen konnte – Schlafstörungen waren früher die große Ausnahme und Ausdruck ernster Sorgen.

Diese Welt ist ungeheuer schön – und schon rührt sich unser Verdacht: Eine falsche Idylle? Weiß Timmermans nicht um die Armseligkeit der Existenz vergangener Zeiten? – Und ob er sie kennt! Dennoch: An diesem Abend ist die Welt ungeheuer schön, so schön, dass »sie sich auch mit goldener Feder nicht beschreiben ließe«.

Und so ist es immer! Das Leben ist schwierig und es war immer schwierig. Jede Zeit kennt das: »Ich bin zu der Überzeugung gelangt, dass jede vergangene Zeit besser war als die gegenwärtige«, schrieb der spanische Dichter Martinez im 13. Jahrhundert. Und wie ist es heute? »Das Schlimmste am gegenwärtigen Elend der Welt ist, dass man später einmal sagen wird, das sei die gute alte Zeit gewesen«, hielt Ernest Hemingway in seinem Tagebuch fest. Und so gehen die Menschen in ihren Sorgen auf und vergessen, dass sie während all dem von Herrlichkeit umgeben sind. Die Schönheit ist ja nicht einfach da und dann kommen die Sorgen und verdrängen sie – die Schönheit umgibt unsere Welt jeden Tag und leuchtet über all unseren Sorgen auf. Über ihnen geht die Sonne jeden Tag »mit Waffengeklirr« (Hölderlin) auf. Sie ist gleichzeitig mit den Sorgen da und das tröstet. Denn es gibt Hoffnung. Gerade deswegen sollten wir die Herrlichkeit nicht vergessen. Ohne sie könnten wir nicht leben.

Bild der Schönheit, in deren stiller Anwesenheit wir gut schlafen können, ist der Mond: »Lass den Mond am Himmel stehen / und die stille Welt besehen«[13], Symbol der ruhigen, zurückhaltenden Anwesenheit Gottes und des Glanzes, den er über die ebenso armselige wie schöne Welt breitet!

5. Timmermans' Welt – die Typen

Genau vier Menschen sind es aus der Stadt, mit denen wir es in der Geschichte etwas genauer zu tun bekommen.[14] Dazu kommen noch die beiden Himmelsbewohner. Je-

13 Luise Hensel in ihrem berühmten Abendgebet »Müde bin ich, geh zur Ruh´«. Vgl. dazu Hansjakob Becker, Ansgar Franz, Jürgen Henkys, Hermann Kurzke, Christa Reich und Alex Stock (Hrsg.), Geistliches Wunderhorn. Große deutsche Kirchenlieder, München [2]2003, S. 401–407.

14 Wenn man von Frau Dr. Vaes absieht.

der von diesen vier wachen Menschen im Städtchen war »mit seiner Freude, mit seinem Kummer oder seiner Sehnsucht beschäftigt«, heißt es in einer wunderbaren Formulierung. Es sind tatsächlich die drei Grundregungen der Seele, die hier genannt werden: Kein Mensch ohne Freude, keiner ohne Kummer, aber eben auch keiner ohne Sehnsucht. Und jede dieser Regungen füllt einen Menschen ganz aus. »Man kann einen Leidenden nicht mit einem anderen vergleichen«, sagt Platon. Natürlich kann man fragen, ob Liebeskummer schlimmer ist als ein Beinbruch, Hunger schlimmer als eine Beleidigung, Durst schlimmer als Heimweh. Ich meine, dass es hier gewaltige Steigerungen gibt. Und dennoch: Jedes Leid füllt einen Menschen ganz aus. Die Sehnsucht aber ist die religiöse und die eigentlich menschliche Dimension. Keiner kann ohne sie leben. Ob du Gott liebst oder die Menschen: Der Mensch besteht zu 5% aus Wasser und zu 95% aus Sehnsucht.

Die vier wachen Menschen zeigen uns vier Grundcharaktere und vier Arten, sich im Leben einzurichten – und sich dem Heiligen zu nähern. Und sie zeigen, wie diese Art damit zusammenhängt, ob sie den großen Moment erkennen, der ihrem Leben eine Wende geben und es erfüllen könnte, und ob sie ihn ergreifen.

Trinchen Mutser

Da ist zunächst das »hartherzige« Trinchen. Diese Frau ist ein armer Tropf, sie könnte einem ein bisschen leidtun. Eigentümerin eines bescheidenen, kleinen Lädchens – andererseits immerhin eines Lädchens, eines festen Zuhauses, eines Platzes in der Welt. Sie ist offenbar ohne Familie, allein, ängstlich, ohne rechte Zukunftshoffnung. Aber eben auch berechnend, geizig, kleingeistig. Ihr fehlt jede Weite des Denkens.

Nun könnte man sagen: Wie auch? Wo sollte sie diese herhaben? Wir haben aber gesehen, dass andere Leute in noch traurigerer Situation anders gehandelt haben und »anders drauf« waren.

»Ihr Herz war in einen Dornbusch gefallen. Trinchen Mutsers Herz war ganz durchstochen und durchbohrt …«: Herrlich die bildhafte Sprache Timmermans', die mir an dieser Stelle als Kind in ihrer Direktheit immer einen Schauder eingejagt hat, aber doch Ausdruck eines Kummers, der Trinchens Herz ganz ausfüllt. Ganz dezent, aber in deutlicher ironischer Brechung äußert der Autor Kritik: »nicht weil all ihr Zuckerzeug heut am Sankt-Nikolaus-Abend ausverkauft war«: Trinchen hätte doch einen Anlass zur Freude gehabt an diesem Tag! Aber ihre Hartherzigkeit hindert sie daran, ihr Glück zu erkennen. Sie bleibt an ihrem Verlust hängen und wird darüber alles versäumen – oder doch nicht?

Alle Versuche, den Verlust wegen der »Kongo« aufzufangen, scheitern. Sie wendet sich Gott zu, zündet eine Kerze an und betet einen Rosenkranz. Trinchens Verhältnis zum Glauben ist genauso pragmatisch wie die ganze Frau. »Wer suchet, der findet – was er sucht«.

Am Schönsten wird Trinchen in ihrem Charakter vorgeführt, als der heilige Nikolaus ihren Laden betritt, sie ihn für den Bischof von Mecheln hält und ihm das Schiff verkaufen will. In einer rein geschäftsmäßigen Haltung baut sie sich vor ihm auf – und nützt entschlossen die Situation zum Gewinn! Der kleine Betrug geht glatt – in der alten Zeit waren die Waren noch nicht ausgezeichnet und man musste nach dem Preis fragen –, zugleich verpasst sie die Chance ihres Lebens: die Berührung mit dem Himmel. Trinchen kommt über den pragmatischen, berechnenden Umgang mit dem Heiligen nicht hinaus.[15]

---

15 In Caravaggios Berufung des heiligen Matthäus in der Contarelli-Kapelle in San Luigi dei Francesi in Rom nützt der Tisch-

Sie ist der Mensch, der nichts umsonst tut, nicht an die Poesie glaubt wie der Dichter und nicht aus dem Vertrauen heraus lebt. Das ist ihre Hartherzigkeit. So wird ihr Gespräch mit St. Nikolaus zu einer tragischen Ironie: »Aber ich bin doch selbst Sankt Nikolaus!« »So siehst du aus. Du hast nicht mal einen roten Heller aufzuweisen.« Auch der Heilige wird nur nach dem Geld im Beutel taxiert!

Trinchen ist blind angesichts der Rettung, ergreift den Moment nicht und bekommt doch ihren Lohn. Aber am Ende wird es über sie heißen: »Siehe, sie hat ihren Lohn schon erhalten.«[16] – Selbstgerecht sein heißt, sich die Gerechtigkeit zu nehmen, nicht sie sich schenken zu lassen. So wird sie das Glück nicht finden.

Remoldus Keersmaekers

Ganz anders der Dichter, eine tragische Gestalt, eine gescheiterte Existenz, wie wir sagen würden, aber doch ungleich sympathischer. Remoldus Keersmaekers – der Name zergeht auf der Zunge! – ist ein Mensch nicht von dieser Erde. Schon sein langes Gestell verortet ihn über den Menschen und als er mit den anderen spricht, tut er es »von oben« herab. Sein Pathos hat etwas Theatralisches, etwas Lächerliches. Er steht auch praktisch nicht fest auf dem Boden – wiederum gut daran zu erkennen, dass er kein Geld hat: Er »kaute an seinem langen Haupt- und Barthaar vor Hunger – er war vier Wochen Miete schuldig.«

---

nachbar des Heiligen die Gelegenheit, sich zu bereichern, als der Zöllner Matthäus, vom Blick Christi getroffen, die Geldgeschäfte vergisst. Das sind die verschiedenen Weisen des Umgangs der Begegnung mit dem Heiligen: Der eine ändert sein ganzes Leben, der andere ist taub, unempfindlich und bleibt, was er war. Er hat nichts gesehen. Freilich gilt das auch innerhalb eines Lebens: Einmal trifft dich der Ruf, ein andermal bleibst du unbewegt.

16 Vgl. Mt 6,2.

Er ist eine von den Gestalten, über die die geerdete Welt gewöhnlich lacht, so wie Thales von Milet, der erste Philosoph, von einer thrakischen Bauernmagd ausgelacht wurde, weil er beim Betrachten der Sterne in einen Brunnen fiel. Aber Remoldus ist nicht nur moralisch der Bessere – er hilft sehr effektiv im Rahmen seiner Möglichkeiten –, er gehört auch zu den Gestalten, die das Spiel gewinnen. Seine Sehnsucht richtet sich auf den Himmel, – »auf den wirklichen Himmel«. Er wird belächelt von der Welt, aber er lebt ganz und gar aus dieser Sehnsucht heraus. Mehr als das: Er gehört zu den wenigen Menschen, die »die begnadete Schönheit des Städtchens« sehen. Als Karikatur eines antiken Dichters hofft er auf den Kuss der Musen: »Welche Muse kommt, mir Heldengesänge zu diktieren?« – Im Himmel hofft er, die anderen Dichter zu treffen. Seine Hoffnung ist so real, seine irreale, ins Phantastische gehende Haltung so echt, dass er die himmlische Wirklichkeit erkennt, als sie sich ihm zeigt – und den Kairos ergreift. Der scheinbar Dumme, Abgehobene, Naive ist am Ende der einzige wirkliche Realist. Wenn der Glaube wahr ist, ist der Gläubige der einzige, der die Wahrheit sieht.

Dabei geht sein Glaube nicht wortwörtlich in Erfüllung – es war ja auch nur ein Glaube. »Jetzt schauen wir in einen Spiegel und sehen nur rätselhafte Umrisse, dann aber schauen wir von Angesicht zu Angesicht.« (1 Kor 13,12): Der Glaube ist immer von der Art, dass wir nur ahnen, was noch offenbar werden soll. Er ist immer wie ein fremdes Land, das ich von Bildern und Erzählungen her schon kenne und das doch ganz anders ist, wenn ich es das erste Mal betrete. Ich erkenne es wieder und doch ist alles neu.

Remoldus bekommt als Lohn die Begegnung mit dem wirklichen Himmel: Seine Erwartung des Musenkusses wird erfüllt – wenn auch ganz anders als geplant. Aber das ist ja das Wesen des Himmels. Er ist, wie es in einem Witz heißt, nicht »*taliter*« (»so«), nicht »*aliter*« (»anders«). Er ist »*totaliter aliter*« (»ganz anders«).

Trinchen Mutser – wie alle Materialisten, die ihr folgen – wird Remoldus niemals verstehen. Aber sie kennt seine Sehnsucht nicht. Sie ist ein Münchner, der sich den Himmel auch nur als ein Hofbräuhaus vorstellen kann. Freilich erfahren wir nicht, wie es Remoldus Keersmaekers in seinem weiteren Leben noch ergehen wird. Er bleibt eine Randfigur. Aber er erlebte doch die Begegnung mit dem wirklichen Himmel – und davon fällt ein Glanz auf sein ganzes Leben.

Dries Andijvel

Viel pragmatischer als der Dichter ist Dries Andijvel. Und dennoch unterscheidet er sich wesentlich auch von Trinchen, die aus seiner Nachbarschaft ist. Wie sie lebt auch der Turmwächter allein, aber er ist nicht »gefrustet« und verhärtet. Er macht das Beste aus seiner Situation. Im Übrigen bleibt er aus professionellen Gründen wach: Beim Turmwächter sind es nicht die Sorgen, die ihn am Schlafen hindern.

Wie Trinchen und im Gegensatz zum Dichter ist auch Dries »geerdet«. Er steht mit beiden Beinen auf dem Boden, ist pragmatisch-nüchtern, kein Mann der Zwischentöne und sophistischen Denkens. Eigentlich ist Dries eine Figur, die am Rande steht und erst am Schluss und nur kurz ins Spiel kommt. Doch ist er am Ende der wichtigste von allen: Er rettet die Situation, indem er das Schiff kauft.

Dries steht für die bodenständige, einfache Religiosität, für den Volksglauben. Gerade sein Realismus lässt ihn auch die himmlischen Dinge realistisch betrachten: »Ich weiß nicht, ob er lügt, aber so sieht St. Nikolaus doch aus in den Bilderbüchern von unsern Kindern und im Kirchenfenster über dem Taufstein. Und wenn er's nun wirklich ist?« Wir sehen die himmlischen Dinge auf unserer Welt nie »1:1«, doch wenn unsere »Bilder« wahr sind, werden sie uns helfen, die Dinge wiederzuerkennen, wie eine Landkarte uns hilft, uns auf unbekanntem Terrain zu orientieren. Dries Andijvel glaubt St. Nikolaus und das wird sein Glück werden.

Der nüchterne Verstand des Dries Andijvel schaut durch die Bilder hindurch, besser: mit ihnen. Durch die gemalten Scheiben sieht man das Himmelslicht durchscheinen. Auf ihnen zeigt sich der wirkliche St. Nikolaus.

Als es darauf ankommt, handelt Dries zupackend. Als man ihn braucht, ist er da. Ein Heiliger nicht der großen Worte, dafür der tätigen Nächstenliebe.

Dries führt ein einsames Leben im Turm, allein, aber gutmütig. Sein Trost: Die Lieder, in denen sich die Sehnsucht seines Herzens ausdrückt und das Bier.

Nicht ganz zur winterlichen Stimmung will das Jagdlied passen, das er singt: »Es wollt' ein Jäger früh aufstehen.« Oder doch? Der Jäger ist der Mensch, der ein – unsichtbares! – Ziel vor Augen hat. Er ist unterwegs, weil er das Wild erreichen will. Und das Lied, das er singt, ist zugleich ein früher bekanntes Liebeslied. Der einsame Nachtwächter hat die Liebe wohl – noch – nicht gefunden. Wird er sie finden?

Vordergründig betrachtet, geht Dries in der Geschichte leer aus. Er bekommt gar nichts, während Trinchen immerhin die fünfundzwanzig Franken einsteckt. Aber Geben ist seliger denn Nehmen: Dries bekommt die Verheißung des heiligen Nikolaus, wenn er das Schiff bezahle, »solle ihm auch alles Glück der Welt werden«. Wir erfahren nicht, ob oder wie diese Verheißung in Erfüllung gegangen ist. Aber wissen wir nicht und zeigen nicht alle klugen Geschichten, dass es auf das Glück ankommt, dessen Gegenteil das Unglück ist, nicht auf dasjenige, dessen Gegenbegriff Pech heißt? Dries wird die Liebe finden, wahrscheinlich die irdische (die nicht mit der Liebe zu einer Frau gleichzusetzen ist[17]), sicher die himmlische.

Cäcilie

Bleibt die kleine Cäcilie, »das bravste Kind der ganzen Welt«. Ausgerechnet dieses Kind ist noch ärmer dran als alle anderen. Es »war so arm, dass es sich nie mit Seife waschen konnte, und ein Hemdchen trug es, das nur noch einen Ärmel hatte und am Saum ausgefranst war wie Eiszapfen an der Dachrinne.« Was hier »in idyllischer Sprache« ausgedrückt wird, ist härteste Realität. Bert Brecht sagte: »Mehr konnte die Welt für den Christ nicht tun.«[18] Timmermans geht einen anderen Weg. Aber wir dürfen davon ausgehen, dass er wusste, wovon die Rede war. Doch er verlegte sich eben nicht aufs Jammern, sondern auf die Hoffnung. Dieses arme Kind hat doch ein Pfand in seiner Hand: Dass es nicht schlafen kann, hat seinen Grund an diesem Tag – an anderen Tagen mag es der Hunger gewesen sein – ausschließlich in der Sehnsucht. Gerade dieses süße Kind – das »seidig blonde Lockenköpfchen« lässt es aussehen wie einen Putto von Raffael oder Rubens: Es ist äußerer Ausdruck innerer Schönheit und eines englischen Wesens –, dieses Kind ist wie ein Armer der Bibel, der von oben, also von Gott alles erwartet: Die Armut macht es frei für das Wunder.

Und worauf hofft dieses arme Kind? Nicht auf Geld für ein neues Gewand, für das tägliche Brot oder auch für eine Schulfibel (wie sie Meister Gepetto für Pinoc-

17 Man vgl. Timmermans' Geschichte »Die sehr schönen Stunden von Jungfer Symforosa, dem Beginchen« (»De zeer schone uren van Juffrouw Symforosa, begijntjen«) von 1918.

18 In seinem Gedicht »Die gute Nacht« von 1926.

chio kauft), sondern auf etwas ganz Unvernünftiges, auf den Inbegriff von Luxus in dem kleinen Städtchen. Selbst Frau Vaes, die Frau des Doktors, kauft nur Varenbergsche Hustenbonbons, »weil die Geschäfte von dem Herrn Doktor in diesem Jahr so schlecht gehen. Wissen Sie wohl Trinchen, dass es in diesem Winter fast keine Kranken gibt? Wenn das nicht besser wird, weiß ich gar nicht, was wir anfangen sollen«, wie es humorvoll – und zugleich in den Augen der Armen bitter-ironisch – heißt. Niemand kann sich die »Kongo« leisten, ausgerechnet die kleine Cäcilie träumt jede Nacht – wider alle Vernunft – davon, dass sie ihr gebracht wird.

Der Glaube ist wider alle Vernunft, er erhofft das Unmögliche, das gänzlich Unvernünftige, das alles wandelt. Und der Mensch braucht den Luxus: Er ist Grundbedürfnis. Lieber tagelang fasten – das gilt gleichermaßen für Essen, Trinken und Schmerztabletten –, aber dann den Kopf herausstrecken über das Elend dieser Welt. Die kleine Cäcilie denkt nicht klein. Sie erhofft das Wunder. Und so sitzt sie unter dem Kamin, »das Kopfkissen auf den Arm gelegt« wie Sterntaler.[19]

Als dieses gläubige Kind erkennt, dass das Wunder ausfallen soll – »das reiche Schiff sollte nicht bei ihr stranden!« –, legt es nicht in stoischer Ergebung die Hände in den Schoß, sondern macht die Tür auf und geht ihrem Glück entgegen. Das fromme Kind, das alles erwartet vom Himmel, handelt, als es darauf ankommt.

19 S. 9f. Ausgeführt ist dieser Gedanke in aller Dringlichkeit in dem Bericht Fjodor M. Dostojewskijs über seine Zeit im sibirischen Straflager, »Aufzeichnungen aus einem Totenhause«, Frankfurt am Main 1986 (1860–62), S. 60f. »Es war sogar seltsam anzusehen, wie mancher von ihnen, ohne jemals den Nacken geradezubiegen, mitunter mehrere Monate lang arbeitete, lediglich um an einem einzigen Tage seinen ganzen Verdienst bis auf die letzte Kopeke draufgehen zu lassen und dann wieder bis zu einem neuen Gelage sich einige Monate lang bei der Arbeit abzuquälen.«

Es wartet geduldig, aber es bleibt nicht beim Abwarten. Es ergreift den Kairos und gewinnt zuletzt alles. Alles? – Das Schiff, die »Kongo«, die für mindestens zwei Groschen weiße Watte rauchte, ist ja nicht nur ein Berg von Schokolade. Es ist mit seinem Namen die Verheißung der großen, weiten Welt, die Verheißung nach Meer, die Verheißung nach Mehr! (Das einfältige Wortspiel sei hier ausnahmsweise erlaubt.)

Dante sah in den Augen von Beatrice Schiffe fahren[20]: Er blickt *durch sie* und, mehr noch, *mit ihr* in die unendliche Weite. Das Schiff ist Ausdruck von Sehnsucht und Rettung. Robinson sehnt sich auf seiner Insel nach nichts mehr als nach einem Schiff und kein Adventslied drückt die Sehnsucht nach der Ankunft des Retters so schön aus wie das: »Es kommt ein Schiff geladen, bis an sein' höchsten Bord, / Trägt Gottes Sohn voll Gnaden, / des Vaters ewigs Wort.«[21] Das Schiff voll Getreide stillt unseren Hunger, aber es führt aus auch übers Meer. In die Ferne und in die endgültige, ewige Heimat.

Hätte das Kind nicht anderes dringender gebraucht? Vielleicht ja. Aber jeder bekommt, heißt es hier, was er sich ersehnt …

Cäcilie blickt zum Himmel auf. Bleibt es bei der Religion? Aber auf Erden komme ich zu kurz? Das Kind bekommt beides: Das sehr reale Schiff aus reiner Schokolade und die Begegnung mit dem himmlischen Glanz, den der heilige Nikolaus verströmt.

---

20 Par. XVII, 41–42: *se non come dal viso in che si specchia / nave che per torrente giù discende.* »Sowenig kraft des Auges ja, darinnen / Sichs spiegelt, sieh, ein Schiff stromab muß gleiten.« Die göttliche Komödie deutsch von Friedrich Freiherr von Falkenhausen, Frankfurt am Main 1974, S. 376.

21 In: Hansjakob Becker, Ansgar Franz, Jürgen Henkys, Hermann Kurzke, Christa Reich und Alex Stock (Hrsg.), Geistliches Wunderhorn. Große deutsche Kirchenlieder, München [2]2003, S. 60, vgl. S. 60–68.

Bei Timmermans ist der Himmel tatsächlich sehr wirklich, eigentlich zu wirklich. Er befindet sich gleich »hinter dem Mond«, ist sehr real verortet, geradezu dinglich.

Wirklich? Der Himmel selbst ist eigentlich nicht sichtbar – es fällt nur von ihm ein Licht auf die Erde. Der Himmel bleibt Glanz, transzendenter, metaphysischer Glanz, der sich über die Menschen breitet, Schimmer der Hoffnung, die alles überstrahlt. Abglanz des wahren Seins aus der Fülle, das die erbärmliche Welt hält und in ihrer Erbärmlichkeit zugleich ertragbar macht. Ziel aller Sehnsucht.

Timmermans malt ihn sehr anschaulich, aber nicht falsch; er überschreitet keine Grenze.

Und so wird sein Himmel zugleich zum Bild der Wahrheit des Seins.

Der Himmel ist ja auch das göttliche Licht, das alles sieht, das also richtet, aber dessen vornehmste Eigenschaft doch die Herrlichkeit ist, die alles verwandelt und alles gut macht; Gott ist die Wahrheit, er ist gut. Und er ist mächtig, zieht allem Dasein eine absolute Grenze.[22]

Es geht um die Wahrheit des Lebens und darum, dass wir für die Herrlichkeit bestimmt sind.

---

22 »Platon stellt, auf Sokrates gestützt, dem Naturrecht des Schlau-Starken das Naturrecht des Seins entgegen, in dem dem einzelnen ein Platz im Ganzen zukommt. Auch er nimmt den Gedanken des Naturrechts auf, interpretiert ihn aber nicht individualistisch und rationalistisch, sondern als Gerechtigkeit des Seins, die dem einzelnen und dem Ganzen Existenzmöglichkeit gibt. Wichtig ist für ihn, dass die Gerechtigkeit die eigentliche Wahrheit und diese Wahrheit die eigentliche Wirklichkeit ist; dass also Wahrheit wirklicher ist als bloßes biologisches Leben und Sich-Durchsetzen.« Ratzinger/Auer, Katholische Dogmatik, Bd. IX, Eschatologie – Tod und Ewiges Leben, Regensburg [5]1978, S. 71.

Wenden wir uns also den Gestalten zu, die aus dem Himmel zu uns gekommen sind, voran dem Heiligen. Wie ist er eigentlich?

Nikolaus strahlt vor allem anderen Autorität aus, Stärke, ja Monumentalität. Er erinnert in seinem Äußeren an den Gottvater Michelangelos aus der Sixtinischen Kapelle im Vatikan: Die Verbindung von Alter – Zeichen der Ewigkeit – und Kraft, Lebensfülle, lebenspendender Macht. Seine Bewegungen sind kraftvoll, aber gemessen. Er hat die Gravität eines Zwölfzylinders.

Dabei ist er immer gütig und warmherzig. Seine Stimme ist tief, aber warm, »wie Hummelgebrumm«. Und er ist sehr darauf bedacht, allen Kindern ihre Geschenke zukommen zu lassen. Niemand darf am Nikolausabend leer ausgehen. Freilich bekommen »rechte Taugenichtse« auch mal »eine Rute«: Die Güte des Heiligen ist gepaart mit seiner Gerechtigkeit. Er ist kein Opa, dem alles egal ist und dem vor lauter Güte – oder aufgrund beginnender Demenz? – der Blick für die Unterschiede verlorenginge. Im Gegenteil! Nikolaus »verleiblicht« die Spannung, die im Begriff Gottes liegt, nämlich dass er gut ist und dass er mächtig ist und jene zweite Spannung, die besagt, dass er zugleich barmherzig und gerecht ist – eine schwierige Sache, da Barmherzigkeit ohne Gerechtigkeit unbarmherzig wäre.[23] Er ist – wie Christus – zuerst Verkünder des Lichtes. Schon sein Kommen beginnt damit, dass

23 Beide Spannungen sind für uns unauflösbar, vgl. das berühmte Wort des hl. Thomas von Aquin »Gerechtigkeit ohne Barmherzigkeit ist Grausamkeit, Barmherzigkeit ohne Gerechtigkeit ist die Mutter der Auflösung.«, in seinem Kommentar zum Matthäus-Evangelium 5,2. Die beste Darstellung des Gegensatzes findet sich bei Robert Spaemann, Gott und die Welt, Stuttgart 2012, S. 265 und Papst Benedikt XVI. in seiner Enzyklika »Spe salvi«, Nr. 47.

sich »der Mond wie ein runder Ofen mit silberner runder Tür« öffnete und »eine solche strahlende Klarheit herniederstürzte, dass sie sich auch mit goldener Feder nicht beschreiben ließe«. Nikolaus bringt das Licht aus dem Himmel auf die Erde. Dieses Licht ist himmlischer Glanz. Es ist aber auch der Glanz der Wahrheit – »veritatis splendor« – und die Klarheit und Unerbittlichkeit des Guten. Weit davon entfernt, nur eben »nett« zu sein – und alles Unrecht um sich herum geschehen zu lassen –, verkörpert Nikolaus auch die Strenge der Güte: »Gott ist heller um uns als dieses Licht«, sagt er, »und duldet keine Advokatenkniffe!« Der Heilige geht keine faulen Kompromisse ein, um sich aus der Situation zu retten. Das wäre mit seiner Würde nicht vereinbar.

Wir wollen diesen Gedanken ernst nehmen, so leicht er von Timmermans auch ausgesprochen wird: Das Gute ist die Stelle, an der der Himmel offensteht, das einzige, was wir von Gott »sehen« können. Das Gute ist überall. Wir wissen darum und wollen oft genug nichts davon wissen. Aber wir entgehen ihm nicht. Da hilft keine Flucht außer Landes und kein Marsch zum Nordpol: »Steig ich zum Himmel hinauf, so bist du dort; / bette ich mich in der Unterwelt: siehe, auch da bist Du. [9]Nehm ich die Flügel der Morgenröte, / laß ich mich nieder am Ende des Meers, [10]wird auch dort Deine Rechte mich führen, / Deine Rechte mich halten.«[24]

Nikolaus weiß um seine Würde. Er weiß, dass er vom Himmel geliehene Gewänder trägt. Diese Kleider umhüllen sein Wesen und nehmen ihn doppelt in die Pflicht: Wie ein Priester, der *in persona Christi* handelt, muss er mit seinem Leben ausfüllen, was er ist. Oder besser: Er

---

24 Psalm 138 (139), 8f.; Romano Guardini, Deutscher Psalter, München [5]1966, S. 228. »Si ascendero in caelum, tu illic es / si descendero ad infernum ades. si sumpsero pinnas meas diluculo / et habitavero in extremis maris / etenim illuc manus tua deducet me / et tenebit me dextera tua.«

hat diese Verpflichtung ausgefüllt und daher darf er im Himmel wohnen.

Nikolaus, könnte man sagen, verschwindet geradezu hinter seiner Verkleidung. Es ist die Pracht des Bischofsgewandes, die ihn auszeichnet. Diese ist bisweilen überzeichnet bis zur Karikatur: »Sankt Nikolaus strich nachdenklich über seine von vier Falten durchzogene Stirn, neben der schon Löckchen glänzten, denn sein Bart begann dicht unter dem Rande seines schönen Huts.« Es ist der heilige Nikolaus mit seinen »honiggelben Augen«, vor dem man als Kind staunend steht.

Doch wie sollen wir die Kleider sehen? Im apokryphen Philippusevangelium[25] findet sich die auf den ersten Blick merkwürdige Aussage: »In dieser Welt sind die, die Kleider anziehen, wertvoller als Kleider. Im Himmelreich sind die Kleider wertvoller als die, die sie angezogen haben.« Das heißt doch, dass die Menschen, die in die Herrlichkeit des Himmels eingehen, von einem göttlichen Glanz umflossen sind, der mehr ist als der Mensch selbst und der ihn zu mehr macht, als er ist. Er selbst verschwindet dabei nicht; vielmehr kommt der, der dieser Herrlichkeit würdig ist, darin zum Leuchten. So wie ja auch ein Schmuckstück nicht dazu da ist, von der Hässlichkeit des Ausgezeichneten abzulenken, sondern im Gegenteil, die Schönheit besser zum Leuchten zu bringen.[26] Der Heilige ist also nicht herrlich aus sich selbst heraus – das ist nur Gott –, sondern er ist der, der

25 Philippusevangelium 24.

26 »Denn der Schmuck dient nicht zum Verdecken grässlicher Dinge, sondern zur Zierde von Dingen, die an sich schon wunderschön sind. Eine Mutter gibt ihrem Kind nicht eine blaue Schleife, weil es ohne eine solche so hässlich aussieht. Ein Liebhaber schenkt seiner Erwählten nicht ein Halsband, um ihren Hals zu verbergen.« Gilbert Keith Chesterton, Das Abenteuer des Glaubens. Orthodoxie, Olten o.J. (terminus ante quem 1949), S. 113. .

zeigt, wie Gott ist. Er leuchtet wie der Mond. Was für Christus vor allen anderen gilt: Dass er zeigt, wer Gott ist – »Wer mich sieht, sieht den Vater« (Joh 14,9) oder »Niemand hat Gott je gesehen; der Eingeborene, der Gott ist und im Schoße des Vaters ruht, er hat Kunde von ihm gebracht.« (Joh 1, 18) – gilt abgestuft auch von den Heiligen.

Nikolaus erinnert nicht umsonst an die Darstellungen Gott Vaters.

St. Nikolaus ist sich seiner Würde auch bewusst: Nicht nur, dass man sich in solchen Gewändern nur majestätisch bewegen kann, Nikolaus weiß auch von seiner Würde und von ihrem Grund: »Ich, der ich im Himmel wohnen darf, weil ich drei Kinder, die schon zerschnitten und eingepökelt waren, wieder zum Leben gebracht und ihrer Mutter zurückgegeben habe …« Da beruft er sich auf seine Wundermacht. Auf seine Wundermacht? Auch der Heilige wirkt keine Wunder aus sich selbst heraus, er ist nur Vermittler. Sie geschehen »auf seine Fürbitte«. Der Heilige ist – wie Christus – ein Fenster, das das himmlische Licht hindurchlässt.

Die Kleider, besser: die wertvolle Mitra könnte dem Heiligen nützlich sein: Warum verkauft er sie nicht, um der kleinen Cäcilie zu helfen? Ist nicht die Fürsorge für die Armen wichtiger als aller Prunk? Eine Frage von bleibender Aktualität.

Die Antwort Timmermans': »Alles das war ihm vom Himmel geliehen, und es wäre Heiligenschändung gewesen, es wegzugeben.« Wir wollen auch diese Antwort ernst nehmen: Es gibt Dinge, die gehören einem ganz und gar: das Taschengeld zur freien Verfügung kann ich ausgeben, wie ich will. Andere Dinge sind zweckgebunden. Schon das Geld, das ich als Vater verdiene, muss zunächst zur Versorgung meiner Familie dienen, der gegenüber ich eine höchst unmittelbare Standespflicht habe. Auch die Steuern und Abgaben müssen bezahlt werden. Was für das Geld gilt, gilt weit mehr für »Dinge«, die ich empfangen habe, die mir gehören und doch nicht gehören, wie zuallererst mein Leib. In der Antike hafteten Schuldner sogar mit ihm. Heute ist das verboten. Der Leib ist das Persönlichste, was ein Mensch besitzt, er darf ihm nicht genommen werden. Nicht, um in Schuldknechtschaft für den anderen zu arbeiten, nicht um als Organspender für ihn zu dienen.[27]

Das Höchste, was der Mensch besitzt, ist seine Würde und gerade die besitzt er nicht! Wie unser Leben – aber die Würde ist mehr wert als unser Leben! – haben wir sie empfangen, werden wir damit bekleidet. Wir sind nicht ihre Eigentümer, sondern nur ihre Treuhänder. Und deshalb können wir sie nicht weggeben.

Es gibt deshalb auch keine moralische Verpflichtung, was zur Würde gehört, einzusetzen, um eine Not zu lindern. (Schon die freiwillige und »postmortale« Organspende muss deshalb eine freiwillige Leistung bleiben und es darf niemand ein Vorwurf daraus gemacht werden, wenn er nicht bereit ist, seine Organe herzugeben.) Nicht dürfen ist hier identisch mit nicht können. Und so *kann* St. Nikolaus seine Mitra nicht für das Schokoladenschiff hergeben.

Nikolaus gibt, was er zu geben hat: Er gibt den himmlischen Glanz, der mehr ist als alles andere, was er geben könnte. Er wird aber auch Mittel finden, der kleinen Cäcilie auch ganz real zu helfen. Denn das Schokoladenschiff ist beides: Es ist die Verheißung der großen Fahrt und besteht doch zugleich ganz irdisch-real aus Schokolade, einem Lebens- und Genussmittel zugleich.

---

27 Man stelle sich vor, hochverschuldete Leute würden dazu gezwungen, ihre Schulden mit dem Verkauf ihrer Organe zu bezahlen! Die Moderne bietet da neue Möglichkeiten, die die Antike gottlob noch nicht kannte. Das gilt aber auch für das Vaterland und seine gewachsene Kultur in ihrer Einmaligkeit.

Der heilige Nikolaus tritt nicht allein auf. Vielmehr sind ihm als Helfer sein guter Knecht Ruprecht und das Eselchen beigegeben. Und während sich der Heilige sozusagen selbst erklärt, stellt sich bei Ruprecht schon die Frage, wieso ein Typ wie er im Himmel wohnen darf. Denn heilig im landläufigen Sinne ist er nicht. Nun kann man sich freilich fragen, wie ein Heiliger denn zu sein habe, ob es nur auf die Ausstrahlung und die Heiligkeit seiner Seele ankomme: Was ist das für ein Heiliger, der nichts Gutes tut?

Vielleicht darf man auch diese Tatsache schon als eine tröstliche Aussage ansehen. Ja, auch weniger durchgeistigte Typen wie unser Ruprecht können im Himmel Platz finden! Er ist ein pragmatischer Typ, auch kleineren Genüssen wie dem Rauchen nicht abgeneigt. Aber Ruprecht ist tatkräftig und zupackend, kümmert sich um die Geschenke. Er ist geschickt, klettert überall hinauf, tut, was man ihm sagt. Bei Bedarf fehlt es ihm auch nicht an der nötigen Robustheit, zum Beispiel als er die Tür zu Trinchen Mutsers Laden aufstößt. Jedenfalls kann der Heilige ihn brauchen und ist froh, dass er ihn hat.

Knecht Ruprecht, eigentlich ja der Zwarte Piet, ist doch kein Krampus, kein wilder, alpenländischer Begleiter des Heiligen. Nichts an ihm erinnert an den Teufel. Dennoch lebt in seinem Verhältnis zu Nikolaus etwas von der Spannung fort, die für das Verhältnis des Heiligen zur Kraft des Ungeordneten und Dämonischen charakteristisch ist: Nikolaus verkörpert nicht allein Güte, sondern auch Kraft und Macht. Ruprecht ist kein Böser, aber doch die wilde, ungeordnete Kraft, die von Nikolaus gezähmt und eingesetzt wird. Nikolaus vernichtet diese Kraft nicht, ja er liebt sie, aber er hat sie immer im Griff. Vom Heiligen Korbinian wird erzählt, er habe einen Bären, der ein Pferd gerissen hatte, nicht getötet, sondern ihn dazu vergattert, die Last des Saumtieres zu tragen. Er vernichtete die widerspenstige Kraft nicht, sondern machte sie sich dienstbar.[28] Und so findet auch jemand wie unser manchmal noch etwas ungebärdiger und temperamentvoller Ruprecht einen Platz im Himmel. An der Seite des Heiligen, versteht sich.

Ja und noch etwas: Auch der Esel ist da! Wie viel Platz ein Heiliger neben sich schafft! Was er nicht alles integrieren kann!

Das grüne Mondenlicht

Timmermans' Geschichte endet mit einem Schock: »Die kleine Cäcilie wollte weinen. Knecht Ruprecht oder der gute Heilige hatten das Schiff nicht gebracht, es lag nicht auf dem Kissen.« Cäcilie ist so fasziniert von der Himmelfahrt der drei Gestalten, dass sie das Wunder verpasst. Aber so ist es immer. Der Mensch erkennt die Ankunft Gottes nicht, er sieht das Wunder nicht, wenn es passiert, erst danach: »*Et vera incessu patuit dea …*« »Erst als sie sich abwandte, konnte man die wahre Göttin erkennen«, heißt es bei Vergil.[29]

---

28 In den letzten Jahren hat diese Überlieferung eine gewisse überregionale Bekanntheit erlangt, da Papst Benedikt XVI. den Bären in sein Wappen aufgenommen hat. Arbeo von Freising, Vita S. Corbiniani, vgl. dazu u.a. Peter Stockmeier, Der Heilige Bischof Korbinian, in: Bavaria Sancta. Zeugen christlichen Glaubens in Bayern, hrsg. von Georg Schwaiger, Regensburg 1970, Bd.1, S. 121–135, S. 128. Vgl. auch die Inschrift auf dem Vatikanischen Obelisken, die diesen in den Dienst Christi stellt: SIXTVS V. … CRVCI INVICTAE OBELISCVM VATICANVM AB IMPVRA SVPERSTITIONE EXPIATVM IVSTIVS ET FELICIVS CONSECRAVIT«. Ähnliches gilt u.a. für den heute auf der römischen Piazza del Popolo aufgestellten Obelisken vom Circus Maximus.

29 Vergil, Aeneis I,405.

Aber hier geht es nicht um Blindheit, sondern geradezu um eine Voraussetzung für das Geschehen der Wahrheit: Nur wenn wir selbstvergessen-absichtslos warten, werden wir wahrhaft beschenkt. Cäcilie hat nur Augen für das Wunder der »drei Heiligen« – und da stellt sich das große Glück ein: »Aber siehe! … Wie konnte das nur geschehen? »Ja, das weiß nun niemand, das ist die Findigkeit und die große Geschicklichkeit vom Knecht Ruprecht, und die gibt er niemandem preis.«

Timmermans' Geschichte endet im Geheimnis. Der Himmel war einen Augenblick da und geht wieder fort. Die Welt sinkt in ihre Alltäglichkeit zurück: »Und wieder war da das gewöhnliche, grüne Mondenlicht.« Die vier Gestalten im Städtchen haben, jede auf ihre Weise, den Augenblick ergriffen – oder eben nicht. Nun ist er ein für alle Mal vorbei, das Glück beim Schopf gepackt oder verpasst: Es ist der Augenblick, der die Ewigkeit wirkt. Und nichts wird erklärt. Der Schleier fällt nicht. Das Geheimnis der Welt wird nicht aufgedeckt. Aber es ist ein Glanz über ihr gelegen, der uns Hoffnung auf das Unsägliche, besser: auf das Unaussprechliche macht.

Timmermans schafft nicht wie so häufig eine Idylle, hinter der schon das Grauen hervorschaut. Er geht den umgekehrten Weg, geht aus vom Grauen, hinter dem die Idylle aufleuchtet. Der Morgenstern nach dunkler Nacht.

Paul Keller:
Das Niklasschiff

Zu mir kam der Nikolaus nie. Dagegen in jedem Jahr zu unserem Nachbarssohne, dem reichen Mühl-Karl. In der Schule zeigte er mir dann an jedem 6. Dezember die schönen Sachen, die er geschenkt bekommen hatte.

Ich muss sagen, dass ich einen Groll auf den Nikolaus hatte. Auch dann noch, als mir meine kluge Tante sagte:

»Siehst du, wir haben so ein kleines Haus, da ist es schon leicht möglich, dass es der Nikolaus übersieht. Denn er ist nun doch einmal ein alter Mann.«

Das ließ ich mir eine Reihe von Jahren gefallen, als ich aber zehnjährig war, beschloss ich, mich an den Weg zu stellen, dem Nikolaus aufzulauern und ihn auf unser kleines Haus aufmerksam zu machen.

Um halb acht käme er immer, hatte mir der Karl verraten. Gut, um halb acht Uhr stand ich auf der Straße vor der Mühle und passte auf.

»Herr Nikolaus«, wollte ich sagen, »bitte schön, ich wohne dort drüben! Dort in dem kleinen Haus, wo der Kastanienbaum davorsteht! Wenn Sie bis an den Kastanienbaum herangehen, werden Sie das Haus schon sehen. Ich kann den Katechismus besser als der Karl, und ich hab bei der Schulprüfung eine Prämie gekriegt, und er nicht!« So wollte ich sagen. Ich hatte lange nachgedacht über diese Ansprache und konnte sie sehr gut auswendig.

Ach, es war eine von den vielen schönen Reden, die nicht gehalten werden. Denn als der Nikolaus wirklich kam, ein großer Mann mit einem wilden, langen Bart, mit einem umgedrehten Zottelpelz und einem Strohseilgurt, da verließ mich der Mut, und ich wäre hinter dem

Lattenzaun, wo ich steckte, fast gestorben vor Angst, als er vorbeiging. Erst als er weit weg war, kriegte ich all meine Courage wieder und schrie nun wie besessen:

»Herr Niklas! Herr Niklas! Ich wohne dort drüben – dort in dem kleinen Hause bei dem Linden-, nein, bei dem Kastanienbaume, hören Sie, bei dem Kastanienbaume!«

Er wandte sich nicht um, er verschwand in der Mühle.

Ich zitterte am ganzen Leibe, und zornige Tränen kamen mir in die Augen.

Ich würde auch dieses Jahr nichts kriegen. Das war klar! Denn der Niklas hatte die Ohren verbunden gehabt.

Außerdem – die zwei wichtigsten Dinge, Katechismus und Schulprämie, hatte ich vergessen.

In dieser Nacht lag ich eine qualvolle, lange Viertelstunde schlaflos wach im Bette. Ich wusste, dass ich nie wieder glücklich sein würde im Leben. Aber dann kam der große Tröster, der so wonnig zu lügen versteht, der Schlaf. Er löschte meine Leiden aus und stellte ein holdes Glück an ihre Stelle. Er erzählte mir, ich hätte zwei Bleisoldaten vom Nikolaus erhalten, einen blauen und einen roten.

Am anderen Tag hatte richtig der Mühl-Karl wieder eine ganze Menge Sachen mit in der Schule. Ich wollte anfangs nichts davon ansehen, als er aber ein kleines Holzschiffchen auf die Schulbank stellte, war es aus mit meiner Selbstbeherrschung.

Ach, es war ein süßes, süßes Schiffchen! Es hatte einen Mastbaum und zwei Segel, ja sogar einen kleinen, eisernen Anker. An der Seite stand der Name des Schiffes: »St. Niklas.«

Das weiß ich heute noch, wie ich damals plötzlich den Kopf auf die Schulbank legte und bitterlich zu weinen anfing. Die anderen Kinder lachten anfangs, dann redeten sie auf mich ein; zuletzt lief einer nach dem Lehrer, der drüben in seiner Wohnstube frühstückte.

Denn es war eine Dorfschule, und der Unterricht hatte noch nicht begonnen.

Ich sagte auch dem Lehrer den Grund meiner Tränen nicht. Aber ich hörte auf zu weinen. Ein wilder Trotz überkam mich. An diesem Tage ließ ich den Mühl-Karl die Rechenaufgaben nicht abschreiben, und als er Hiebe bekam, freute ich mich.

Hiebe! Da hatte er es nun mit seinem Schiff! Da hätte nur mal jetzt der Niklas zum Fenster reingucken sollen, wie sein geliebter Mühl-Karl über dem Stuhl lag und ich so stolz in der Bank saß und eine Tafel hatte, auf der alles richtig herauskam!

Oh, ich war auf dem Wege, ein schlechter Kerl zu werden! Ich bekam nicht einmal Gewissensbisse, als mich auf dem Heimweg der Karl trotz allem, was voran gegangen war, freundlich einlud, mit ihm am Nachmittag das Schiffchen auf dem Mühlbach schwimmen zu lassen.

Nein, ich schlug es grob ab. Ja, ich setzte etwas hinzu, was mir nur in der tiefen Verbitterung meines Herzens einfallen konnte:

»Überhaupt sind wir mit euch verfeindet! Denn mein Großvater hat mit deinem Vater einen Prozess wegen des Brunnens gehabt, und da hat mein Großvater alles unschuldig bezahlen müssen.«

So wurde aus der Feindschaft der Alten auch eine Feindschaft der Kinder. Das mit dem Prozess stimmte. Denn wir hatten mit den Müllersleuten einen gemeinsamen Brunnen, und wo ein gemeinsamer Brunnen ist, muss auch ein Prozess sein.

Es vergingen fast zwei Wochen. Der Mühl-Karl bekam öfter Prügel in der Schule. Der Lehrer fand, dass er nicht nur im Rechnen, sondern auch namentlich im Aufsatz sehr zurückgegangen sei. Du lieber Gott! Der Lehrer hatte 110 Schüler in vier verschiedenen Klassen;

der konnte wirklich hinter die Schliche solcher Intriganten, wie ich einer war, nicht kommen.

Zu meiner Ehre kann ich wahrheitsgetreu angeben, dass ich mich nach und nach über die Prügel, die der Mühl-Karl bekam, nicht mehr freute. Wenigstens nicht mehr so heftig freute wie am 6. Dezember.

Am 20. Dezember trat der Karl auf dem Heimweg abermals an mich heran: »Komm doch heute mit mir Schiffel fahren!«, sagte er.

Ich sehe noch jetzt, wie bittend ihm die braunen Augen aus dem roten, robusten Gesichte leuchteten. Einen Augenblick schwankte ich. Aber der Groll siegte. »Gelt, dass ich dich dafür morgen abschreiben lass! Ich werde mich schön hüten!«

Und ich wandte ihm den Rücken.

Es war eine schwere Schuld, die ich auf mich lud.

Am selben Tag, kurz ehe die Dämmerung hereinbrach, sah ich die Müllerin schreiend über den Hof laufen, gleich hinterher rannte der Müller, dann die Dienstboten, zuletzt humpelte sogar die lahme Mühlgroßmutter bis vors Tor. Und ein bisschen später brachte der stärkste Knecht aus der Mühle den Karl getragen.

Er hatte mit seinem Schiffchen gespielt und war in den eiskalten Mühlgraben gefallen.

Zuerst war alles in mir stumpf und still. Eine Schadenfreude überkam mich nicht; dafür war ich zu sehr erschrocken. Bloß die Neugierde war in mir, was jetzt werden würde.

Aber dann, als es finster wurde, immer finsterer, als immer noch nicht unsere Lampe angezündet wurde, wurde ich so unruhig, so schwer unruhig.

Der Großvater war still, die Tante sagte kein Wort. Und kein Licht – kein Licht! Der Sturm fing auch an zu gehen. Vor dem Sturme am Abend, dem finsteren Sturme, hatte ich immer Angst.

Ich rückte zum Feuer. Aber unser Hund knurrte mich an, weil ich ihn verscheuchte.

Ein Wagen rumpelte draußen. Wir gingen alle ans Fenster. Es war des Müllers Glaswagen mit zwei Laternen.

»Sie bringen den Doktor«, sagte der Großvater.

Und die Tante sagte: »Wer weiß!«

Da packte mich etwas an der Kehle, und als ich die Tante fragen wollte, was sie gemeint habe, brachte ich kein Wort heraus. Wenn er sterben müsste!

Oh, ich war ein kleines, dummes Büblein, hatte keine verfeinerte Seele, aber ein nacktes, blutzartes Herz, das von einem jähen Angstweh durchschnitten wurde, als ihm Tod und Schuld so nahe traten.

Ich bekam keine Luft; ich schlich hinaus, dann rannte ich über die Höfe hinüber zum Müllerhaus. Ich stand eine Weile frierend vor der Tür, dann kam eine Magd, die ich fragen wollte.

Der Doktor könne nichts versprechen, sagte sie, und der Karl läge mit offenen Augen, aber er könne nicht reden und auch nicht hören.

Langsam kehrte ich um. Ich lehnte lange an Müllers Gartenmauer; ich setzte mich endlich auf unsere Haustürschwelle und starrte hinüber nach den beleuchteten Fenstern.

So fand mich die Tante und brachte mich zu Bett.

Ich dachte unausgesetzt an Karl. Einen einzigen Trost hatte ich – dass er die Augen offen hatte. Wenn sie nur nicht zufielen! Ich streckte meine Hände aus auf der Bettdecke und stellte mir vor, dass ich Mühl-Karls Augendeckel offenhalten könnte.

Ja, ich musste sie offenhalten – musste! Wäre ich mit ihm gegangen, dann wäre er nicht ins Wasser gefallen.

Nun durften die Augen nicht zufallen! Nein, nein, sie durften nicht zufallen!

Und ich hielt zwischen Daumen und Mittelfinger je ein Stücklein Bettzeug und dachte immer, es seien Karls Augendeckel.

Einmal fiel mir ein, wenn der Karl stürbe, hätten wir einen Tag keine Schule und könnten das schöne Lied: »Wo findet die Seele die Heimat« singen.

Aber der Gedanke, der mich sonst bei Todesfällen im Dorf immer begeistert hatte, erfror diesmal an einem inneren Frost, der mir die Glieder schüttelte. Und Daumen und Mittelfinger pressten sich fester zusammen.

Zuletzt wollte ich beten. Und in seiner großen Angst demütigte sich mein Herzlein, und ich betete zum Nikolaus, dem einzigen Heiligen, von dem ich glaubte, ich sei mit ihm verfeindet. Ich stellte ihm gar inständig vor, dass er ja sehr recht täte, wenn er mir nie etwas schenke, weil ich doch so schlecht sei; aber über den Karl möge er sich erbarmen und ihn gesund werden lassen, denn dem Karl sei er doch von jeher sehr gut gewesen.

Drei Tage vergingen. Am Brunnen hatte ich täglich der Marie, des Müllers Magd, aufgelauert. Ja, er hätte immer noch die Augen offen, hatte sie mir gesagt.

Wenn die Augen so lange offenstehen, wird er schon gesund werden, tröstete ich mich. Aber die Sorge, sie möchten zufallen, verließ mich nicht, und ich grübelte auch immer schmerzlich darüber nach, warum denn der Karl nichts sehen könne, wenn er doch die Augen offen habe. Ich versuchte es eifrig, mit offenen Augen nichts zu sehen, aber es gelang nicht. Ich sah sogar am Abend und in der Nacht.

Endlich hielt ich's nicht länger aus, und ich befragte meine freundliche, kluge Tante. Sie besann sich eine Weile, dann sagte sie:

»Weißt du, der Karl hat jetzt keine Seele.«

Das war am 23. Dezember gewesen. Es war gut, dass wir schon keine Schule mehr hatten, denn ich hätte nicht ein einziges bisschen lernen und aufpassen können. Ich dachte jetzt immerfort daran, dass der Karl keine Seele mehr hatte.

Wo die Seele hin sei, darüber zersann ich mir den Kopf Stunde um Stunde. Dass sie nicht im Himmel sein konnte, wusste ich, da der Karl noch nicht gestorben war.

Wo war die Seele hin?

In der Nacht auf den 24. lag ich lange wach. Das kleine Herz schlug schnell und laut, die Hände irrten auf dem Deckbett hin und her, der Kopf brannte. Es war so heiß in der Kammer.

Und da fiel mir' s plötzlich ein.

Wie der Karl ins Wasser gefallen ist, ist die Seele herausgegangen aus seinem Munde und im Bach ertrunken.

Mit einem Ruck saß ich aufrecht im Bette. Ich fror zum Erbarmen, und doch lief mir der Schweiß über das Gesicht.

Die Seele! Karls Seele! Ins Wasser gefallen! Ertrunken! Hilflos ertrunken! O Gott!

So eine Seele ist etwas Zartes, Feines, etwas in einem dünnen, weißen Hemdchen.

Wenn das in den eisigen Mühlbach fiel und darin ertrank und erfror!

Es ist mein bitterer Ernst, wenn ich sage, dass ich nie wieder im Leben so heiß und hoffnungslos gelitten habe wie damals, da sich die Krallenfinger der Angst und Reue zum ersten Mal in mein wehrloses junges Herz eingruben.

Damals hörte ich das erste Mal die Mitternachtsstunde schlagen.

Nach langer Zeit war ich so erschöpft, dass ich halb betäubt ins Bettchen zurücksank. Und in der schweren

Müdigkeit kam dem kleinen Kämpfer endlich ein milder Trostgedanke.

Das Schifflein! Das Schifflein war ja auch im Wasser gewesen. Vielleicht hatte sich Karls Seele an das Schifflein angeklammert!

Am Heiligabendtage ging ich frühzeitig zum Brunnen. Ich musste lange warten, dann kam die Müllermagd.

»Hat er die Augen noch offen?«

»Nein, seit gestern Abend hat er sie zu!«

»Ist er – gestorben?«

»Jetzt ist er noch nicht gestorben.«

Sie füllte ihre Kannen und ging. Unbeweglich schaute ich ihr nach, wie jemandem, der die letzte Hoffnung forttträgt. Er war noch nicht gestorben! Aber er hatte die Augen schon zu! Es schien mir der Augenblick der höchsten Gefahr.

Die Seele musste ich suchen – die Seele!

Ich eilte durchs Hoftürchen hinaus aufs Feld, über einen Acker weg, auf den Mühlbach zu. Die Glieder bebten mir in eisiger Angst, aber ich ging.

Ach, ganz fertig brachte ich es doch nicht! Abseits vom Bache rannte ich flussaufwärts. Ich spähte sehnsüchtig verlangend hinüber, aber die Füße blieben mir in den Löchern des Sturzackers gefangen.

Dort war die große Esche. Dort war er hineingefallen. Noch einmal überkam mein Kinderherz eine heiße Todesangst. Dann aber sah ich den Karl vor mir liegen mit geschlossenen Augen, und laut aufweinend vor Furcht und Sorge rannte ich hin zur Esche.

In der Nacht war ein milder Frost gekommen, der hatte eine dünne Eisdecke über den Bach gespannt. Spiegelglatt lag die glitzernde Fläche vor mir. Eine lächelnde, tote Fläche!

Gefroren! Nun war sie nicht mehr zu finden! Nun steckte sie unter dem Eis!

Langsam schlich ich den Bach hinab. Einmal schrak ich zusammen, als ich etwas Weißes im Eise sah. Aber es war nur eine Luftblase.

Da gab ich alle Hoffnungen auf. Der Kopf schmerzte mich, die Füße strauchelten oft und glitten aus. Und eine schneidende Todeskälte stieg vom Bache herauf. Es war eine traurige Wanderung für ein Kind am Heiligen Abend.

Und da traf mich das Wunder! –

Eingefroren, nicht weit vom Ufer weg, stand Karls kleines, süßes Holzschifflein. »St. Niklas« stand daran, und der Wind spielte leicht mit den kleinen Segeln.

Drinnen aber im Schiff lag etwas Weißes.

Mit glühenden, weiten Augen starrte ich hin.

Zuerst fiel mir ein, es möge ein verwehtes Blatt sein, das der Reif so weiß gemacht habe. Aber bald kam mir eine viel, viel bessere Erkenntnis.

In dem Schiffe war Karls Seele!

Ein bisschen zusammengefroren, ein bisschen bereift in den kalten Winternächten – aber doch Karls kleine, weiße Seele.

Sie hatte sich gerettet!

O – halleluja – gerettet! –

Ich rutschte auf den Knien den Bachrand hinab, ich ergriff einen dünnen Erlenzweig und beugte mich weit über das Wasser. Einen Augenblick schwebte ich so zwischen Tod und Leben, dann hielt ich das Schifflein in den Händen.

Keinen Blick warf ich mehr hinein. Nein, das wagte ich nicht. Aber mit hocherhobenen Händen, so wie ein Priester einen heiligen Kelch trägt, so trug ich in dem Holzschiffe Karls Seele heim.

Als der Wind übers weiße Feld fuhr, als mir die großen, schwarzen Vögel über dem Haupte flogen, drückte ich das Schifflein an meine Brust.

Als aber die goldene Sonne durch die Wolken schien, trug ich es wieder hoch in den Händen und ging langsam, glücklich, zuversichtlich Schritt für Schritt.

An des Müllers Tür war eine Klingel. Mit erstarrter Hand riss ich an dem Zuge, dass die Glocke schrill durchs Haus gellte.

Der Müller kam scheltend herausgesprungen. Ich aber stand ruhig und ernst da und sagte so feierlich, als ob ich ein Gebet spräche:

»Ich bringe Karls Schiff! In dem Schiffe ist seine weiße Seele!«

Der Müller starrte mich an. Als ich ihm aber so gläubig in die Augen sah, sagte er kein Wort, nahm mir das Schifflein ab und trug es ins Haus.

Und noch ehe die Lichter meines kleinen Christbaumes angezündet wurden, trat der Müller in unsere Stube. Er entschuldigte verlegen sein Kommen und sagte, er freue sich so, denn der Doktor sei eben wieder dagewesen und habe gesagt, der Karl werde nun bestimmt wieder gesund werden. Das komme er sagen, weil wir doch öfter hätten nachfragen lassen.

Der Großvater und die Tante waren freundlich zum Müller. Ich sagte kein Wort. Auch dann wich das andächtige Schweigen der Freude nicht von mir, als der Müller fortfuhr:

»Gerade als euer Paul das Holzschiffchen brachte und so sehr mit unserer Klingel läutete, ist der Karl aufgewacht aus seinem Schlafe und hat die Besinnung wiedergehabt. Und uns sind allen die Augen übergegangen, weil doch euer Paul meinte, in dem Schiff bringe er Karls Seele.«

Interpretation

1. Eine untergegangene Welt

Wer kennt heute noch Paul Keller? Im Internet wird der 1873 in Arnsdorf, Kreis Schweidnitz geborene Schriftsteller, der in der Zeit vor dem I. Weltkrieg sehr hohe Auflagen erzielte, vorsichtig als »schlesischer Heimatdichter« bezeichnet.[30] Ist das eine Einschränkung oder einfach eine Auszeichnung, die mit dem Untergang Schlesiens ihren Wert verloren hat? Ist es doch – de facto, nicht de jure – verboten (natürlich nicht von Gesetzes wegen, aber gerade deshalb umso wirksamer) um dieses Land, seine Kultur und seine Bewohner wenigstens zu trauern!

Wenn man Paul Keller kaum kennt, ist doch allein die kleine Geschichte »Das Niklasschiff« so gut und so ernsthaft, dass man auf diesen Autor aufmerksam werden muss. Dabei ist sie so ernsthaft aus der Ich-Perspektive erzählt, dass man kaum umhinkann, hinter ihr ein wirkliches Erlebnis des Verfassers zu finden.

Werfen wir zunächst einen Blick auf die Welt, in der das Niklasschiff spielt. Es ist, wenn man die Gleichsetzung mit dem Autor ernst nimmt, das Jahr 1883. Wir sind in Schlesien, irgendwo auf dem Lande. Das einfache Heimathaus des zehnjährigen Paul ist einfach und wohl großenteils aus Holz gebaut und wenn der Wind weht, dann »geht der hm, hm, hm« in Mutters Stübele, wie es in dem bekannten Kinderlied heißt. Wir stellen uns die Fenster klein vor und die Scheiben dünn, und erst, wenn man gar nichts mehr sieht, wird das Licht angemacht: nicht nur arme Leute geizten mit dem teuren Petroleum. Die

30 »Man kann« ihn als Heimatdichter bezeichnen, heißt es in Wikipedia. *https://de.wikipedia.org/wiki/Paul_Keller_(Schriftsteller)*, zuletzt aufgerufen am 18.9.2020.

Schlafräume sind selbstverständlich nicht geheizt und im Winter bitterkalt. Doch schlief man in der alten Zeit in der Regel nicht nur viel früher als heute, man schlief auch besser, wenn man sich erst einmal aufgewärmt hatte: Damit ein Kind die Mitternachtsstunde schlagen hörte – wohl von einer Pendeluhr im Hause, von einer Turmuhr oder einem Dorf ist nicht die Rede – musste schon etwas Außergewöhnliches vorgefallen sein.

Die Schule ist eine Dorfschule: Der Lehrer – Keller wurde später selbst Lehrer – ist ein schlecht bezahlter Mann, der ganz allein mit 110 Kindern fertig werden musste, der dennoch, wie wir annehmen dürfen, auch ohne moderne technische Geräte und didaktische Kniffe den Kindern eine ganze Menge beibrachte. Er wohnt, wie früher üblich, in der Dorfschule. Die Kinder werden geschlagen, nicht nur, wenn sie etwas ausgefressen haben, sondern auch dann, wenn sie etwas nicht können oder wissen. Aber das führt zu keinen seelischen Problemen, solange es üblich und anerkannt ist und das normale Maß nicht übersteigt. Das verhandelte Problem liegt jedenfalls auf einer anderen Ebene.

Der Doktor wird vom Müller geholt, als der ihn braucht, und als der Wagen vorfährt, rumpelt der Kutschwagen. Wasser holt man aus dem Brunnen, in Kannen, die man ins Haus trägt. Und selbstverständlich gibt es auf der Mühle Gesinde.

Die Müllersleute sind vergleichsweise wohlhabend, aber auch diesen Wohlstand darf man sich nicht zu üppig vorstellen: Sie teilen das einfache ländliche Leben, haben nur von allem etwas mehr als Pauls offenbar sehr arme Eltern. Von heute aus gesehen sind auch sie arm.

Noch ein Wort zur Sprache: Diese ist klar und eindringlich; nur an wenigen Stellen gleitet sie ins Formelhafte ab. Der schlesische Einschlag ist am häufig vorkommenden Schluss-E zu hören, wenn es zum Beispiel heißt »dort in dem kleinen Hause bei dem Linden-, nein, bei dem Kastanienbaume, hören Sie, bei dem Kastanienbaume!«

2. Brüder

Doch kommen wir zur Geschichte. Sie beginnt mit zwei Hammerschlägen:

»Zu mir kann der Nikolaus nie.« Eine Erfahrung der *privatio* möchte man sagen, des Nichthabens von etwas, was man doch haben sollte, einer schmerzlichen *Beraubung*.

»Dagegen in jedem Jahr zu unserem Nachbarssohne, dem reichen Mühl-Karl.« Der Schmerz wird empfunden durch den Kontrast. Und jetzt ist er nicht mehr der einfache Schmerz der Entbehrung, sondern die Erfahrung bitteren Unrechts. Es geht um das Gesehen- und, mehr noch, das Anerkanntwerden: »Der Herr schaute auf Abel und sein Opfer, aber auf Kain und sein Opfer schaute er nicht.« (Gen 4, 4b–5a). Was schmerzt, ist die Erfahrung der Ungleichheit, der Zurücksetzung. Das Materielle wird zum Ausdruck – fehlender – Zuwendung. Und das tut ungeheuer weh. Die Bibel weiß das: »Da überlief es Kain ganz heiß und sein Blick senkte sich.« (Gen 4,5b)

Es ist ja nicht so, dass Kain für den nachfolgenden Mord an Abel kein Motiv hätte. Im Gegenteil: Es gibt kaum etwas Schlimmeres, als ohne Grund zurückgesetzt zu werden.[31]

---

31 In diesem Punkt hat Alfred Adler seinen Lehrer Sigmund Freud entscheidend korrigiert: Nicht die *libido* ist die oberste Triebkraft des Menschen, sondern das Streben nach Anerkennung. Es geht vor allem erst einmal darum, jemand zu sein. Als ein beliebiges Beispiel für diesen hier nicht zu vertiefenden Punkt, Alfred Adler, Menschenkenntnis (1927), hrsg. von Jürg Rüedi, Göttingen 2007, S. 85f. Mit Vorsicht zu betrachten ist freilich seine Überzeugung, dass »am Beginn jedes seelischen Lebens ein mehr oder weniger tiefes Minderwertigkeitsgefühl steht«,

Doch nun steht der Mensch – das gilt für jeden Menschen in vergleichbarer Situation – an einem Scheideweg: Wie geht er mit seinem Schmerz um? – Erster Weg, erste scheinbare Lösung: Er lässt sich das nicht gefallen, wehrt sich, rächt sich.

Aber geht das? Kann man sich fehlende Anerkennung, fehlende Liebe nehmen? Wenn man sie sich nimmt, wird sie einem nicht mehr geschenkt und das Wesentliche fehlt. Der Zorn ist keine Lösung – oder doch?

»Nicht wahr, wenn du recht tust, darfst du aufblicken; wenn du nicht recht tust, lauert an der Tür die Sünde als Dämon. Auf dich hat er es abgesehen, doch du werde Herr über ihn!« So die Fortsetzung der Kain-und-Abel-Geschichte: Kain, getroffen von Wut, die in seinem Herzen rast, muss sich entscheiden: Wird er die Schwelle überschreiten, die jeder Mensch in sich hat als Schutz vor dem Unausdenkbaren? Die Wut rast, aber noch ist er Herr der Lage, noch hat er nichts getan, was er nicht mehr zurücknehmen kann und später bedauern wird. »An der Schwelle lauert der Dämon«: Hast du diesen Rubikon einmal überschritten, ist alles anders. Einmal ist nicht keinmal, sondern ein für alle Mal.

Einem peruanischen Politiker hat diese Schwelle das Leben gerettet, als er zum Opfer des Sendero luminoso wurde. Ein Terrorist schoss ihm aus einer Menschenmenge heraus in die Knie. Er brach zusammen, der Terrorist baute sich mit geladener Waffe vor ihm auf, um ihn »im Namen des Volkes« hinzurichten. Eine oder zwei unendlich lange Sekunden blickte er in die Pistole, die auf sein Gesicht zielte. Dann warfen sich die Leibwächter auf den Angreifer, der Schuss ging los, aber er verfehlte sein Ziel. Warum hatte der Täter nicht sofort geschossen? – Weil er ein Anfänger war, der noch niemals getötet hatte.

---

da hier zumindest ein primäres und ein sekundäres Minderwertigkeitsgefühl zu unterscheiden sind, vgl. ebd. S. 15f.

Er hatte das Attentat minutiös geprobt und einstudiert. Aber das Töten lässt sich nicht einstudieren. Beim ersten Mal gilt es eine Schrecksekunde zu überwinden. Die Profis kennen diesen Schutz nicht mehr.[32]

Es hat offenbar einen tieferen Grund, dass wir einen Schutz vor dem ersten Mal in unserem Leibe haben. Ist die Flasche erst einmal »mit Klick« aufgegangen, gibt es kein Halten mehr.

Der griechische Philosoph Archytas von Tarent machte es sich zur Regel, niemals aus dem Affekt heraus zu handeln – das ist das gefährliche Gegenstück zum Schutz der Jungfräulichkeit –, bis zu dem Punkt, dass er zu seinem Verwalter sagte, der etwas angestellt hatte, er hätte ihn zu Tode geprügelt, wenn er nicht so zornig gewesen wäre.[33] Und der heilige Franziskus mahnte die Brüder, wenn sie von Zorn erregt seien, sich unverzüglich in einem kurzen Gebet an Gott zu wenden, um den inneren Frieden wiederzufinden, bevor sie etwas Falsches täten.

Kain, wir wissen es, wird die Schwelle überschreiten. Und er wird damit vollenden, was seine Eltern mit dem Essen von der Frucht des Baumes begonnen haben. Der Dämon wird ihn im Griff haben. Doch lösen wird er sein Problem auf diese Weise nicht – gerade, weil Abel weg ist. Die unwiederbringliche Abwesenheit Abels wird zu seiner eigentlichsten, bleibenden Wunde: »Kain, wo ist dein Bruder Abel?«[34], lautet die furchtbarste Frage der Bibel. Der Tod des Bruders führt zu schrecklichsten Phantomschmerzen auf Seiten des Mörders. Diese Wunde wird ihn sein ganzes Leben lang zeichnen.

32 Vgl. das Erschrecken der Soldaten bei der Verhaftung Jesu im Garten Getsemani, Joh 18,6.

33 Cic. rep. I. 59f., »›a te [in] felicem‹ inquit vilico, ›quem necassem iam verberibus, nisi iratus essem.‹«

34 Gen 4,9.

3. Kränkung

Zurück zu Paul Keller. Die Geschichte beginnt sozusagen vor der Scheidung in den, der beschenkt wird, und den, der leer ausgeht. Paul weiß ja, dass der Nikolaus nie zu ihm kommt. Und er versucht, ihn in kindlicher Naivität auf sich aufmerksam zu machen. Damit scheitert er kläglich – wer kennt sie nicht, die Reden, die man halten möchte und doch nicht hält. Noch naiver die Meinung, Katechismus und Schulprämie seien ausschlaggebend, als ob man sich so die Zuneigung des Heiligen erwerben könnte. Wichtiger für den Verlauf der Geschichte ist aber doch, dass Paul folgenden Punkt übersieht: Er empfindet es als himmelschreiendes Unrecht, dass der Nikolaus nicht zu ihm kommt; die Gabe der Intelligenz, die ihn vor Karl auszeichnet, nimmt er hingegen als Selbstverständlichkeit. Aber er kann ebenso wenig dafür wie Karl für seinen – bescheidenen – Reichtum.

Als Karl mit seinen Geschenken in die Schule kommt – offenbar wurden die Kinder noch nach alter katholischer Sitte zu Nikolaus beschenkt und nicht zu Weihnachten –, nimmt das Drama seinen Lauf. Der Zorn des Übergangenen richtet sich auf den Beschenkten.

Aber man muss unterscheiden. Die erste Reaktion Pauls, das »hemmungslose Schluchzen«, ist spontan, so spontan wie nur Tränen der Erschütterung sein können. Man muss erlebt haben, was es heißt, vollkommen spontan zu weinen, ohne Schrecksekunde wie nach einem Sturz. An Pauls Weinen ist nichts Böses. Doch dann kommt der Groll, erst der innere, dann die Tat: Paul weigert sich, mit Karl, besser: mit Karls neuem Schiffchen zu spielen.

Aber es ist noch ein Detail zu beachten: »Nicht wahr, wenn du recht tust, darfst du aufblicken« heißt es in Gen 4,7. Doch zuvor, in Vers 5 steht geschrieben: »Da überlief es Kain ganz heiß und sein Blick senkte sich.« So ergeht es auch Paul: »Das weiß ich heute noch, wie ich damals plötzlich den Kopf auf die Schulbank legte und bitterlich zu weinen anfing.« Der vom Schmerz der Zurücksetzung Getroffene kann die anderen nicht mehr anblicken. Der Schmerz wirft ihn auf sich selbst zurück. Daran ist, ich wiederhole mich, nichts Böses. Sollte man Paul seinen Schmerz auch noch zum Vorwurf machen? Aber gerade hier lauert der Dämon: Das Böse kommt aus der Erfahrung erlittenen Unrechts, vor allem aus der Kränkung. Dem verzweifelten Einstecken des Kopfes steht der Blick zur Seite, der zu Boden fällt. Der Blick Kains, der seinen Bruder nicht mehr ansieht und der vor Gott nicht mehr aufschauen kann. Der gesenkte Blick Adams und Evas nach dem Sündenfall. Aber auch der Blick der Brüder Josefs, als sie ihrem Vater vom angeblichen Tod des Bruders erzählten, und der Blick des Neoptolemos, der nicht wusste, wie er schauen sollte, als er Philoktet um seinen letzten Besitz, den Bogen, betrügen sollte.[35] Der zu Boden fallende Blick, der Blick, der den anderen nicht mehr ansieht, weil er ihn nicht mehr ansehen darf, das ist in der Bibel und anderswo stets der Beginn oder die Folge des Unheils.

Zur Verweigerung des Spielens treten Kränkungen und so kommt es zu einer handfesten Entzweiung. Besonders gelungen ist die Schilderung der Schadenfreude, die Paul überkommt, wenn er erlebt, wie Karl vom Lehrer geschlagen wird.

Sollen wir die Geschichte moralisieren? Hätte Paul nicht auch einen anderen Weg gehen können, den Weg der Mitfreude mit Karl? Er hätte sich doch mit ihm zusammen an den Geschenken freuen und mit Karl gemeinsam spielen können!

Es ist schon richtig, dass an der Annahme der eigenen, bescheideneren Situation und am Mitspielen letztlich kein Weg herumführt. Aber es einfach so einzufordern,

---

35 Sophokles, Philoktetes, Vers 110.

hieße, die Situation nicht ernst nehmen und die Not der menschlichen Befindlichkeit nicht zu kennen. Paul *kann* das nicht. Jedenfalls nicht sofort. Er hätte gleichwohl gut daran getan, auf den Weg der sich verhärtenden Ablehnung zu verzichten.

Immerhin: Paul wird seinen »Bruder« *nicht* erschlagen. Unsere Geschichte bewegt sich auf der Schwelle zwischen echter Schuld und unschuldigem Getriebensein. Wir stehen hier sozusagen an der Quelle des Übels.

4. Brudermord und Erlösung

Die entscheidende Wende der Geschichte ist das von Angesicht zu Angesicht gesprochene Nein Pauls zu Karls neuerlicher Einladung zum »Schiffelfahren«: »Es war eine schwere Schuld, die ich auf mich lud.«

An diesem Satz ist festzuhalten. Zwar könnte man sagen, Paul sei doch nicht »seines Bruders Hüter« (Gen 4, 9b) und, wer weiß, vielleicht wäre das Unglück auch zusammen passiert. Aber das gilt nicht: Paul hätte Karl halten und ggf. herausziehen können. Ihn trifft die Schuld, dem »Bruder« nicht geholfen zu haben. Er erkennt das ganz richtig.

Das Problem der Bosheit: Sie zielt auf die Mitte des anderen. Oft denken wir böse und nichts passiert. Manchmal ist es aber umgekehrt: Wir denken böse, tun eigentlich gar nichts, doch der Pfeil schlägt da ein, wo wir hingezielt haben: »Das wollte ich nicht!« – »Ja, aber das hättest du dir früher überlegen sollen!«

»Du sollst nicht auf die Mitte deines Nächsten zielen!«, könnte man als Gebot formulieren.

Die Zielrichtung der bösen Tat ist gleich, ungleich ist nur die Intensität des Wollens. Der – verständliche – Hass will nicht, dass der andere sei, und er wird gerade dadurch bestraft, dass der andere nicht mehr ist.

Einen kleinen Warnhinweis muss ich hier allerdings einfügen: Wir dürfen aus diesem Gedanken keine Umarmung der ganzen Menschheit ableiten. Wir befinden uns hier im Bereich der Individualethik. Der Staat muss die Grenzen schützen – gerade damit es nicht zu einer Überforderung der Individualethik kommt und unschuldige Menschen zu Tätern gemacht werden. Die freie Zuwendung setzt klare Lebensordnungen voraus. In der Geschichte: Paul wohnt in seinem Haus und Karl in seinem. Aber beide sind Nachbarn.

Entsetzlich die Heimholung des in den Bach gefallenen Karl! Nicht auszudenken, welche Folgen ein kleiner Streit unter Kindern hätte haben können. Und doch ist Derartiges im Leben der Menschen immer wieder passiert. Kellers Geschichte ist brandaktuell. Die meisterhafte Schilderung des Vorfalls durch Keller dürfte auf einem echten Erlebnis beruhen, so dicht und erschütternd ist sie. Dass das Warten auf das Licht so schmerzvoll ist und der Sturm die innere Gefühlsstimmung unterstreicht, ist kein Argument dagegen. Vielmehr gehört gerade die Erinnerung an die genauen Umstände zu den typischen Vorkommnissen an den erschütternden Wasserscheiden des Lebens.

»Tod und Schuld« treten in das Leben des Zehnjährigen, dessen »nacktes, blutzartes Herz … von einem jähen Angstweh durchschnitten« wird.

Der Tod wäre ja nicht eigentlich schlimm, wenn er nur wäre wie das Einschlafen am Abend, ein ganz normaler, natürlicher Vorgang. Das ist er aber nicht. Vielmehr steht alle menschliche Geschichte unter der Last der Unnatürlichkeit des Todes. Als biologische, mit Haut und Haar dieser Welt angehörige Wesen, ist der Tod für uns normal. Als Wesen mit »blutzarten Herzen«, die die Freiheit kennen und ihr Scheitern in der Schuld, ist er es nicht. Auf eine Formel gebracht: Es ist nicht normal, was in dieser Welt normal ist. Wer über diesem Dilemma – theologisch gesprochen: der Erbsünde – seinen Verstand nicht verliert, für den gilt das Wort Lessings, dass er keinen Verstand zu verlieren habe.[36]

Es ist ein Unterschied, ob jemand aufgrund eines »Zufalls« oder »Unglücks« ertrinkt oder ob ihm das passiert, weil ihn sein Freund im Stich gelassen hat.

»Bei so vielen Menschen fällt einer mehr oder weniger gar nicht ins Gewicht!« – »Mord ist Mord.« Abgestuft gedacht: Die Zielrichtung war Mord!

Pauls Seelendrama wird in höchstem Realismus nachgezeichnet, bis hin zum Gedanken an den schulfreien Tag, der mit seinem Tod verbunden gewesen wäre. Noch lebt Karl. Aber als er die Augen nicht mehr aufhat, wird es brenzlig.

Die kluge Tante, deren kurzes »Wer weiß?« angesichts des aus dem Bach gezogenen Karl schlimmer gewesen war als der lauteste Aufschrei es je hätte sein können, erklärt dieses »Realsymbol«: »Weißt du, der Karl hat jetzt keine Seele.«

Das ist eine Umschreibung für den kleinen Tod. Denn auch Tod heißt nach christlicher Lehre die Ruhe der Seele, die auf die leibliche Auferstehung wartet und folglich keine (ganze) Person ist, die eine Seele »haben« könnte.

Karl schwebt im »Stand-by-Modus« zwischen Leben und Tod. Ein angehaltener, ins Unendliche gedehnter Augenblick zwischen Sein und Nichtsein.

Und jetzt kommt Paul der rettende Gedanke. »Das Schifflein! Das Schifflein war ja auch im Wasser gewesen. Vielleicht hatte sich Karls Seele an das Schifflein angeklammert!« Es ist »eine traurige Wanderung für ein Kind am Heiligen Abend« – ja, auch die Kinder spüren

36 Aus der Emilia Galotti (4. Akt, 7. Auftritt): »Und glauben Sie, glauben Sie mir: Wer über gewisse Dinge den Verstand nicht verlieret, der hat keinen zu verlieren.«

schon die volle Last des Daseins, auch ihr Leben ist gezeichnet von Tod und Schuld!

Dann findet Paul Karls Seele auf dem Schifflein. Findet er sie wirklich? Ich meine ja. Sofern man das eben sagen kann. Vordergründig betrachtet, mag es nur ein zerbrechlicher Eiskristall sein, was Paul da davonträgt wie ein Priester eine heilige Monstranz, wertvollstes Gut in zerbrechlichem Gefäß, getragen von einem Menschen in all seiner Kleinheit und Schwäche. Aber es ist doch die Seele. Wieso? Was tut Paul? Paul ist trotz der flehentlichen Bitte Karls nicht mit zum »Schiffelfahren« gegangen. Jetzt muss er den gleichen Weg doch gehen, allein und um vieles härter, während sich die Krallenfinger der Angst in sein Herz graben. Aber er geht den Weg. Er geht Karl nach, dahin, wo der beinahe sein Leben verloren hätte und dorthin, wo auch die Freundschaft ihr tragisches Ende gefunden hätte. Karl kehrt buchstäblich um. Er verlässt den Weg der Ablehnung und geht nun auf Karls »nasses Grab« zu, auf den Ort, wo dieser seine Seele verloren hat. Was er da heimträgt im Realsymbol des Eiskristalls, ist tatsächlich Unterpfand von Karls Seele, Symbol der Versöhnung mit ihm. Karl macht im Heimtragen des Schiffleins mit dem Eiskristall alles wieder gut. Und so ist es Zufall und doch mehr als Zufall, dass Karl just in dem Moment aus seinem Totenschlaf aufwacht, als Karl heftig an der Tür schellt. Er hört sozusagen die Glocke, die zum Gericht der Versöhnung läutet und zum Weihnachtsfest, das mit der Geburt des Erlösers den Frieden wieder auf die Welt bringt.

Auch das ist Zufall und kein Zufall: »Es kribbelt und wibbelt weiter«, dichtete Theodor Fontane.[37] Das Dasein bleibt schwierig, die Welt bleibt voller Gefahren und Not, unerklärt und unerklärlich, aber es ist der Weg ge-

---

37 Entstanden 1895, Theodor Fontane, Gedichte, Stuttgart und Berlin [10]1905, S 50.

zeigt und gegangen worden, der zur Wiederherstellung des Paradieses führt. Unsere Geschichte ist nur ein kleines Abbild des weihnachtlichen Weges, des unerklärlichen Wunders der Geburt des Herrn. Mehr vermögen wir nicht zu begreifen. Der Rest ist Glaube und Hoffnung und Liebe.

Dino Buzzati: Die Nacht des 24. Dezember

*Gott schien seltener zu werden,
und wer ein bisschen davon besaß, wollte nichts hergeben.*

Düster ist der alte Bischofsplatz, der Salpeter tropft aus seinen Mauern, in den Winternächten dort zu verweilen ist eine Qual. Die Kathedrale daneben ist gewaltig groß, ein Leben reicht nicht aus, um sie ganz zu durchwandern, und es gibt darin ein solches Gewirr von Kapellen und Sakristeien, dass einige nach jahrhundertelanger Verlassenheit noch fast unerforscht sind. Was wird – so fragt man sich – der abgezehrte Erzbischof am Weihnachtsabend ganz allein tun, wenn die Stadt das Fest begeht? Wie wird er der Schwermut Herr werden? Alle haben einen Trost; das Kind hat die Eisenbahn und den Kasperle, das Schwesterchen hat die Puppe, die Mutter hat die Kinder um sich, der Kranke hat eine neue Hoffnung, der alte Junggeselle hat den Gefährten seiner Zerstreuungen, der Häftling die Stimme eines anderen aus der Nachbarzelle. Was aber wird der Erzbischof tun?

Don Valentino, der diensteifrige Sekretär Seiner Exzellenz, lächelte, wenn er die Leute so reden hörte. Der Erzbischof hat Gott am Weihnachtsabend.

Wenn er mutterseelenallein inmitten der eisigen, leeren Kathedrale kniet, könnte er auf den ersten Blick fast Mitleid erwecken. Aber wenn die Leute wüssten! Mutterseelenallein ist er nicht, und er friert nicht einmal und fühlt sich nicht verlassen. Am Weihnachtsabend schwebt Gott im Tempel für den Erzbischof, und die Kirchenschiffe quellen buchstäblich von Gott über.

So ist der Dom an jenem Abend: überströmend von Gott. Und obwohl Don Valentino wusste, dass es nicht seines Amtes war, hielt er sich doch gar zu gerne damit auf, einen Platz für den Gebetsstuhl des Kirchenfürsten zu suchen. Das war freilich etwas anderes als Weihnachtsbäume, Truthühner und Schaumwein. Das war ein Weihnachtsabend. Aber mitten in diesen Gedanken hörte er an seine Tür klopfen.

»Wer klopft am Weihnachtsabend an die Domtür?«, fragte sich Don Valentino. »Haben die Leute noch nicht genug gebetet? Was für eine Sucht hat sie ergriffen?« Mit diesen Worten ging er öffnen, und mit einem Windstoß trat ein armer, zerlumpter Mann herein.

»Wie viel von Gott ist hier!«, rief er lächelnd aus und sah sich um. »Wie viel Schönheit! Man spürt es sogar von draußen. Monsignore, könnten Sie mir nicht ein wenig davon geben? Denken Sie, es ist der Heilige Abend.«

»Das gehört der Exzellenz, dem Erzbischof«, antwortete der Priester. »Er braucht es in wenigen Stunden. Seine Exzellenz lebt schon wie ein Heiliger, du wirst doch nicht verlangen, dass er jetzt auch auf Gott verzichtet! Und außerdem bin ich niemals Monsignore gewesen.«

»Und auch nicht ein kleines bisschen könnten Sie mir geben, Hochwürden? Es ist so viel davon da! Seine Exzellenz würde es gar nicht einmal merken!«

»Nein, habe ich gesagt ... du kannst gehen ... der Dom ist für die Allgemeinheit geschlossen«, und er geleitete den Armen mit einem Fünf-Lire-Schein hinaus.

Aber als der Unglückliche aus der Kirche hinausging, verschwand im gleichen Augenblick auch Gott. Bestürzt schaute sich Don Valentino um und forschte in den dunklen Gewölben: selbst da oben war Gott nicht mehr. Dieser prächtige Apparat von Säulen, Statuen, Baldachinen, Altären, Katafalken, Leuchtern und Drapierungen, sonst immer so geheimnisvoll und mächtig, war unversehens düster und ungastlich geworden. Und in ein paar Stunden sollte der Erzbischof kommen. In höchster Erregung öffnete Don Valentino eine der äußersten Pforten und blickte auf den Platz. Nichts. Auch draußen keine Spur von Gott, wiewohl es Weihnachten war. Aus den tausend erleuchteten Fenstern kam das Echo von Gelächter, zerbrochenen Gläsern, Musik und sogar von Flüchen. Keine Glocken, keine Lieder.

Don Valentino ging in die Nacht hinaus, schritt durch die unheiligen Straßen, die von dem Lärm hemmungsloser Gelage widerhallten. Aber er wusste die rechte Anschrift. Als er in das Haus trat, setzte sich die befreundete Familie gerade zu Tisch. Alle sahen einander wohlwollend an, und um sie herum war ein wenig von Gott.

»Frohe Weihnachten, Hochwürden«, sagte der Vater. »Wollen Sie nicht unser Gast sein?«

»Ich habe Eile, ihr Freunde«, antwortete er. »Durch eine Unachtsamkeit meinerseits hat Gott den Dom verlassen, und Seine Exzellenz kommt gleich zum Gebet. Könnt ihr mir nicht euren Herrgott geben? Ihr seid ja in Gesellschaft und braucht ihn nicht so unbedingt.«

»Mein lieber Don Valentino«, sagte der Familienvater, »Sie vergessen, möchte ich sagen, dass heute Weihnachten ist. Gerade heute sollten meine Kinder ohne Gott auskommen? Ich wundere mich, Don Valentino.«

Und im selben Augenblick, in dem der Mann so sprach, schlüpfte Gott aus dem Hause, das freundliche Lächeln erlosch, und der Truthahnbraten war wie Sand zwischen den Zähnen.

Und wieder hinaus in die Nacht und durch die verlassenen Straßen. Don Valentino lief und lief und erblickte ihn schließlich von neuem. Er war bis an die Tore der Stadt gekommen, und vor ihm breitete sich die Dunkelheit, leicht im Schneegewande schimmernd, über das weite Land. Über den Wiesen und den Zeilen der Maulbeerbäume schwebte Gott, als wartete er. Don Valentino sank in die Knie. »Aber was machen Sie, Hochwürden?«, fragte ihn ein Bauer. »Wollen Sie sich in dieser Kälte eine Krankheit holen?«

»Schau da unten, mein Sohn! Siehst du nicht?«

Der Bauer blickte ohne Erstaunen hin.

»Das ist unser«, sagte er. »Jede Weihnacht kommt er, um unsere Felder zu segnen.«

»Höre«, sagte der Priester, »könntest du mir nicht ein wenig davon geben? Wir sind in der Stadt ohne Gott geblieben, sogar die Kirchen sind leer. Gib mir ein wenig davon ab, damit wenigstens der Erzbischof ein anständiges Weihnachten feiern kann.«

»Fällt mir nicht im Traume ein, Ihr lieben Hochwürden! Wer weiß, was für ekelhafte Sünden ihr in der Stadt begangen habt. Das ist eure Schuld. Seht allein zu.«

»Gewiss, es ist gesündigt worden. Und wer sündigt nicht? Aber du kannst viele Seelen retten, mein Sohn, wenn du mir nur Ja sagst.«

»Ich habe genug mit der Rettung meiner eigenen zu tun!«, sagte der Bauer mit höhnischem Lachen, und im gleichen Augenblick hob sich Gott von seinen Feldern und verschwand im Dunkel.

Und Don Valentino ging weiter und suchte. Gott schien seltener zu werden, und wer ein bisschen davon besaß, wollte nichts hergeben (aber im gleichen Augenblick, da er mit »Nein« antwortete, verschwand Gott und entfernte sich immer weiter). Endlich stand Don Valentino am Rande einer grenzenlosen Heide, und in der Ferne am Horizont leuchtete Gott sanft wie eine längliche Wolke. Der Priester warf sich in den Schnee auf die Knie. »Warte auf mich, o Herr«, bat er, »durch meine Schuld ist der Erzbischof heute allein geblieben.« Seine Füße waren zu Eis erstarrt, er lief im Schnee weiter und sank bis ans Knie ein, und alle Augenblicke fiel er der Länge nach hin. Wie lange konnte er es noch aushalten? Endlich vernahm er einen großen leidenschaftlichen Chor von Engelstimmen, ein Lichtstrahl brach durch den Nebel. Er öffnete ein hölzernes Türchen, es war eine riesige Kirche, und in ihrer Mitte betete ein Priester zwischen einigen Lichtern. Und die Kirche war voll des Paradieses.

»Bruder«, seufzte Don Valentino, am Ende seiner Kräfte und mit Eisnadeln bedeckt, »habe Mitleid mit mir. Mein Erzbischof ist durch meine Schuld allein geblieben und braucht Gott. Gib mir ein bisschen von ihm, ich bitte dich.«

Langsam wandte sich der Betende um. Und Don Valentino wurde, als er ihn erkannte, fast noch bleicher, als er ohnedies war.

»Ein gesegnetes Weihnachten dir, Don Valentino«, rief der Erzbischof und kam ihm entgegen, ganz von Gott umgeben. »Aber Junge, wo bist du nur hingelaufen? Was hast du um Himmels willen in dieser bärenkalten Nacht draußen gesucht?«

Interpretation

1. Schwermut

»Düster ist der alte Bischofsplatz, der Salpeter tropft aus seinen Mauern, in den Winternächten dort zu verweilen ist eine Qual. Die Kathedrale daneben ist gewaltig groß, ein Leben reicht nicht aus, um sie ganz zu durchwandern, und es gibt darin ein solches Gewirr von Kapellen und Sakristeien, dass einige nach jahrhundertelanger Verlassenheit noch fast unerforscht sind.«

Buzzatis[38] im Jahre 1945, unmittelbar nach Kriegs-

38 Dino Buzzati war jahrzehntelang (Chef-)Redakteur des »Corriere della Sera«, der angesehenen Mailänder Zeitung, also ein Journalist, der für die Schriftstellerei im engeren Sinn wenig

ende verfasste Geschichte beginnt ungeheuer dicht mit einem doppelten Bild. Einem Bild der Schwermut zunächst: Düsternis, Moder, beklemmende Kälte, dann einem Bild des Lebens und der Geschichte: Wir sehen das undurchschaubare Gewirr der Welt. Das Labyrinth des Lebens, das Durcheinander gerade auch der Kirche und der Tradition: Die alten Mauern verkörpern die zerfurchten Grabensysteme der Denkwege, in denen sich jeder verlieren muss, der zu denken beginnt und aus denen es kein Entrinnen gibt. Er kommt jedenfalls an kein Ende. So muss jeder Mensch zugleich in und über diesem Gewirr leben, den Kopf herausstrecken, sein Leben leben und dabei das Ganze sehen. Doch wie finden wir Gott?

Der Erzbischof ist dafür zuständig. Es ist sozusagen sein Beruf, Gott zu haben und ihn an die Leute auszuteilen. Aber gerade er – »so fragt man sich«: was für eine Interjektion! – ist an diesem Abend ganz allein und verlassen: Ausdruck der Gottferne und Verlorenheit. Gerade er ist ausgeschlossen vom Fest und ein Opfer der Schwermut. Er ist kein reicher Kirchenfürst, sondern einer, der eine Last zu tragen hat.

Die Schwermut ist eine seelische Gestimmtheit, die alle kennen, sie gehört zum Menschsein dazu. Fast könnte man sagen, je mehr Mensch, desto mehr Schwermut; denn wer sie verdrängt, bleibt an der Oberfläche der Dinge hängen. Schwermut ist wie ein Pflug, der tiefer eindringt und die Not des Daseins tiefer empfindet. Schwermütig sind sie alle: Das Kind, das Schwesterchen, die Mutter, der Kranke, der alte Junggeselle, der Häft-

Zeit hatte. Dennoch hat er mit „Die Tatarenwüste" („Il deserto dei Tartari", 1940) einen Kultroman vorgelegt, sicher eines der besten Bücher des 20. Jahrhunderts und doch keine leichte Lektüre, gerade weil darin so wenig passiert. Auch in diesem Buch geht es um die Leere der Welt, die sinnlos verrinnende Zeit und um das Warten auf das Ereignis.

ling. Buzzati stellt uns eine Klimax der Schwermut und des Lebenselends vor Augen.

Und jeder hat einen Trost, aber was für einen geringen! Die Bilder des Trostes sind eher geeignet, unsere Schwermut noch zu verstärken: Meine Mutter hat mir von einem Nachbarskind erzählt, dessen Vater im Krieg gefallen war und das als Trost eine Holzeisenbahn geschenkt bekam, mit der es dann traurig spielte. Es gibt, gerade auch an Weihnachten, Kranke ohne neue Hoffnung. Und wie erbärmlich fällt der Trost des Häftlings aus? Jedes Leben kennt seine Schwermut und seinen Trost und das Nichtgenügen des Trostes. Alle Menschen verbindet die gleiche *condicio humana*, alle leben wir in der gleichen Welt, alle müssen wir die Nacht bestehen.

Was wird der Trost des Erzbischofs in dieser Nacht sein? – Es ist ein Blick von außen, der auf den »abgezehrten« Erzbischof geworfen wird. Er steht da als der Ausgezeichnete und zugleich Einsame: Ausgezeichnet wie ein Opferlamm, ausgezeichnet wie Christus. Stellvertretend, könnte man sagen, trägt er an diesem Abend die Schwermut der ganzen Welt. Wie schafft er das nur?

Es ist ein Blick auf die Einsamkeit des Zölibatärs, des Priesters, der für sein Lebensopfer je nachdem gehasst oder bewundert, kaum je aber verstanden wird: Der Blick von außen sieht ihn nur negativ, sieht, was er *nicht* hat. Er sieht die Last des Amtes und die Einsamkeit. Wie kann er überhaupt leben?

»Don Valentino, der diensteifrige Sekretär Seiner Exzellenz, lächelte, wenn er die Leute so reden hörte. Der Erzbischof hat Gott am Weihnachtsabend.

Wenn er mutterseelenallein inmitten der eisigen, leeren Kathedrale kniet, könnte er auf den ersten Blick fast Mitleid erwecken. Aber wenn die Leute wüssten! Mutterseelenallein ist er nicht, und er friert nicht einmal und fühlt sich nicht verlassen. Am Weihnachtsabend schwebt

Gott im Tempel für den Erzbischof, und die Kirchenschiffe quellen buchstäblich von Gott über.«

In Wahrheit ist der scheinbar Verlassene der Einzige, der an diesem Abend nicht mit der Schwermut zu kämpfen hat. »Der Erzbischof hat Gott am Weihnachtsabend.«

Nun könnte man sagen, was soll das denn sein? Man kann die Anwesenheit Gottes nicht falsifizieren und daher gibt es ihn gar nicht. Auf jeden Fall kam man ihn nicht greifen. Das ist der atheistisch-agnostische Zugriff.

Man könnte auch einwenden, der Begriff »Gott« würde hier zu abstrakt verwendet, Gott sei hier nur ein anderer Name für eine Stimmung, für ein Gefühl, für die Schönheit oder die Liebe. Dann wäre die Geschichte tatsächlich oberflächlich, wenn nicht gar kitschig. Man würde mit einer Allgemeinheit abgespeist.

Aber schon der Text zeigt uns, dass es hier um mehr geht, nämlich tatsächlich um Gott. Der Erzbischof friert nicht und fühlt sich nicht verlassen: »Am Weihnachtsabend schwebt Gott im Tempel für den Erzbischof, und die Kirchenschiffe quellen buchstäblich von Gott über.«

Das erinnert an die Tempelvision des Propheten Jesaja (Jes 6,1ff.) und natürlich an die Berichte großer Mystiker und Gottsucher wie etwa das berühmte »Mémorial« des Blaise Pascal.[39] Wie für den Liebenden in Rilkes 1. Elegie gilt das »mehr zu sein als er selbst!« auch für den Tempel bzw. die Kathedrale. Der heilige Raum wird zum Ausdruck Gottes, zur Folie seiner Erscheinung. Der Raum ist gewissermaßen angereichert durch die Jahrhunderte des Gebetes. Jeder Einzelheit des Gebäudes wurde eine symbolische, also über sich hinausweisende Bedeutung beigelegt und so wird dieses selbst zu einem Bild Gottes. Aber am Weihnachtsabend, der Nacht der Menschwerdung Gottes, schenkt sich Gott selbst auch

39 Vgl. hierzu Hans-Jürgen Baden, Literatur und Bekehrung, Stuttgart 1968, S. 38–46.

dem Erzbischof. Und so ist der ärmste Mann der Stadt zugleich der reichste – auch wenn die anderen das nicht nachvollziehen können.

»Wir opfern unser Leben für jemanden auf, von dem die anderen noch nicht einmal glauben, dass es ihn überhaupt gibt.« Diese Aussage einer Klosterfrau zeigt die Bedeutung der christlichen Ehelosigkeit auf: Zeugnis zu geben für Gott.[40] Der Zölibat ist eine prophetische Zeichenhandlung, mehr noch: ein Gottesbeweis. Denn der Erzbischof könnte nicht leben, wenn es Gott nicht gäbe. Für den Ungläubigen ist er verrückt. Doch er lebt aus der Fülle. Was nicht heißt, dass nicht gerade auch er die Einsamkeit und Verlassenheit und Schwermut überstehen muss.

Don Valentino dient dem Erzbischof. Er steht nur in der zweiten Reihe. Aber seine Freude besteht in einem Dienst – der eigentlich ja unter seiner Würde ist: den Gebetsstuhl bereit zu stellen ist, Sache des Mesners! Doch dieser Dienst gibt ihm Anteil an der Gottesnähe des Erzbischofs. Die irdischen Genüsse sind (auch für ihn) an Weihnachten sekundär.

2. Gott verschwindet

Da klopft der Arme. Don Valentino speist ihn nicht sofort ab; vielmehr stellt er die Frage nach der Sehnsucht der Menschen: Es muss doch genug sein! Er setzt der Antwort auf die Fülle Gottes eine Grenze.

Der Arme spürt an diesem Abend die Anwesenheit Gottes: Sie lässt sich nicht verbergen! Und sie löst ein Lächeln aus. Er spürt sie als Schönheit, also als etwas, das

40 »Einem nichtgewussten und nie wissbaren Jenseitigen bis zur Selbstaufopferung zu dienen, das ist die Kategorie der Heiligkeit.« Hans Wagner, Existenz, Analogie und Dialektik. Religio pura sive transcendentalis, 1. Halbband, München – Basel 1953, S. 81. Op. cit. Splett, Jörg, Das Heilige, München 2017, S. 133.

ja auch kein Ding unter Dingen ist, sondern über ihnen aufleuchtet und das durch sein bloßes Sein jeden Nutzen übersteigt. Schönheit ist immer auch »l´art pour l´art«, Eigenwert, den man nur haben kann, wenn man ihn nicht (eifersüchtig für sich) *haben* will. Schönheit an ihrem Nutzwert für etwas anderes zu messen heißt, sie nicht zu verstehen. Und gerade dieses, das keinen Brauchwert hat, braucht der Arme an diesem Heiligen Abend.

Der Priester, ein bescheidener Walter seines Amtes – er weist den zu hoch gegriffenen Titel Monsignore zurück –, verteidigt das Recht seines Herrn und weist den Fremden von der Tür. Er hilft ihm, aber er gibt ihm nicht von der Fülle Gottes, sondern etwas Geld. Aber an diesem Abend brauchte auch der Arme kein Geld, sondern Gott!

»Möchte einer nicht alles von Gott – außer Gott selbst?«, fragte Maurice Blondel.[41] Wollen die Priester den Leuten nicht alles geben außer Gott?, könnte man weiterfragen.

Da geschieht das Entsetzliche: Es »verschwand im gleichen Augenblick auch Gott.« Ohne Gott wird die Kathedrale zu einem Haufen toter Steine. Ohne Gott wird die Welt zu einem rein äußerlich zu beschreibenden Sammelsurium toter Dinge, die einfachhin sind, ohne wirklich zu sein, zu einer reinen Äußerlichkeit ohne Wert und Ort und Sinn. Ein Paradox: Alles ist noch da und doch ist nichts mehr! Das Ganze ist eben mehr als die Summe der Teile. Es fehlt »das geistige Band«, das alles zusammenhält[42]. Mehr noch, es fehlt die Fülle des Seins und des Gu-

41 M. Blondel, Die Aktion (R. Scherer), Freiburg – München 1965, 384 (L'Action, Paris ^{2}1950, 359; Logik der Tat (P. Henrici), Einsiedeln ^{2}1986, 69).

42 Faust I, V. 1939. Vgl. auch Faust II, 11457ff.: »Bei vollkommnen äußern Sinnen / Wohnen Finsternisse drinnen, / Und er weiß von allen Schätzen / Sich nicht in Besitz zu setzen. / Glück und Unglück wird zur Grille, / Er verhungert in der Fülle.«

ten und der Bejahung, die allem erst Wirklichkeit verleiht. Buzzati zeigt das an der von Gott verlassenen Kathedrale. Was aber für diesen Miniaturkosmos gilt, gilt auch für die ganze Welt. Wenn sie nicht *mehr* ist, als sie ist, wenn sie nicht Gefäß ist für Gottes Herrlichkeit, ist sie nichts. »Ohne Gott ist alles nur Asche.« (Mircea Eliade).

So ist das Fest nur noch äußerer Rausch, aber keine Begegnung mehr, kein Aufleuchten überirdischen Glanzes.

Buzzati spricht auch vom Fehlen der Musik: »Keine Glocken, keine Lieder«: Musik ist die Sprache des Lebendigen, mehr als physikalisch zu beschreibendes Geräusch, sondern stets sinnvolle Aussage.[43] Jetzt fehlt sie. In einer rein naturwissenschaftlich beschriebenen Welt gibt es kein Fehlen. Negativität ist ja kein beschreibbares Faktum. Aber für den Menschen ist das eine wesentliche Dimension. Jeder Liebende, jeder Trauernde weiß, was das bedeutet, das Fehlen des anderen.

Wenn wir nicht wissen, was oder wer Gott ist, wissen wir doch, was es heißt, wenn er fehlt! Buzzati zeigt, wer Gott ist, ex negativo, an seinem – plötzlichen – Fehlen![44]

Die Welt versucht das Fehlen durch rauschhafte Ausgelassenheit zu übertönen. Das ist leicht. Aber Stille und Schweigen sind stärker als lautestes Gelächter und lauteste Musik. Zur Unterscheidung von oben: Was fehlt, ist der heilige Klang der Glocken.

3. Die Suche nach Gott

Doch Don Valentino weiß, was er zu tun hat. Er kennt eine Familie, in der noch »ein wenig von Gott« da ist. Eine

---

43 Vgl. Viktor Zuckerkandl, Die Wirklichkeit der Musik, Zürich 1963, bes. S. 15ff.

44 Vgl. Martin Walser, Über Rechtfertigung. Eine Versuchung, Hamburg [4]2012, S. 81: »Wenn ich von einem Atheisten, und sei es von einem ›bekennenden‹ höre, dass es Gott nicht gebe, fällt mir ein: Aber er fehlt. Mir.«

Antiklimax wie beim Fischer und seiner Frau. Doch die Familie, die nur noch wenig von Gott hat, will nichts von ihm abgeben – was man ja verstehen kann. Aber es ist mit Gott wie mit der Tugend. »Es gibt nichts Gutes. Außer man tut es«, schrieb Erich Kästner.[45] Man kann Gott genauso wenig materiell aufbewahren, wie man Atemluft »bunkern« kann. Er geht verloren: »Und im selben Augenblick, in dem der Mann so sprach, schlüpfte Gott aus dem Hause, das freundliche Lächeln erlosch, und der Truthahnbraten war wie Sand zwischen den Zähnen«, wie es in einem geradezu auf den Zähnen fühlbaren Satz heißt. Der Braten hat alles, aber das »Sabbatgewürz« fehlt ihm.

Und nun ist Gott weg: Wo ist Gott? Da, wo man ihn wohnen lässt. Die Familie lebte, mehr als sie ahnte, davon, dass sie Gott bei sich wohnen ließ. Die Familie lebte, mehr als sie ahnte, von dem Geist, der sie umgibt. Da er nicht sichtbar ist, könnte man meinen, er wäre nicht. Aber jeder Mensch ist wie ein Fluss: Wenn Niedrigwasser ist, tauchen erst die Felsblöcke und Buhnen auf, die man unter der Wasseroberfläche niemals gesehen hat. Sie waren aber immer da.

Und Feste sind Begegnungen. Mit dem Festlichen fehlt auch Gott. Und umgekehrt: Mit Gott fehlt das Festliche!

Und nun ist Gott also weg – er hat die Stadt verlassen, den letzten Schlupfwinkel, den er dort noch hatte. »Und wieder hinaus in die Nacht und durch die verlassenen Straßen.« Das Bild der Einsamkeit und des Verlorenseins in der Welt: Der Priester auf der Suche nach Gott, der ihm ein ums andere Mal entwischt.

Die Stadt hat Gott schon verloren, aber auf dem Lande scheint er noch zu leben: Ein Bild nächtlicher, leicht

45 In seinem Epigramm »Moral« von 1950. Zur Rechtschreibung vgl. Matthias Pöhm, in: http://www.rhetorik-netz.de/es-gibt-nichts-gutes-ausser-man-tut-es.

unheimlicher Schönheit des Landes. Freilich: Ohne Gott wäre auch diese Winternacht nur Ausdruck von Trostlosigkeit, Kälte, in der man sich den Tod holen kann.[46] Aber »über den Wiesen und den Zeilen der Maulbeerbäume schwebte Gott, als wartete er.«

»Don Valentino sank in die Knie. ›Schau da unten, mein Sohn! Siehst du nicht?‹ Der Bauer blickte ohne Erstaunen hin. ›Das ist unser‹, sagte er. ›Jede Weihnacht kommt er, um unsere Felder zu segnen.‹«

Der Bauer hat Gott, aber er weiß nicht, dass er ihn hat. Er lebt wie Rilkes »Kreatur«: »Sein Sein ist ihm unendlich, ungefasst, und ohne Blick auf seinen Zustand, rein, so wie sein Ausblick«.[47] Er hat Gott, aber er kann ihn nicht weitergeben, kann von ihm nichts abgeben. Jedenfalls wird der scheinbar noch unverdorbene Landmann nicht zum Ort, der dem Städter weiterhelfen kann. Man denkt an die vielen, die hinaus aufs Land gezogen sind, um dort das unverfälschte Dasein zu finden, das mit sich im Reinen ist. Es geht nicht.

Der Bauer – vorausgesetzt, er könnte helfen – will Gott gar nicht weitergeben. Er blickt auf die vielen Sünden der Stadt. Mitleid null, weil selbst schuld! Er will der Grille ebenso wenig helfen wie die Ameise. »Das ist eure Schuld. Seht allein zu.«

Der Bauer will seine eigene Seele retten und verliert dabei alles. Der Taler muss wandern, das Wort muss ausgesprochen werden, die Liebe muss verschenkt werden.

46 »Doch am abend wenn keiner dir begegnet / und eine ratte kreuzt von links, bis du erleichtert dass es heute / nicht im mittelalter regnet // Und dass der lungenarzt carossa mehr / und doch nicht mehr verschreiben könnte / als ein gedicht« Reiner Kunze, Passau trist, in: eines jeden einziges leben. gedichte, Frankfurt am Main 1986, S. 43.

47 Achte Duineser Elegie, v. 1f.; v. 38–40, in: Rainer Maria Rilke, Duineser Elegien. Die Sonette an Orpheus, Frankfurt am Main 1974, S. 36.

Wir haben Gott nur, wenn wir ihn weitergeben. »Solang du Selbstgeworfnes fängst, ist alles Geschicklichkeit und lässlicher Gewinn ...«[48]: Der Ball, den das Kind geschenkt bekommt, hat wenig Wert, wenn es keine Freunde findet, die mit ihm spielen wollen.

Aber es geht noch um mehr: Das Unglück des Fehlens Gottes ist ein Unglück der ganzen Welt. Wenn ein Unglück kommt, ist die – verständliche – erste Reaktion der Menschen immer, den Kopf einzuziehen und sich zurückzuziehen auf »die eigene Burg«: »Hoffentlich trifft es mich, trifft es uns nicht!« Dass das nichts hilft, hat schon Solon von Athen vor 2600 Jahren in seinem Eunomiegedicht erkannt und ausgesprochen: »Also wandert von Haus zu Haus das gemeinsame Übel; / Auch das verrammelte Tor hält's deiner Wohnung nicht fern. / Über die hohe Mauer klettert's und dringt es ins Innre, / Magst du auch selbst voll Angst flüchten ins tiefste Versteck.«[49]

Dem Problem kann man nur begegnen, indem man es gemeinsam an der Wurzel packt. Aber die Glaubenskrise ist so, dass man eben deswegen nicht mehr zur Gemeinsamkeit findet. Buzzati umschreibt in wenigen Zeilen das moderne Dilemma der Religion. »›Ich habe genug mit der Rettung meiner eigenen (scil. Seele) zu tun!‹, sagte der Bauer mit höhnischem Lachen, und im gleichen Augenblick hob sich Gott von seinen Feldern und verschwand im Dunkel.«

4. Anbetung

Was tun? – Moralische Empfehlungen wie: »Bildet einen Stuhlkreis, haltet euch an den Händen und seid ganz lieb zueinander!«, helfen nicht weiter. Man kann die existentielle Not nicht durch Appelle überschreien. Natürlich

48 Aus: Die Gedichte 1922 bis 1926 (Muzot, 31. Januar 1922).
49 Solon von Athen, Eunomie-Gedicht, Fragment 3, 26–29.

ist das Miteinander schöner. Aber wie findet man es? – Während wir große moralische Forderungen aufstellen und die Menschen ausgrenzen, die ihnen nicht Folge leisten wollen oder können, mokieren wir uns über die Haltung des Bauern, der das Gleiche tut, indem er der Stadt ihre Sünden vorhält. So finden wir nicht zusammen.

Don Valentino ist verzweifelt. Er wirft sich »in den Schnee auf die Knie. ›Warte auf mich, o Herr‹, bat er, ›durch meine Schuld ist der Erzbischof heute allein geblieben.‹« Der Priester sieht die Schuld bei sich selbst, nicht bei anderen. Er kämpft sich durch den Schnee und er leidet verzweifelt. »Wie lange konnte er es noch aushalten?« Da findet er Gott: »Endlich vernahm er einen großen leidenschaftlichen Chor von Engelstimmen, ein Lichtstrahl brach durch den Nebel. Er öffnete ein hölzernes Türchen, es war eine riesige Kirche, und in ihrer Mitte betete ein Priester zwischen einigen Lichtern. Und die Kirche war voll des Paradieses.«

Das heißt Offenbarung: Ein Fenster, eine Tür geht auf und es ist Licht. Die Darstellung des Himmels ist nicht kitschig. Gott ist Herrlichkeit. Und wenn sie aufleuchtet, ist alle Finsternis wie weggeblasen. Und wieder ist da die Fülle: Gott gibt sich ganz und er will dich ganz. Nur so kann das Daseinsproblem überwunden werden.

Aber übersehen wir nicht das Entscheidende: »In ihrer Mitte betete ein Priester«. Himmel ist nicht einfachhin Lichterraum, mehr als das Weihnachtszimmer, wenn das Glöcklein läutet und das Christkind da war: Die Geschenke sind nicht das Wesentliche am Fest. Weihnachten ist Begegnung mit Gott, Antwort auf die Verzweiflung im Dunkel. Himmel ist Anbetung. Das Ende ihres Glaubensweges war für die zu allem Staunen Anlass gebende heilige Katharina v. Siena, als Christus ihr in einer Vision begegnete und sagte: »Meine Tochter, weißt du, wer du bist, und wer ich bin? Es ist kein seligeres Glück, als dies zu wissen; Du bist die, die nicht ist, ich bin der, der ist.«

Himmel ist »angenommenes Hingegebensein«[50] und deshalb ist er da, wo ein Priester auf den Knien betet.

Der betende Priester ist es, der die Verbindung zu Gott hält und damit die Welt rettet. Aber wie tut er es? Wie gibt er den Glauben weiter? – Don Valentino bittet ihn ja, ihm von Gott abzugeben: »Gib mir ein bisschen von ihm, ich bitte dich.«

Der Priester wendet sich um, jetzt erst. Heilige sind die Leute, könnte man sagen, die von Gott die Erlaubnis bekommen haben, sich umzudrehen. Leute, die ganz aus der Hingebung an Gott leben und nun diese Hingabe weitergeben dürfen.

Der heilige Priester ist der Erzbischof persönlich – »und Don Valentino wurde, als er ihn erkannte, fast noch bleicher, als er ohnedies war. ›Ein gesegnetes Weihnachten dir, Don Valentino‹, rief der Erzbischof und kam ihm entgegen, ganz von Gott umgeben. ›Aber Junge, wo bist du nur hingelaufen? Was hast du um Himmels willen in dieser bärenkalten Nacht draußen gesucht?‹«

Der Erzbischof tadelt seinen Priester nicht. Sein Weihnachtsgruß erinnert vielmehr an das »Friede sei mit Euch!« des auferstandenen Christus.

Der Erzbischof hat in der kalten Weihnachtsnacht Gott. Und wenn er diesen in der Kathedrale, in der Stadt oder im Dorf nicht (mehr) findet, geht er ihm nach. Das ist entscheidend.

Wie begegnet dieser Erzbischof der Glaubenskrise? – Bemerken wir zunächst, wie er ihr *nicht* begegnet: Er gründet keinen Krisenstab, richtet keine didaktische Kommission ein, ruft kein Jahr des Glaubens aus oder

50 Jörg Splett, Philosophie für die Theologie, Heiligenkreuz im Wienerwald 2016, S. 180. Vgl. ders., Das Heilige, München 2017, S. 32: »in selbstvergessenem Ergriffensein (weil man sich hat ergreifen lassen.): in der Anbetung des Heiligen.«

was es da noch alles gibt. Alles übrigens Dinge, die nicht von Haus aus schlecht sind. Aber man sollte nie vergessen, dass die zwölf Apostel noch nicht einmal eine religionspädagogische Ausbildung hatten.

Dieser Bischof begegnet der Krise überhaupt nicht. Er geht nicht auf die Leute zu, sucht sie nicht zu gewinnen, nichts dergleichen. Er ist gerade kein »Bischof zum Anfassen«. Sondern umgekehrt: Er wendet sich von den Leuten ab und geht, als ihr Anführer, auf Gott zu.

Sein Vorbild hierin ist niemand anders als Christus selbst: »Viele Menschen begleiteten ihn; da wandte er sich um …« (Lk 14, 25): Christus ging nicht auf die Leute zu, sondern auf Gott. Und da folgten sie ihm. Die Wege schieden sich erst, als sein Weg nach Jerusalem, nach Golgatha führte.

Und so ist es immer. Wie lernen die Menschen Religion? – »Indem sie erleben, mit welchem heiligen Ernst die Erwachsenen an den heiligen Handlungen teilnehmen«, sagte schon Platon. Wie überzeugt dich jemand von einer Sache? – Indem er sich ihr hingebungsvoll widmet. Das gilt für die Balletttänzerin, die so schön tanzt, für den Klavierspieler, der selbstvergessen spielt, für den Philosophen, der vor deinen Augen denkt, und für Tom Sawyer, als er einen Zaun anmalen muss. Wir reißen einander mit, nicht indem wir auf den anderen zugehen, sondern indem wir ihn in die Richtung mitreißen, in die wir gehen. So dass es eine gemeinsame Richtung wird.

Wenn du jemanden von einer Sache überzeugen willst, musst Du zuerst selbst davon überzeugt sein. Es gibt nur einen tragbaren, wirklichen, richtigen Grund an Gott zu glauben – dass es ihn gibt.

Der Erzbischof lebt aus der Anbetung. Er spricht nicht vom Glauben, er lebt ihn. Und deshalb ist es für ihn auch nicht in erster Linie wichtig, wie viele Leute in die Kirche kommen, ja ob überhaupt irgendwelche Leute in die Kirche kommen. Er schaut nicht auf die Leute, er schaut auf Gott. Er lebt aus der *intentio directa*, aus der geraden Ausrichtung.

Und deshalb muss er sich von den Leuten zurückziehen, um für sie da zu sein. Aber gerade, weil er das tut, kann er der Bischof sein, der die Gläubigen mitzieht.

Der Bischof muss den Leuten Gott geben, durch die Sakramente, die Liturgie und die Verkündigung. Das ist seine wichtigste Aufgabe. Aber es wäre ganz verkehrt, wenn er »das bisschen Gott«, das er noch hat, wie sauer Bier »verramschen« würde: »Stell dir vor, es ist Ausverkauf, und keiner geht hin.«[51] Wenn der Glaube nur noch das schwache Flackern eines Osterlichts ist oder gar nur mehr ein »glimmender Docht« (Jes 42, 3), kann man ihn nicht dem Wind aussetzen: Dann würde er ausgeblasen. Ein Kerzenlicht braucht den schützenden Raum der Laterne, um weiterbrennen zu können. Und so braucht der Erzbischof den schützenden Raum der Kathedrale oder der Kapelle oder des Ortes, an dem der Himmel für ihn aufgeht: Dort erlebt er Gott in der Fülle. Und diese Fülle kann er dann austeilen. Austeilen? – Er kann Leute dazu veranlassen ihm nachzufolgen wie Don Valentino, die dann ebenfalls die Fülle erleben.

Die frühe Kirche wusste das. Nicht nur, dass alle gemeinsam in eine Richtung beteten, nach Osten, der aufgehenden Sonne zugewandt: Zu den ältesten und wichtigsten Kirchenämtern gehörte seit alters das Amt des Ostiarius, des Türhüters, freier übersetzt des Hinausschmeißers. An der Begegnung mit Gott im heiligen Sakrament durften nur die Eingeweihten teilnehmen. Noch heute werden in der Ostkirche die Katechumenen

---

51 Rudolf Michael Schmitz, Katholiken sind Abenteurer, in: Von der Lust katholisch zu sein. 15 persönliche Bekenntnisse, hrsg. v. Michael Müller, Aachen 1993, S. 253–268, S. 256.

vom Diakon vor dem Eintritt in die eigentliche Mysterienfeier zum Verlassen der Kirche aufgefordert.

Der Partisan, der gegen eine Übermacht kämpft, muss sich genau überlegen, wann er seine einzige Kugel verschießt.

Die Geschichte endet mit einer Frage: »Aber Junge, wo bist du nur hingelaufen? Was hast du um Himmels willen in dieser bärenkalten Nacht draußen gesucht?«

Warum bleibst du nicht da, wo du hingehörst? Warum bist du fortgegangen? Was hast Du gesucht?

Ja, jeder Mensch muss sich fragen, warum er sich in der Nacht und in der Kälte auf die Suche macht.

Aus allen Erdteilen, so die späteren Darstellungen der heiligen drei Könige in der Kunst, machten sich die Leute auf, den Stern zu suchen. Wir Menschen können gar nicht leben, ohne Gott zu suchen.

Fragen wir abschließend noch einmal, wo der Erzbischof betet. Er betet an einem verlassenen, kalten Ort draußen vor der Stadt und dem Dorf: An einem solchen Ort wurde der Heiland geboren, »bei den Hirten auf dem Felde«. Der Himmel tut sich da auf, wo Christus geboren wird, wo das Licht in die Finsternis kam (vgl. Joh 1,5).

Auch der Erzbischof muss in dieser Nacht alles hinter sich lassen. Als auch die Kathedrale von Gottes Fülle verlassen wird – die Tradition ist notwendig beides: Hilfe und Hindernis, Wegweiser und Last –, muss er sich auf den Weg machen. Gott zu finden, ist schwer – weil so viele Hindernisse auf dem Weg liegen. Aber er selbst ist ganz einfach: Ein Kind in der Krippe gibt Zeugnis von der herrlichen Einfachheit des Vaters.

Karl Heinrich Waggerl: Der Räuber Horrificus

Gegen Abend nach der ersten Rast wollte Joseph mit den Seinen wieder weiterziehen. Er nahm aber den Esel und ritt voraus hinter einen Hügel, um den Weg zu erkunden. »Es kann doch nicht mehr weit sein bis Ägypten«, dachte er.

Indessen blieb die Muttergottes mit dem Kinde auf dem Schoß allein unter der Staude sitzen, und da geschah es, dass ein gewisser Horrificus des Weges kam, weithin bekannt als der furchtbarste Räuber in der ganzen Wüste. Das Gras legte sich flach vor ihm auf den Boden, die Palmen zitterten und warfen ihm gleich ihre Datteln in den Hut, und noch der stärkste Löwe zog den Schweif ein, wenn er die roten Hosen des Räubers von weitem sah. Sieben Dolche steckten in seinem Gürtel, jeder so scharf, dass er den Wind damit zerschneiden konnte, an seiner Linken baumelte ein Säbel, genannt der krumme Tod, und auf der Schulter trug er eine Keule, die war mit Skorpionsschwänzen gespickt.

»Ha!«, schrie der Räuber und riss das Schwert aus der Scheide. »Guten Abend«, sagte die Mutter Maria. »Sei nicht so laut, er schläft!« Dem Fürchterlichen verschlug es den Atem bei dieser Anrede, er holte aus und köpfte eine Distel mit dem krummen Tod. »Ich bin der Räuber Horrificus«, lispelte er, »ich habe tausend Menschen umgebracht...« – »Gott verzeih' dir!«, sagte Maria. »Lass mich ausreden«, flüsterte der Räuber, »und kleine Kinder wie deines brate ich am Spieß!« »Schlimm«, sagte Maria. »Aber noch schlimmer, dass du lügst!« Hierbei kicherte etwas im Gebüsch, und der Räuber sprang in die Luft vor Entsetzen, noch nie hatte jemand in seiner Nähe zu lachen gewagt.

»Fürchtet ihr mich etwa nicht?«, fragte der Räuber kleinlaut. »Ach, Bruder Horrificus«, sagte Maria, »was bist du für ein lustiger Mann!« Das drang dem Räuber lind ins Herz, denn, um die Wahrheit zu sagen, dieses Herz war weich wie Wachs. Als er noch in den Windeln lag, kamen schon die Leute gelaufen und entsetzten sich. »Wehe uns«, sagten sie, »sieht er nicht wie ein Räuber aus?« Später kam niemand mehr, sondern jedermann lief davon und warf alles hinter sich, und Horrificus lebte gar nicht schlecht dabei, obwohl er kein Blut sehen und kaum ein Huhn am Spieß braten konnte.

Darum tat es nun dem Fürchterlichen in der Seele wohl, dass er endlich jemand gefunden hatte, der ihn nicht fürchtete. »Ich möchte deinem Knaben etwas schenken«, sagte der Räuber, »nun habe ich leider nichts als lauter gestohlenes Zeug in der Tasche. Aber wenn es dir gefällt, dann will ich vor ihm tanzen!« Und es tanzte der Räuber Horrificus vor dem Kinde, und kein lebendes Wesen hatte je dergleichen gesehen. Den krummen Tod hob er über sich gleich der silbernen Sichel des Mondes, die Beine schwang er unterhalb mit der Anmut einer Antilope und so geschwind, dass man sie nicht mehr zählen konnte. Er schleuderte alle sieben Dolche in die Luft und sprang durch den verschnittenen Wind, gleich einer Feuerzunge wirbelte er wieder herab. So gewaltig und kunstvoll tanzte der Räuber, so überaus prächtig war er anzusehen mit seinen Ohrringen und dem gestickten Gürtel und den Federn auf dem Hut, dass sogar die Jungfrau Maria ein wenig Glanz in die Augen bekam. Auch die Tiere der Wüste schlichen herbei, die königliche Uräusschlange und die Springmaus und der Schakal, alle stellten sich im Kreise auf und klopften mit ihren Schwänzen den Takt in den Sand. Schließlich sank der

Räuber erschöpft zu Füßen Marias nieder, und da schlief er auch gleich ein. Joseph war längst weitergezogen, als er endlich wieder aufwachte und benommen seines Weges ging. Alsbald merkte er auch, dass ihn niemand mehr fürchtete. »Er hat ja ein weiches Herz!«, erzählte die Springmaus überall. »Vor dem Kinde hat er getanzt«, zischte die Schlange.

Horrificus blieb in der Wüste, er legte seinen fürchterlichen Namen ab und wurde ein mächtiger Heiliger im Alter, es soll verschwiegen bleiben, wie er im Kalender heißt.

Wenn aber einer von euch etwas zu verbergen hätte und nur sein Herz wäre weich geblieben, so mag er getrost sein. Gott wird ihm dereinst verzeihen um des Kindes willen, wie dem großen Räuber Horrificus.

Interpretation

1. Die Bosheit der Welt

Karl Heinrich Waggerl ist kein christlicher Autor. Er ist auch kein Heimatdichter. Er ist auch nicht sentimental. Und dieser Pazifist, der er seit seinem Erlebnis des I. Weltkrieges war, ist auch nicht, trotz alledem, das, was man sich heutzutage unter einem Nazi vorstellt.[52] Alle derartigen Zuschreibungen treffen diesen Mann nicht, der so schwer ins Leben hineinfand und so schwer unter den Zeitläuften gelitten hat. Man muss seine frühen Tagebücher gelesen haben, um zu ermessen, durch welche tief-nihilistische Verzweiflung Waggerl hindurchgegangen ist. Wer sie kennt, wird, wie immer er ihn sieht, vor-

52 Nach Karl Springenschmid, Servus Heiner! Erinnerungen an Karl Heinrich Waggerl, habe er »überhaupt nicht begriffen …, was die Nationalsozialisten wollten«, vgl. https://de.wikipedia.org/wiki/Karl_Heinrich_Waggerl, 3.10.2020.

sichtig werden und ein wenig Respekt vor dem Schicksal entwickeln.[53]

Unter den vielen Geschichten, die Waggerl geschrieben hat, findet sich auch die kleine Geschichte vom »schrecklichen« Räuber Horrificus. Sie spielt auf der Flucht nach Ägypten, also unmittelbar nach der Geburt des Erlösers in Bethlehem. Diese Flucht ist ein aus der Kunstgeschichte wohlbekanntes Motiv. Merkwürdigerweise begegnet sie meist nicht in Bildern angstvoller, gehetzter Atemlosigkeit, sondern, im Gegenteil, als Bild der Ruhe, ja der Idylle. Entweder sieht man, wie Josef ruhig den braven Esel führt[54] oder man sieht die Heilige Familie abgesessen als Ruhe auf der Flucht.[55] Immer sind es Bilder des Aufatmens, der gesammelten Aufmerksamkeit und der Pause zwischen all den ereignisreicheren, spannungsgeladenen Auftritten.

So auch hier. Josef ist ein wenig vorausgeritten und so sieht man »die Muttergottes mit dem Kinde auf dem Schoß allein unter der Staude sitzen«. Dann aber doch Spannung: Ein Überfall. Gerade wenn man sich sicher fühlt, kommt es über die Menschen, ohne Vorankündigung: Das Unheil schlägt zu.

Und was für ein Überfall. Nicht irgendein Räuber, sondern »der furchtbarste der ganzen Wüste«, der mit dem »krummen Tod« allen Lebewesen, die in dieser lebensfeindlichen Welt überdauern, zu Leibe rückt. Ist es die Übertreibung, die in den ebenso furchtbar wie liebevoll ausgemalten Vergleichen steckt? Oder ist es Marias Sinn

---

53 Und ziemlich viel Respekt vor seiner Person. Das Waggerl Lesebuch, hrsg. v. Gertrud Fussenegger, Otto Amann, Rudolf Bayr und Lutz Besch, Salzburg 1984, bes. S. 5–8 (Lutz Besch), S. 16–20, S. 43–46 (Aphorismen).

54 Zum Beispiel in der Kathedrale von Autun oder bei Giotto In der Scrovegni- oder Arenakapelle in Padua.

55 Zum Beispiel bei Caravaggio in der »Ruhe auf der Flucht nach Ägypten« in der Galleria Doria Pamphilj in Rom.

für Humor, der den Räuber entwaffnet? Man glaubt ihm den Räuber ja nicht so recht, weil er als Räuber verkleidet ist. Aber der Mensch ist ja bekanntlich nur so, wie er aussieht, weil er nicht so aussieht, wie er ist.[56] Doch Waggerl erzählt von einer ebenso ernsthaften wie schrecklichen Tatsache: Dass die Menschen voreinander nicht sicher sind, dass sie einander überfallen, ausrauben, töten. *Homo homini lupus*. Doch er tut es augenzwinkernd, lächelnd, so wie man kleinen Kindern auf spielerische Weise Angst macht.

2. Die Mutter Maria

Und das ist wohl auch das Geheimnis dieser niedlichen Geschichte: Die Gewalt des Bösen bricht sich zuerst an der selbstverständlichen, unerschütterten Aufmerksamkeit Marias für ihr Kind. Sie hat keine Angst vor dem Räuber, weil sie ganz gesammelt nur für seinen Schlaf da ist. Und seine Wildheit bricht sich in dem Maße, in dem sie kein Gehör findet, in dem sie auf keine Resonanz trifft. Das Geheimnis ihrer Autorität: Dass sie sich nicht aus der Ruhe bringen lässt.

Als der Räuber sich auf Drohungen verlegt, glaubt sie ihm nicht, ja sie wirft ihm eine Lüge vor. Es ist ihre Arglosigkeit und Unschuld, gegen die der Räuber nichts ausrichtet. Endgültig gebrochen aber ist seine Macht, als »etwas im Gebüsch« über ihn lacht. Der Tod jeder Einschüchterung und jeden Bluffs. Denn diese leben gerade davon, dass man nicht über sie lacht.

Das klappt freilich in der Wirklichkeit nur, wenn die Aggression auf eine wahrhaft entwaffnende, vollkommen in sich ruhende und sichere Unschuld trifft.

56 Das ist das »Physiognomische Paradox« von Rudolf Kassner. »Der Mensch ist nur so, wie er aussieht, weil er nicht so aussieht, wie er ist.« Kassner, Rudolf, Das »physiognomische Paradox«, in: »Zahl und Gesicht«, Wiesbaden 21957, op. cit. Oskar Jancke, Zeit Archiv 31.1.1957.

Aber es ist mehr als das im Spiel: Maria trifft einen Punkt im Herzen des Räubers; sie legt sein Inneres bloß. Und dieses ist weich und verletzlich. Hinter der Fassade von Drohung und Aggressivität verbirgt sich ein Mangel an Liebe und Anerkennung. Der Räuber ist nur so böse, wie er ist, weil er nicht geliebt wird und nie geliebt worden ist. Und so verlegte er sich darauf, anderen Angst zu machen. Nach dem Motto: Wenn sie mich nicht lieben, sollen sie mich wenigstens fürchten! Wenn du ihm gibst, was er braucht und was er eigentlich will, braucht er es sich nicht mehr zu nehmen. Es tat ihm »in der Seele wohl«, heißt es, »dass er endlich jemand gefunden hatte, der ihn nicht fürchtete.« Es ist die Liebe, die der Mensch mehr als alles andere braucht, und um deretwillen er auf Macht und Geld und Ansehen verzichtet, wenn er kann.

Man sollte auch in der Politik überlegen, wie man mit dem Andersdenkenden, dem Gegner, dem Feind umgeht. Verachtet man ihn, kränkt man ihn, wird er »schrecklich« werden. Aus dem liebsten Schoßhündchen ein böser, bissiger Hund, aus einem harmlosen kleinen Mann der schreckliche Räuber.

3. Die Verwandlung

»Denn dem Glück geliebt zu werden / gleicht kein ander Glück auf Erden« heißt es bei Johann Gottfried Herder.[57] Und ist doch nicht richtig. Denn noch schöner als geliebt zu werden ist es, selbst zu lieben. Aber natürlich so, dass alle Hoffnung des Liebenden darauf zielt, seine Liebe werde erwidert oder besser: angenommen. Und so tut der Räuber nun das, was Liebende tun: Anstatt sich zu nehmen, gibt er. Und er erfährt das Glück der schenkenden Liebe.

---

57 Johann Gottfried Herder, Der Cid nach spanischen Romanzen besungen, 27. Romanze (1805).

Es ist bekannt, dass Räuber ihren Geliebten schenken, was sie geraubt haben. Niemand kann leben, ohne das Aufleuchten in den Augen des andern zu sehen, wenn er ihm etwas schenkt. Aber kann man Freude am Schenken erleben, wenn man das Geschenkte anderen gestohlen hat? So schenkt der schreckliche Räuber Horrificus – Horrificus bedeutet: der Schreckliche –, was er aus eigener Kraft schenken kann: Er tanzt vor dem Jesuskind und seiner Mutter. Und nun tanzt er einen Tanz, wie ihn die Wüste noch nie gesehen hat, einen akrobatischen, wirbelnden Reigen, der die zerschnittene Luft wie Schneeflocken niedersinken lässt, der alle Tiere ihre ererbte Furcht vergessen lässt und sie anzieht. Bis sie selbst den Rhythmus aufnehmen und den Takt mitklopfen. Wenn eine Gazelle vom Löwen gejagt wird, heißt es, läuft sie manchmal nicht gleich in Panik davon, sondern springt in die Höhe, wie wenn sie es aus einem Überschwang an Lebensfreude täte: »Sieh her, was ich kann!« Dieser Ausdruck von Lebensüberschuss kann den Löwen so demoralisieren, dass er die Jagd aufgibt. Er ist eine Ansage an ihn und eine Demonstration von Gesundheit und Kraft.

Der Tanz des Räubers ist ebenfalls ein Ausdruck überschießender Lebensfreude. Endlich findet er, angesichts des Christuskindes und seiner unerschütterlichen Mutter, die lang ersehnte Freude. Und diese Freude hat es nicht mehr nötig, den Anderen Angst zu machen. Sie ist ganz bei sich selbst. Und gerade deshalb schießt sie über und steckt sie an. »Sogar die Jungfrau Maria (bekam) ein wenig Glanz in die Augen.«

Horrificus schläft ein. Erschöpft, vielleicht auch das. Vor allem aber der Spannung ledig, die ihn bis dahin selbst am meisten in Unruhe versetzt hatte.

Er hat vor dem Kind getanzt. Ein für alle Mal hat er vor dem Kinde getanzt. Und die ganze Wüste weiß es.

Er ist gewandelt. Eine vollkommene Bekehrung. Wo das göttliche Kind hinkommt, kehrt der Frieden von selbst ein.

Wir erfahren nicht, wie der große Heilige heißt, der aus dem Räuber geworden ist: Diese Bekehrung vollzieht sich immer wieder in den Menschen und hat ihren Ort da, wo Menschen sich vom Evangelium ergreifen lassen.

Die Geschichte schließt mit einem großartigen Trost: Alle sind wir Sünder. Und wer Sünder ist, neigt dazu, auf seinem schlechten Pfade weiterzuwandeln. Menschen lassen sich lieber das Knie aufpickeln als von ihren schlechten Gewohnheiten abzurücken. Doch solange das Herz weich geblieben ist, solange es also noch nicht endgültig verhärtet und im Bösen erstarrt ist, ist nichts verloren. Es ist formbar zum Guten hin. »Das geknickte Rohr zerbricht er nicht, / den glimmenden Docht löscht er nicht aus« (Jes 42,3): Solange auch nur ein Funken Feuer in der Glut ist, kann der ganze Brand neu entfacht werden. Und »Gott wird ihm dereinst verzeihen um des Kindes willen, wie dem großen Räuber Horrificus.«

Hans Lipinsky-Gottersdorf: Stern der Unglücklichen

»Ich will in dir lassen überbleiben ein arm, gering Volk; die werden auf des Herrn Namen trauen.«
ZEPHANJA 3,12

Im Spätnachmittag verdichtete sich die graue Dezemberöde zu einer kalten, steinernen Traurigkeit; eine Zeit lang fiel Nebel herab, hängte sich Spinnwebfarben in das Eisengerüst der beiden Brücken über den Bahnanlagen und zog seine Schleier um das schwarze Dach des Stationsgebäudes. Der große, runde, von kahlen Bäumen umstandene Bahnhofsplatz war leer; nur an der Haltestelle für Droschken wartete die schwarze Kalesche des Kutschers August Bragulla auf Fahrgäste. Die alte Stute Zorno ließ den zottigen Kopf tief auf das ölig glänzende Pflaster hinabhängen und schlief; ihr Herr, in einen schmierigen Pelz gewickelt, hockte auf dem Bock und starrte vor sich hin. Von Zeit zu Zeit wischte er die Tropfen fort, die aus den kahlen Baumkronen auf Sitz und Mantel fielen, und seufzte schwer.

»Alles ist nass«, murmelte er, »der einzige trockene Fleck auf der Erde ist meine Kehle. Zorno, was meinst du dazu?«

Die Stute wechselte das Standbein; spitz ragte die magere Kruppe unter der Regendecke, von der es in kurzen Abständen gleichfalls tropfte. Bragulla steckte die Hand in die Tasche, zog ein paar Münzen heraus und betrachtete sie lange, dann, in plötzlichem Entschluss ließ er sie wieder verschwinden.

»Heute nicht«, sagte er finster, »morgen ja, aber heute am Heiligen Abend keinen Tropfen, nicht so viel wie in einem Fingerhut Platz hat ... Wo nur der Zug bleibt!?«, fragte er und blickte sich um, in der Hoffnung, irgendeine Ablenkung zu finden. Aber das war vergeblich wie immer: links, fünfhundert Meter hinter den Gleissträngen und Verladerampen erhoben sich grau und ärmlich die Häuser der kleinen Stadt, vor ihm ragte das düsterrote Stationsgebäude in den ziehenden Nebel; zur rechten waren wieder Schienenstränge mit den schwarzweißen Würfeln der Weichensignale, und hinter allem, hinter Bahnsteigen, einzelnen Güterwagen und dem großen schmutzigen Schild, auf dem mit zerbröckelnder Farbe der Name der Station geschrieben stand, breitete sich über gestaltlose Ackerstücke Einsamkeit wie schwerer, grauweißer Schlamm. Bragulla ließ seine Blicke wieder zurückkehren zu dem schlafenden Pferd an der krummen Deichsel.

Weihnachten hin. Heilige Nacht her – eine Stunde Verspätung, das war zu viel für seine Standhaftigkeit. Er spürte deutlich, wie die Waagschale des Kampfes sich auf des Durstes Seite neigte.

»So schwarz wie die Zorno von außen, bin ich von innen«, sagte er sich kleinlaut, »ganz verbrannt ist meine Seele von Sünden und Alkohol.«

Seine Beine bewegten sich schon zur Seite, aber mit einer äußersten Anstrengung brachte er sie dazu, wieder unter die Decke zu kriechen. Man steht und steht, dachte er, wenn doch endlich jemand käme. Es kam aber niemand; nur der kahle Kopf des Bahnhofsvorstehers Przyrembel tauchte kurz hinter dem Bürofenster auf, eifrig nickend und den Telefonhörer am Ohr – sonst zeigte sich nichts. Und nun rauschte es auf einmal feucht und schwer in den kahlen Ästen der Bäume; ganze Schauer von Tropfen prasselten herab. Stoßweise, hustend und keuchend machte sich ein Nordwest auf die Beine, zerrte an des Kutschers Mütze und ließ die Arme der Signalmasten klappern. Bragulla stieg ab und band die

Zügel um den Peitschenhalter. Er hatte endlich einen vernünftigen Grund, denn in seinen Eingeweiden fühlte er deutlich den Wurm einer Erkältung bösartig nagen und bohren. Den muss man töten, dachte er. Zudem fing es richtig an zu regnen; Wirbel zogen über den Platz und zerspritzten auf den ölig glänzenden Steinen.

Das semmelblonde, dickliche Fräulein hinter dem Büffet im Wartesaal dritter Klasse schlug den grauen Wollschal fester um den Hals, als Bragulla eintrat, und griff wortlos nach der Flasche mit weißem Kartoffelschnaps. Dann spülte sie ein großes Glas. Das Wasser gurgelte und spritzte.

»Es ist kalt«, sagte Bragulla und rieb die großen, behaarten Hände.

»Wie viel?« fragte das Fräulein wortkarg, »zweifach, dreifach oder vierfach?«

»Vierfach«, sagte Bragulla und blickte beschämt in die Ecke, wo ein kleines Bäumchen stand mit einer billigen Krippe aus Pappe darunter. Die Hirten bückten sich zu dem Kinde, Joseph betrachtete den Stern und Maria lächelte mild; die Köpfe von Ochs und Eselchen glotzten tierisch und dumpf.

»Zum Wohl«, sagte das Fräulein, stellte das volle Glas auf die schimmernde Platte und ging zurück zu dem Stuhl, um weiter in einer Illustrierten zu blättern. Auf dem Titelblatt waren bestahlhelmte Soldaten, Rotkreuzschwestern und ein geschmückter Weihnachtsbaum zu sehen.

»Ja – na danke«, sagte Bragulla erschrocken und nahm den Blick von dem Kinde fort. Er trank, und der Schnaps floss heiß und brennend durch seine Kehle, er reichte den Magen und verbreitete rasch ein unbeschreibliches Wohlgefühl. Die Sorgen, die auf das Herz drückten, wurden leichter, aus Steinen verwandelten sie sich in bunte Schmetterlinge, spreizten ihre Flügel und flogen, eine nach der anderen, fort.

»Noch einen«, sagte Bragulla. Die Semmelblonde erhob sich und kam mit der Flasche.

»Ich lasse sie gleich stehen«, sagte sie und kehrte zu ihrer Zeitschrift zurück.

Bragulla betrachtete das Bäumchen und die Krippe. »Es ist ja vielleicht eine Sünde«, sagte er, ohne die Lippen zu bewegen, aber war sicher, dass das Kind dort ihn anhörte. »Sicher ist es eine Sünde, an deinem Geburtstag zu trinken, aber, siehst du, ich bin schon ein alter Mann, dem die Frau wegstarb, und der Sohn ist im Kriege. Die Schwiegertochter taugt nicht viel, ich mag nichts von ihr wissen. Du kennst sie ja. Man hat nicht viel Freude mehr in meinem Alter. Und dann das Wetter, aber das weißt du ja alles...«

Er trank wieder ein Glas und goss sich ein neues ein. Sein Herz wurde leicht und froh.

»Wenn du es erlaubtest«, sagte er weiter, »würde ich dir am liebsten zutrinken. Aber das darf man ja nicht, es wäre wider den Respekt. Bei uns ist das so Sitte, dass dem Neugeborenen zugetrunken wird, es gedeiht dann besser; doch du bist ja Gottes Sohn und wirst auch so wachsen. Aber es ist gut, dass du da bist, hörst du denn, wenn es schon eine Sünde ist, dass ich hier trinke, ohne dich wäre es noch schlimmer.«

Er füllte das Glas bis zum Rand; seine Hand zitterte ein wenig, und die klare Flüssigkeit floss über das glänzende Metall. Die Figuren der Krippe regten sich nicht; Maria lächelte wie vorher, und Joseph betrachtete den Stern; die Hirten neigten sich tief. Der Wartesaal war leer und grau, durchzogen von trüben Gerüchen; von der Decke bröckelte der Putz in weißen Fladen, aber die Figuren waren bunt und schön. Bragulla ließ seine feuchten Seehundsaugen hin und her wandern. Die Bedienung war eingeschlafen; vor dem großen Fenster, das von der Decke bis zum Fußboden reichte, stand der Vorsteher und sprach mit einem seiner Gehilfen; man konnte nicht hören, was er sagte, aber er bewegte den Mund rasch und heftig und fuchtelte mit der geballten Faust. Der Gehilfe stand ein wenig vornübergeneigt, dann nickte er mehrmals und ging rasch fort. Bragullas Seehundsaugen kehrten zu den Figuren zurück, zu den bunten Pappscheiben, dem Mittelpunkt der Welt.

»Ich werde dir doch zutrinken«, brummte er und hob sein Glas, »du wirst es mir schon erlauben. Bist doch zu uns gekommen, Kindchen, du kleines, wirst auch erlauben, dass ich dir zutrinke.«

Er trank und stellte das Glas leise hin. Die Bedienung hob den Kopf.

»Wollten Sie etwas?«

Bragulla verneinte. Singen werde ich heute Abend, dachte er, singen! So laut, dass alle es hören, werde ich singen, lauter als die Orgel. Habe ich ihm nicht zutrinken dürfen? – Die bunten Figuren regten sich vor seinen Augen, die Hirten bückten sich noch tiefer, Ochs und Esel begannen von dem Heu zu fressen, und Joseph hob seine Hand dem Stern entgegen.

Dämmerung kroch aus den Ecken und stieg an den Wänden empor, ein dunkles lautloses Gewässer. Der Tag ging zur Neige.

Bragulla klimperte mit den Münzen in seiner Tasche und trank.

Kurz vor fünf Uhr kam mit dem Pitschener Triebwagen der Pastor von der ersten Weihnachtspredigt in der Nachbargemeinde zurück. Die Kirche war ungeheizt gewesen, der Triebwagen auch, und der Pastor, ungehalten und durchfroren, beeilte sich, nach Hause zu kommen. Er ging schnurstracks zu der wartenden Droschke; der Kutscher schlief auf dem Boden, sein Kopf war ganz im hohen Kragen versunken, und nur der scharfe Schnapsdunst verriet, dass sich unter dem Gebirge aus blauem Tuch etwas Menschliches verbarg.

»Und das am Heiligen Abend«, sagte der Pastor ärgerlich und rüttelte an des Schlafenden Schulter. Jedoch nur die Stute Zorno erwachte, schaute sich um, und weil sie die Sinnlosigkeit der geistlichen Bemühungen sogleich erkannte, wechselte sie nur das Standbein, bevor sie wieder einschlief. Der Pastor hatte wenig Lust, den weiten Weg in die Stadt zu Fuß zu gehen; er schaute sich hilfesuchend um, und wenn er kein Liberaler gewesen wäre, so hätte er es wohl mit einer Teufelsaustreibung probiert.

»August«, sagte er flehend, »wach auf, Bragulla. Ich muss doch noch heim, bevor ich die Christnacht halte.«

Bragulla fing an zu schnarchen, sonst rührte er sich nicht. So ein Halunke, dachte der Pastor gereizt, so ein Süffel! Er sah den Bahnhofsvorsteher Przyrembel im matt beleuchteten Eingang stehen und ging zu ihm hinüber.

»Der verfluchte Krieg«, sagte der Vorsteher erbittert, »entschuldigen Sie, Herr Pastor, aber es ist zum Kotzen. Der Breslauer Personenzug liegt mit defekter Maschine hinter Basan fest und blockiert die Strecke, und in einer halben Stunde ist ein Transport fällig. Wenn der hier steckenbleibt, weil sie den anderen nicht flottkriegen, kann ich was erleben.«

»Ja ja«, sagte der Pastor hastig, »wann hat sich denn der Bragulla so betrunken? Jetzt habe ich auch noch den weiten Weg. Wie soll ich denn fertig werden?«

Der schwarze Wind warf ganze Hände voll klebriger Tropfen auf die beiden Männer, und sie traten in die leere, zugige Halle.

»Ich gebe Ihnen mein Rad«, schlug Przyrembel vor und blickte auf die Uhr, »aber kommen Sie erst auf einen Kaffee zu mir herein. Einen Moment haben wir noch Zeit, und meine Frau wird sich freuen.«

Sie stiegen eine enge Treppe hinauf; als der Vorsteher die Tür öffnete, schlug ihnen ein guter Geruch entgegen. Der Pastor schnupperte und blickte sich in der Stube um.

»Oh«, sagte er, »wie das duftet! Was habt ihr denn Gutes?«

Die Frau, klein und mit roten Wangen, knickste und wischte sich die Hände an der Schürze ab. Sie sah heiter und aufgeregt aus.

»Mohnklöße«, sagte sie, »Mohnklöße mit Rum. Ein altes Rezept meiner Großmutter. Sonst macht man sie ja ohne Rum, aber der gibt erst das Aroma. Wollen Sie kosten?«

Sie lief wieselflink fort und kam mit dampfendem Kaffee zurück. In der anderen Hand hielt sie einen Teller. Der Pastor nahm die Tasse und blies vorsichtig den Dampf beiseite. Sein Gesicht glättete sich, wurde rund und zufrieden.

»Bohnen«, sagte er und trank zwei Schlückchen, »wo habt ihr die noch her? Und den Rum? Einen Happen nur, ja, danke, nicht zu viel, bitte. Nur zum Geschmack, so, Sie wissen ja, Frau Przyrembel!«

Die Mohnklöße waren blauschwarz und glänzten fettig, milchweiß leuchteten die Semmelbrocken darin. Der Rum duftete.

»Wie Blumen«, sagte Przyrembel andächtig und hob die großen Nasenlöcher, aus denen lange Haarbüschel sprossten. Der Pastor nickte und schluckte.

»Das Rezept«, sagte er, »Frau Przyrembel, bringen Sie es doch mit in die Kirche und geben Sie es nachher meiner Frau. Sie werden doch kommen?«

»Ich komme«, sagte die Frau, »für mich gibt es kein Weihnachten ohne Kirche. Das wäre nicht richtig.« Der Pastor wischte sich den Mund und nahm seinen Hut.

»Es ist auch nicht richtig«, sagte er, »der Baum, das Essen, gut und schön, aber die Hauptsache bleibt die Kirche. Vergesst das nicht, und schönen Dank auch.«

Sie gingen fort. Unten holte der Vorsteher das Rad.

»Der Transport hat schon Einfahrt«, sagte er düster,

als er zurückkam, »es ist, wie ich mir's dachte. Der Breslauer liegt immer noch fest. Das gibt Ärger.«

»Was für ein Transport?« fragte der Pastor und trat die Pedale hinunter. »Militär?«

Przyrembel blickte sich vorsichtig um und dämpfte die Stimme.

»Nein«, sagte er, »er geht nach Auschwitz, mit Juden – die kommen jetzt oft.«

Der Pastor biss sich auf die Lippen und trat an. Besser wäre es gewesen, nicht zu fragen. Die Welt war voll von Scheußlichkeiten, und niemand konnte helfen. Er fuhr schon, sah aber die Droschke mit dem Saufbold von Kutscher und kehrte noch einmal um.

»Vergessen Sie nicht, dem Süffel zu sagen, dass ich ihn nicht so stinkend in der Kirche sehen will. Vergessen Sie das nicht.«

»Ich denke daran«, sagte der Vorsteher, »aber wie ich ihn kenne, wird er sich nicht viel daraus machen. Die Welt ist schlecht, Herr Pastor, und frohes Fest auch!«

»Danke«, murrte der Pastor, »das gleiche, und Gottes Segen!«

So ein Halunke, dachte er und gönnte dem Bragulla einen schrägen Blick, als er keuchend an ihm vorbeiradelte. Der Wind stand ihm ins Gesicht, und der Abhang hinauf zur Brücke war steil. Über sein Gesicht lief neben kalten Regenschauern warmer Schweiß.

Mit dem fortschreitenden Abend wurde der Regen stärker. Bragulla erwachte davon, dass es ihm kalt zwischen Schal und Hals hinunterfloss. Er richtete sich auf; überall rieselte, tropfte und sickerte es laut und leise. Es war jetzt ganz finster; ein paar abgeblendete Bogenlampen warfen unsicheren Schein auf Bahnsteige und Schienen, und auf einem Gleis weiter hinten schien ein Zug zu halten; von dort her kamen halblaute Rufe und etwas, das so klang wie vielstimmiges, unterdrücktes Murmeln. Vielleicht war es auch der Wind; die Bäume knarrten und ächzten.

Wie mein Pelz nur stinkt, dachte Bragulla und tastete nach dem Kragen. Vielleicht hatte er ihn bespuckt, aber es war nur die Nässe des Regens zu fühlen. Die Sorgen hatten sich aus Schmetterlingen schon wieder in Fledermäuse verwandelt; er spürte sie irgendwo im Dunkeln näherflügeln. Aber dann fiel ihm plötzlich etwas ein, was die Fledermäuse weit fortscheuchte. Es war Weihnachtsabend.

»Es ist Zeit, in die Kirche zu fahren«, sagte er zu dem schlafenden Pferd, »ich will nur noch etwas essen. Eine Scheibe Brot gibt es auch für dich zur Kleie. Warte!

Sein Gang war sehr wackelig, aber er kam doch glücklich in die Halle und fand die Tür zum Wartesaal. Der Raum war ebenso leer wie vorhin; nur der Bahnhofsvorsteher stand geistesabwesend in der Tür zu seinem Büo. Bragulla ging an ihm vorbei zur Theke und besah das Bäumchen, an dem jetzt ein paar dünne Kerzen brannten. Die Figuren darunter waren mit silbrigem Flitter bestreut und glitzerten schwach. Bragulla erlaubte sich ein respektvolles Zwinkern zu dem Kindchen hinüber; das semmelblonde Mädchen griff indessen schon zur Flasche, und er wollte eben abwehren, als der Vorsteher zu ihm kam.

»Machen Sie, das Sie heimkommen, Bragulla«, sagte er. »Sie waren vorhin schon so betrunken, dass der Herr Pastor nicht mit Ihnen fahren konnte. Er hat gesagt, Sie sollten sich in diesem Zustand ja nicht im Gottesdienst blicken lassen! Haben Sie verstanden?

Bragulla sah den Vorsteher an und schwieg. Dann musste er zweimal hart schlucken. Das Mädchen blickte von einem zum anderen.

Draußen schlugen benagelte Stiefelsohlen auf die Steinplatten.

»Vorsteher«, rief eine barsche Stimme.

Bragullas wässerige Augen gingen im Kreis umher, hafteten an dem aufgeschwemmten Gesicht des dicken Mädchens und an der großen Nase des Vorstehers. Die Nase zuckte. Draußen rief die barsche Stimme noch einmal.

»Mein Gott, ist das ein Weihnachtsabend«, sagte der Vorsteher und wandte sich zum Gehen, »draußen der Transport und all der Ärger, und Sie saufen hier herum. Schämen Sie sich denn gar nicht? Denken Sie daran, was der Pastor gesagt hat!«

Verboten, dachte Bragulla, er hat mir richtig verboten ... Er ballte die Fäuste.

»Aber ich gehe ja nicht«, schrie er wild, »ich wäre ja gar nicht gegangen!«

An dem Bäumchen flackerten die Lichter, als der Vorsteher die Tür hinter sich schloss. Bragulla wagte die Figuren nicht mehr anzublicken. Es war ganz still, so still, dass man das Fallen der Stearintropfen hörte und das leise Knistern der trocknenden Nadeln. Die Stimmen draußen entfernten sich.

»Was wollen Sie also?« fragte das Mädchen.

»Schnaps«, sagte Bragulla, »noch einen Liter. Und ein Stück Brot!«

Er steckte das Brot in die Tasche für das wartende Pferd.

Von dem Bäumchen stieg leise gekräuselter Rauch und verflog.

Der Transportführer ging voran, eine Taschenlampe in der Hand. Der Vorsteher folgte mit drei Schritt Abstand. Der Schein der Lampe beleuchtete ein kleines Stück des Weges, erst regennasse Steinplatten, dann Schienen und glänzenden Schotter, zuletzt hellen Kies, der unter den Schritten knirschte. Die schwarzen Umrisse der Güterwagen tauchten aus der Nacht, riesenhafte Schatten, hinter denen sich ein dumpfes Leben regte. Der Offizier ging an ihnen entlang bis zum vierten oder fünften, wo zwei Posten warteten.

»Es ist so«, sagte er zum Vorsteher, »hier drin ist eine Frau, die heute ein Kind bekam. Wir müssen sie ausladen; ich habe eben mit Oppeln telefoniert: dort treiben sich Rotkreuzkommissionen herum und schnüffeln überall. Es könnte Ärger geben. Sie übernehmen die Frau und sorgen dafür, dass sie in ein Lazarett kommt, verstanden?«

»Jawohl«, sagte der Vorsteher. Er sah den Offizier vor sich und die mattblinkenden Stahlhelme, die überlangen Fahrermäntel der beiden Posten, und er versuchte, nicht auf das vielstimmige gedämpfte Murmeln und Stöhnen zu hören, das hinter den dünnen Holzwänden der Waggons gequältes Leben verriet.

»Also«, sagte der Offizier ungeduldig, »wohin mit ihr? Haben Sie Platz in Ihrer Wohnung?«

Der Vorsteher erschrak und räusperte sich.

»Ich ... In der Wohnung? Das ist doch eine Jüdin, nicht wahr? Sie wissen doch, die Gesetze ... ich bin Staatsbeamter.«

»Richtig«, sagte der Offizier und nagte an seiner Lippe, »was machen wir da? In die Halle können wir sie auch nicht legen. Jedes Aufsehen muss vermieden werden ... Und in fünf Minuten fahren wir ab. Die Zeit drängt. Was machen wir? Überlegen Sie, Mensch, denken Sie nach!«

In der Wohnung des Vorstehers wurden Weihnachtslieder gesungen. Der klare Ton einer Frauenstimme drang leise bis hierher. Der Vorsteher seufzte und wischte Regentropfen von der Stirn.

»... Ihr Hirten erwacht ...«, sang die Frau; dann nahm der Wind die Stimme mit sich fort.

»Ich weiß«, sagte der Vorsteher, und der Offizier atmete auf, »wir haben draußen am Platz einen alten Wiegeschuppen. Dort kann sie bleiben, bis sie geholt wird. Ich telefoniere nachher, und morgen früh wird sicher jemand kommen.«

»Gut«, sagte der Offizier, »dann los.«

Die beiden Posten hoben den Riegel von der Tür.

Das Pferd fraß Brot aus seines Kutschers Hand. Es tastete mit der Oberlippe und schnoberte vorsichtig; dann nahm es das Brot fort und drückte die weiche Nase zärtlich an Bragullas Wange. Bragulla merkte es nicht. Er schwankte hin und her. Ich darf nicht in die Kirche, dachte er.

Leute gingen über den Platz; eine Frauenstimme irgendwo sang Weihnachtslieder; dann fuhr ein Zug ab, krachend schlugen Puffer aneinander. Bragulla hörte nicht hin. Er griff zur Flasche und trank einen Schluck, aber der Schnaps schmeckte ihm nicht. Was bin ich doch für ein Lump, dachte er und legte den Arm um den nassen Pferdehals. Das Pferd hielt ganz still.

Nach einer Weile mischte sich in das Rinnen und Tröpfeln des Regens, in das Knarren und Zischen der Bäume ein fremdes Geräusch. Es war kläglich und leise, aber die Stute bewegte den Kopf und spitzte die Ohren. Bragulla war an ihrem Hals eingeschlafen; die Stute schwenkte den Kopf vorsichtig hin und her. Das Geräusch hielt an, und obwohl es sehr leise blieb, konnte man es deutlich von den anderen Geräuschen der Nacht unterscheiden.

»Was ist?«, fragte Bragulla schlaftrunken und hielt sich an der Deichsel fest, um nicht zu stürzen. Das Pferd blies ihm seinen warmen Atem ins Gesicht, und er versuchte mühsam, sich zu ermuntern. Sogleich fiel ihm auch sein Kummer wieder ein, und er stöhnte. Verboten, dachte er, verboten ...

Er lauschte. Er hörte etwas, das dem Jammern junger Katzen ähnelte, aber jetzt gab es keine jungen Katzen, und er wusste sofort, dass es etwas anderes war, etwas, das wie ein Messer alle Dünste seines vernebelten Hirnes durchschnitt ... Ein Kind, dachte er ... nein, er dachte: das Kind!

Er ließ die Deichsel los und ging langsam und lauschend über den leeren Platz.

Das leise Klagen lenkte ihn. Jetzt war es schon ganz nahe, und er ging horchend um den alten Schuppen herum. Das Kind war darin, und nun hörte er auch die sanfte und beruhigende Stimme einer Frau. Er tastete nach dem Riegel, spürte das schwere Schloss, griff mit beiden Händen zu und musste lachen. Bin ich etwa schwach, lachte er, bin ich ein Schreiber? Er hielt das Schloss in der Hand, ließ es fallen und schob den Riegel zurück.

Als er Feuer schlug, sah er beide, das Kind und die Frau. Sie lagen auf alten Säcken in der Ecke, das Kind in eine Decke gewickelt, die Frau mit einem gelben Stern auf der Brust, und der Kutscher Bragulla blickte sie an. Er sah die Frau, das Kind und den Stern, er sah das Geheimnis, das größte und tiefste der Welt und das schönste zugleich. Und der Kutscher Bragulla tat, was einzig er konnte, er verneigte sich, neigte sich so tief wie noch nie in seinem Leben, und wenn er auch taumelte und einen Schritt zurücktreten musste, um sein Gleichgewicht wiederzufinden, wenn auch sein stinkender, alter Pelz an einem Nagel hängenblieb und knirschend riss, so verbeugte er sich doch gleich noch einmal.

»Wer bist du?«, fragte er dann mit schwerer Zunge.

Die Frau hob ihre Augen zu ihm; die schwache Flamme des Feuerzeugs ließ sein Gesicht wohl wild und furchtbar erscheinen. Sie zog das Kind eng an sich.

»Ich bin eine Jüdin«, sagte sie.

»Ich wusste es«, sagte Bragulla froh, »ich habe es gleich gewusst. Du musst dich nicht fürchten.«

Er blickte sich um, und alles, was er sah, sagte ihm, dass er recht gehabt hatte, denn wenn dies auch kein Stall war, sondern ein alter Schuppen, so kommt es doch darauf nicht an. Stall oder Schuppen, heute oder gestern oder vor zweitausend Jahren – darauf kommt es nicht an.

»Du kannst nicht hierbleiben mit dem Kinde«, sagte der alte Kutscher, »wohin soll ich dich fahren?«

»Ich weiß nicht«, sagte die Frau und zitterte, »überall ist es schlimm.«

»Überall ist es gut, wo das Kind ist«, sagte Bragulla ganz sicher, »und ich werde dich jetzt zu meinem Bruder bringen; er hat einen kleinen Hof an der Grenze. In fünf Stunden sind wir dort.«

Die Droschke fuhr durch die Stadt. Die Stute Zorno ging zuerst langsam die Steigung hinauf; als sie in den harten Wind geriet, der schwere Regenschauer vom offenen Land her über die ungeschützte Brücke jagte, begann sie zu traben und bremste wieder, als die Straße sich zur Stadt hinabsenkte. Sie tat das alles ganz allein, denn der Kutscher hielt die Zügel lose in der Hand. Er war betrunken wie noch nie, betrunken vom Schnaps, vom Glück und der heißen Freude, die in seinem Herzen brannte, und er sang. Irgendwo vor kurzem musste er dies Lied gehört haben, das ihn jetzt nicht losließ; er sang es immer wieder: »Ihr Hirten erwacht, erhellt ist die Nacht.«

Aber diese Nacht war dunkel und niemand erwachte. Die Stadt schlief und das ganze, weite Land. Kein Laut drang aus den Stuben, und die schweren Vorhänge, die Verdunkelungsrollos, von Bürgersfrauen sorglich herabgezogen, ließen keinen Laut hinein. Die Menschen schliefen. Die Straßen waren erfüllt vom Geräusch des Regens und des Windes, der sich an den Hausecken rieb. Das Rollen der Räder, Bragullas Gesang brachen sich an den festen Mauern, hallten zurück und verschollen ungehört.

Die Stute trabte. Mit ihren Läden und Kneipen, schwarzen Einfahrten und helleren Giebeln zogen die

Straßen vorbei, nirgendwo brannte ein Licht. Manchmal quäkte es leise in der Tiefe des Wagens; dann bewegte die Stute die Ohren und trabte schneller. Die Stadt öffnete sich, bog ihre Arme auseinander und entließ das Gefährt in die laute, unruhige Nacht. Von vorn rückten die Bäume der Landstraße heran, glänzten matt im trüben Schein der Laternen, glitten vorbei und machten anderen Platz. Noch auf den fernsten Hügeln, über die sie fuhren, rauschten Regen und Wind. Die Stute trabte und der Kutscher sang.

Als der Himmel sich erhellte, fuhren sie einen breiten, zerfahrenen Landweg entlang. Niedrig und grau hingen Wolken über einer unermesslichen Weite. In kleinen Dörfern rauchten Düngergruben inmitten ruppiger Höfe und Gärten und zogen langsam vorbei. Dann wieder knarrte der Wagen durch Bachtäler, in denen schwarze, rundköpfige Weiden wuchsen, erkletterte kalte, braunen Hügel, hinter denen sich neue Einöden auftaten. Ein riesiges, leeres Land. Nach einer langen, langen Zeit hielt Bragulla die Stute an, nahm seine Mütze ab und neigte sich zur Seite.

»Siehst du«, sagte er, und zeigte auf eine Telegraphenleitung, die mit schlanken, sich neigenden Masten von einem Horizont zum anderen führte, »jetzt sind wir gleich da. Dort hinten in der Mulde liegt der Hof.«

Er bekam keine Antwort und bückte sich noch mehr, um ins Innere des Wagens sehen zu können. Die Frau lag da, an die Wand gelehnt, und schlief. Das Kind hatte sie sicher im Schoß, und auf ihrer Brust brannte der Stern.

»Zorno«, sagte der Kutscher Bragulla, so leise er es vermochte, mit seiner heiseren, vertrunkenen Stimme, »sie schlafen, Pferd. Geh, Zorno, geh!«

Interpretation

1. Das Land an der Prosna

Wer kennt heute noch Hans Lipinsky-Gottersdorf? Dabei ist er einer der großen Schriftsteller Deutschlands im letzten Jahrhundert. Aber er hat das typische Schriftstellerschicksal doppelt erlitten: Zum einen ist es natürlich, dass Schriftsteller, entgegen ihrer Absicht, die Dinge festzuhalten, bald wieder in Vergessenheit geraten. Denn sie wollen eine Welt festhalten, die es bald nach ihrem Werk nicht mehr gibt. Da verschwinden die charakteristischen Redensarten, verschwindet überhaupt die Sprache, da werden die Witze nicht mehr verstanden, viele Anspielungen werden blass, die Nachgeborenen haben die Gesichter nicht mehr vor Augen und die gesellschaftlichen Spannungen und Risslinien sind verschwunden und kaum noch zu erkennen. Was sie geschrieben haben, wird langweilig. Erstaunlich genug, dass sich manche Schriftsteller diesem Prozess erfolgreich widersetzen. Ein Beispiel: »Krieg und Frieden« handelt von einer untergegangenen Welt. Wie soll man nach der Revolution und dem Kommunismus, erst recht nach dessen Scheitern heute noch eine Betrachtung zum Leben im alten Russland der Zaren von Interesse finden? Und doch ist der Roman von Leo Tolstoj eines der unsterblichen Bücher der Weltgeschichte und sofern jemand überhaupt noch Bücher liest, gehört dieses zu den Favoriten, die man zumindest dem Namen nach kennt.

Bei Lipinsky-Gottersdorf liegt die Problematik noch tiefer: Moskau und St. Petersburg gibt es ja immerhin noch, aber das Land an der Prosna, dieses unbedeutenden Flüsschens, das bis zum Ende des I. Weltkriegs die Grenze zwischen Preußen bzw. Deutschland und drüben »Russisch-Polen« bildete, die Welt Lipinsky-Gottersdorfs ist vollständig untergegangen. Macht ihn das nicht noch wichtiger? Hält er nicht fest, was sonst ganz abstrakt bliebe, ein blutleeres Gerippe aus historischen Fakten und Zahlen und ziemlich viel Polemik? Natürlich liegt sein Wert gerade hier: Er gibt uns einen anschaulichen Eindruck von dem, was seine Heimat und das angrenzende Schlesien einmal waren, dieses Land, das nicht mehr ist.[58] Und sein Werk ist sogar besonders wertvoll, gerade weil er sich darum bemüht, den verschiedenen Seiten und Lagern in dieser früher umstrittenen Region gerecht zu werden. Lipinsky-Gottersdorf, der sich stets als Slawe und auch als Preuße sah, dann erst, wenn überhaupt, als Deutscher, war von Geburt an dafür prädestiniert, ein Brückenbauer zu sein. Er hätte ein Klassiker der Verständigung werden können. Hätte. Aber die heutige Zeit will von Verständigung nicht mehr viel wissen. Ist es doch einfacher, sich auf die eine – und das heißt hier: auf die andere – Seite zu schlagen und in der Eindeutigkeit des scharfen Schnitts zu leben. Wo die eine Seite nichts mehr sagen kann und darf und niemand mehr da ist, der überhaupt etwas sagen kann und will, da gibt es kein Ringen mehr. Kein Ringen um den Frieden, kein Ringen um Verständigung. Dürfen wir wenigstens für die Zukunft auf ein Ringen um die Wahrheit hoffen? Dürfen wir wenigstens mit Charlie Brown hoffen, »dass gestern besser wird«?[59]

58 Natürlich gibt es das Land noch, selbst »die Häuser, / die wir bewohnen, bestehn noch« (Rainer Maria Rilke, Zweite Duineser Elegie, in: Duineser Elegien. Die Sonette an Orpheus, Frankfurt am Main 1974, S. 16, v. 39f.), aber die Vernichtung der gewachsenen Kultur war doch etwas so Ungeheuerliches, dass man hier aristotelisch nicht mehr von »metamorphosis« (Gestaltwandel), sondern von »alloiosis« (Etwas-anderes-Werden) sprechen muss. Das Hauptwerk Lipinsky-Gottersdorfs ist der Roman »Die Prosna-Preußen«, Würzburg ^{2}1994, dem der Verfasser eine eindrucksvolle Beschreibung der unscheinbaren Prosna vorangestellt hat, S. 5–8.

59 »Ich hoffe immer noch, dass gestern besser wird.« Charlie Brown. (Charles M. Schulz, Charlie Brown und seine Freunde,

Ein Schriftsteller schreibt für die Zeitgenossen und in der Hauptsache wird er auch nur von ihnen, allenfalls der nachfolgenden Generation noch gelesen und verstanden. Eigentlich aber schreibt er für den Nachruhm: »Ein Freund, ein Becher Wein und ein berühmter Name nach dem Tode«, wie August von Platens nachdrückliche Formulierung lautet.[60] Aber ging es Lipinsky-Gottersdorf um den Nachruhm? Ich meine, ohne ihn zu kennen, dass es ihm doch um den Nachruhm, besser: um das ehrenvolle Totengedenken des deutsch-polnischen Landes an der Prosna und wohl auch Oberschlesiens überhaupt ging. Dass er für die Nachwelt das Unsagbare festhalten wollte, das nicht mehr zu Erklärende, das was nur die verstehen, die dabei waren. Und die können es ja meist nicht mehr sagen, allenfalls in wenigen Fetzen und Splittern, wo doch selbst Leute, die beredt sind und alles miteinander besprechen, die wahren Geheimnisse ihrer Freude und ihrer Verzweiflung dem anderen nicht offenbaren *können*. So dass die Verständigung in der Tiefe nur dann stattfindet, wenn sie beide, gemeinsam erschüttert vor dem Unsagbaren stehen und es spüren. Manchmal bis zu dem Punkt, wo der eine zum anderen sagt: »Sprich du aus, was wir fühlen, du kannst es besser!« Und wie mir eine aus ihrer Heimat vertriebene Ostpreußin zum Werk des in mancher Hinsicht vergleichbaren Arno Surminski sagte: »Seit er diese Bücher geschrieben hat, hat meine Seele ihren Frieden gefunden. So war meine Heimat. Er hat es festgehalten. Nun ist es in der Welt.« Noch.

Dass die Welten, in denen wir leben, untergehen, ist normal. Es ist immer so. Wenn sie aber nicht neu erstehen

Nr. 699, 1979. op. cit. Jörn Rüsen, Die vier Typen des historischen Erzählens, in: Formen der Geschichtsschreibung, hrsg. v. Koselleck, Reinhart, Lutz, Heinrich, Rüsen, Jörn (=Theorie der Geschichte, Beiträge zur Historik, Bd. 4), München 1982, S. 514.

60 In der Schlussstrophe seines Sonetts »Dies Land der Mühe« von 1826.

durch andere Menschen, die uns beerben und an unserer Stelle leben, wenn sie nicht weitergeführt werden und, verwandelt-aufgehoben, in anderen fortwirken, ist es doppelt und dreifach schlimm. Kann der Schriftsteller das aufhalten und bewahren? Selbst ein Tolstoj lebt ja vor allem deshalb weiter, weil er uns Allgemein-Menschliches in der konkreten Situation des Jahres 1812 so lebendig vor Augen hält, dass wir uns in ganz anderer Situation angesprochen fühlen. Nun ist es aber so, dass es das ist, was auch bei Lipinsky-Gottersdorf passiert: Er bleibt von Interesse. Es geht nicht nur um »Kontschenburg«, wie er seinen heimatlichen Kreis mit einem aus Konstadt, Pitschen und Kreuzburg zusammengesetzten Kunstnamen benannte. Es war immer so. Und was das Land angeht, bleibt nur der Trost, dass alles Land, die ganze Welt den Menschen nur geliehen und dass sein wahrer Eigentümer niemand anderes ist als Gott allein, der das Dasein immer wieder aufs Neue gibt. Und es bleibt die Hoffnung, dass die Dinge wenigstens gesehen werden. Dass wir wenigstens sehen, dass wir nicht sehen!

2. Traurige Weihnachten

Die Geschichte vom Mietskutscher Bragulla zoomt uns tief hinunter. Wir befinden uns irgendwo und irgendwann vor irgendeinem unbekannten Bahnhof. Überall Einsamkeit, Feuchtigkeit und Leere. Nirgendwo. Keine schöne Welt, der nachzutrauern sich lohnen würde.

Und die Bahnhöfe von früher waren keine erleuchteten, belebten Shopping Malls. Es waren dunkelrote Backsteingebäude, die den Geruch von Kohle und Eisen atmeten und einen ölig-schwarzen Filmüberzug trugen, der daran erinnerte, dass unweit die Schlote rauchten und die Zeit der frühen Industrialisierung noch nicht ganz vergangen war. Und wo heute die beigegelben Taxis auf Kundschaft warten, auch das ein trister Anblick, steht der Kutscher mit seiner mageren Stute und wartet auf den nächsten Zug, der wieder einmal nicht kommt.

Auch er ist einsam. Die Stute scheint der einzige Mensch auf Erden zu sein, zu dem er Vertrauen hat. Er wartet auf den Zug. Es ist die Stunde der Einsamkeit, der Leere und der Versuchung.

Natürlich verliert der Kutscher unter diesen Bedingungen den Kampf gegen die Sucht. Warum hätte er auch verzichten sollen? Was hätte es gebracht? Es ist alles eine Frage des Könnens.

Außerdem, man erfährt es beiläufig: Es ist Heiliger Abend. Aber keine Lichterketten und leuchtenden Sterne über der Landschaft, stattdessen ärmliche graue Häuser, die sich im Durcheinander der Gleisstränge und Verladerampen, schließlich in den grauschwarzen Ackerflächen verlieren.

Eine kalte, feuchte und neblige Welt. Kein gemütliches Weihnachten, keine Idylle. Ein kalter, zugiger Bahnhofssaal. Meisterhaft, wie der Autor die Stimmung mit wenigen Strichen wiedergibt. Kein warmes Licht. Und würde der Stern von Bethlehem über dem Elend stehen – man könnte ihn nicht sehen.

Der dunklen Tristesse der Welt korrespondiert die schwarze Seele des Kutschers, die »ganz verbrannt [ist] von Sünden und Alkohol«.

Ist er tatsächlich ein Sünder? Oder ist es nur das Laster, gegen das er in dieser Zeit nicht aufkommt? Wie dem auch sei, seiner Seele tut der Alkohol nicht gut. Er hilft und hilft doch nicht, er tröstet und hält doch nicht vor. So ist's mit allen Genüssen, die man dem Menschen in seinem Elend nicht vorenthalten will. Ohne sie wird's manchmal unerträglich, aber sie lösen das Problem nicht und lassen ihn am Ende elender zurück, als er vorher war.

Aber noch ist August Bragulla, wie er mit typisch polnisch-ostdeutschem Namen heißt, nicht verloren. Ein Wetterstoß gibt ihm den letzten Anstoß, dessen es bedurfte, vom Wagen zu steigen und sich einen Kartoffelschnaps einschenken zu lassen, um das Elend dieser Welt ein wenig zu vergessen. Nun erkennt man auch, dass Krieg ist, aber noch nicht das Ende: Noch gibt es Schnaps gegen Geld.

Und wenigstens ein bescheidenes Christbäumchen steht in der Bahnhofshalle. Bragulla betet zu dem Jesuskind aus Pappe, das man darunter in die Krippe gelegt hat. Es ist eine vertraute Zwiesprache, die er da hält mit dem Sohn Gottes, dem er am liebsten zutrinken würde.

Wird dieses Gebet zu »den bunten Pappscheiben« sein Ziel, den »Mittelpunkt der Welt«, vor dem die Hirten sich tief verneigten, erreichen? Er jedenfalls »war sicher, dass das Kind dort ihn anhörte.« Wir werden sehen.

Und wer würde dieses Gebet nicht verstehen? Ein armer, aufs Alter zugehender Mann, dem in diesem Leben keine rechte Freude mehr geblieben ist, die Frau verstorben, der Sohn im Krieg – wer wollte ihm am Weihnachtsabend ein paar Gläschen verbieten? – Wenn man mit dem larmoyanten Entschuldigungston beginnt, ist es zum Alkoholikerdiminuitiv nicht weit. Doch das ist die gefährliche Sprache der Verführung. Es ist das Pseudogebet, das sich selbst exkulpiert. Doch wer kennte es nicht? Bragulla weiß, was er tut und er weiß, dass es Sünde ist vor Gott und weiß doch zugleich, dass ohne Gott, d.h. ohne Richter und also auch ohne Barmherzigkeit alles noch viel schlimmer wäre. Dann bliebe *nur* der Rausch.

Lipinsky-Gottersdorf beschreibt die Wirkung des Alkohols so nachdrücklich, dass man den Eindruck bekommt, er wisse, wovon er schreibt. Auf jeden Fall aber weiß er, warum es kein guter Einfall ist, so viel zu trinken. Denn als endlich der Pastor mit dem Triebwagen von der Weihnachtspredigt in der Nachbargemeinde zurückkommt und der Fahrdienst Bragullas dringend gebraucht würde, ist dieser schon so betrunken, dass er nicht mehr fahren kann.

Wer nicht warten kann, verpasst, worauf er gewartet hat. Es ist wie im Gleichnis von den klugen und den törichten Jungfrauen: Der große Augenblick, auf den alles harrt, gerade er geht verloren. So zerstört der Alkohol das eigentliche Leben. Besteht noch Hoffnung?

Es folgt ein weihnachtliches Intermezzo in der Stube des Stationsvorstehers: Schlesische Mohnklöße mit Rum, dazu dampfender Kaffee: Eine Oase von Normalität und Gemütlichkeit in der rauen Welt, freilich in das gleiche Anthrazit getaucht wie die ganze Szenerie. Sogar die Aufforderung, Gott höher zu achten als Christbaum und Essen, ist hier Ausdruck von Normalität.

3. Der Transport

Der Pastor lässt sich das Rezept geben, wie wenn alles in Ordnung wäre. Ist es aber nicht. Es ist Krieg. Und mehr als das. Der Vorsteher hat Sorgen wegen eines Transports, der gleich durchkommen soll. »… er geht nach Auschwitz mit Juden – die kommen jetzt oft.«

Was weiß der Stationsvorsteher, der diesen Satz mit gedämpfter Stimme ausspricht und was versteht der Pastor, der sich auf die Lippen beißt und bereut, gefragt zu haben?

Beide werden von Angst gepackt, beide erschrecken innerlich. Sie wissen also, was los ist. Und sie sind schuldig, weil sie nichts tun. Wir wissen jetzt schon, dass sie nichts tun werden.

Sie sind an ein Tabu gestoßen. An eine der »gelben Linien«, die durch jede Gesellschaft laufen. An den Rand des Unsagbaren.

Gelbe Linien malte einst die rumänische Securitate auf die Straßen, um Orte zu markieren, die man nicht betreten durfte. Schlimmer sind die gelben Linien im Reich des Gedankens: Manche Gegenden dürfen nicht betrachtet werden, manche Bereiche dürfen bei der Analyse der Zusammenhänge nicht in die Überlegungen einbezogen werden. Es ist, wie wenn man beim Erstellen des Wetterberichtes ausklammern müsste, was in bestimmten Gegenden geschieht, wenn etwa die Wetterfrösche nicht wissen dürften, was sich gerade auf den Azoren zusammenbraut.

Man kann diesen Linien im Alltag einer Diktatur manchmal ganz gut ausweichen. »Wo war Euer Problem, es war doch gar nicht so schlimm. Du durftest halt bloß nichts sagen«, haben die Nachbarn von oppositionell eingestellten DDR-Bürgern nach der Wende zu ihnen gesagt. Du duftest halt bloß nichts sagen. Wie wenn man nicht ständig Situationen geschaffen hätte, in denen Du etwas sagen musstest. Wenn Du aber gesagt hast, was man dir gesagt hat, hattest Du schon mitgemacht und warst gebrochen.

Andere Leute wollten widersprechen und konnten es nicht. Wer kennt das nicht? Du konntest die ganze Nacht nicht schlafen, nahmst dir vor etwas zu sagen und konntest es nicht.

Das eben heißt Macht: Gelbe Linien ziehen zu können. Und auf der anderen Seite muss man erst einmal darauf kommen, dass da gelbe Linien sind. Normalerweise hat man schon zu viel gesagt, wenn man überhaupt nur feststellt, dass da gelbe Linien sind. »Bei uns können sie jede Meinung sagen, die erlaubt ist«, heißt es dann. Es geht nicht.

Vor allem aber muss man erst einmal genug nachgedacht oder erlebt haben, um überhaupt auf den Gedanken zu kommen, dass auf der eigenen Seite etwas faul sein könnte. Die Bösen, das sind doch immer die anderen. Das weiß man doch!

Wenn wir von oben herab, in Wirklichkeit: »von unten herab«, über die beteiligten Menschen urteilen, werden wir zu Unmenschen. Wir verstehen die Höhe des Problems nicht und werden unbarmherzig.

Doch begeben wir uns in den Nebel des schlesischen Kriegsweihnachten zurück. Was wissen die Herren? Dass ein Transport mit Juden vorbeifährt, weiß der Pastor, dass sie jetzt öfter vorbeikommen, der Stationsvorsteher. Und sie hören den Namen Auschwitz. Was hören sie, wenn sie Auschwitz hören? Den Namen einer Stadt, die einige hundert Kilometer von ihnen entfernt liegt, also einer Stadt, die man an der Prosna dem Namen nach kennt, wie man auch andere Städte kennt, und von der der Bahnbeamte weiß, dass man jetzt die Juden dorthin bringt. Weiß er, was man dort mit ihnen macht? Genaueres, irgendetwas, was über mit vorgehaltener Hand angedeutete Gerüchte hinausgeht, sicher nicht. Auf irgendwelche seriösen, offiziellen Quellen kann man sich nicht berufen. In der Zeitung steht nichts. Zudem ist Krieg, das heißt dass in der Zeitung andere Dinge stehen, jeden Tag, und alles schreckliche Dinge: Kämpfe, wohl auch schon die ersten Bombenangriffe auf Städte und Zivilisten, schließlich die seitenlangen Listen mit Todesanzeigen … Auschwitz steht nicht isoliert, geschweige denn angeleuchtet. Auf dem großen Bild des Krieges ist es für die damaligen Menschen ein Detail, gut getarnt hinter dessen Getöse. Und was vollkommen außerhalb jeder Wahrnehmung steht, ist das Ausmaß des dort verübten Verbrechens. Davon haben weder der betrunkene Kutscher noch der brave Pastor irgendeine Vorstellung. Dergleichen konnte man sich beim besten Willen nicht vorstellen. Ebenso wenig wie man sich das Unheil vorstellen konnte, das bald darauf über ganz Schlesien hinwegwalzen und das Werk von vielen Jahrhunderten Geschichte auslöschen sollte.

So wissen die Herren also und wissen nicht. Und sie können auch nichts tun. Oder doch?

Einstweilen sind sie ausgefüllt mit dem Elend und der Hoffnung des zu bewältigenden Tages.

Als der Zug ankommt und auf einem Nebengleis anhält, sieht Bragulla gar nichts. Es ist finster. Er hört unterdrücktes Murmeln. Aber er riecht: Der Geruch erreicht einen tieferen Ort unserer Seele, im Guten wie im Bösen unterhalb unseres Verstandes.

Der Teufel, sagt man, und man sagt es aus gutem Grund, stinkt nach Schwefel. Hier ist eher die Gefahr, dass er die anderen stinken lässt, so dass wir sie für die Bösen halten. Und eben das ist das Teuflische.

»Die Sorgen hatten sich aus Schmetterlingen schon wieder in Fledermäuse verwandelt.« Alkoholiker auf Entzug, heißt es, sehen manchmal Ungeheuer aus den Wänden herauswachsen, Ungeheuer wie sie Hieronymus Bosch und Matthias Grünewald auf ihren Bildern gemalt haben. Hier ist es das im Nachlassen des Rausches auftauchende Grauen, das Bragulla in Bewegung bringt und es ist die Suche nach dem Trost von Weihnachten, die ihn dazu bringt, etwas zu tun. Mehr als ein moralischer Appell oder sein Gewissen das vermocht hätten.

Der Gestank, der in der Luft liegt, ist zu unspezifisch. Bragulla will etwas essen. Und als er daran denkt, dass Weihnachten ist, da rührt sich auch sein Mitgefühl für die Kreatur. Auch die Stute Zorno soll am Weihnachtsabend zur Kleie etwas Besseres bekommen. Sie bekommt eine Scheibe Brot.

Dann will er endlich in die Kirche. Bragulla will sich an Weihnachten, aus welchen Gründen auch immer, und sei es nur aus alter Gewohnheit, auf den Weg zu Gott machen, und macht nun die wichtige Erfahrung, dass ihm dieser Trost in seinem Zustand verwehrt ist.

Es ist eine wichtige religiöse Erfahrung, dass der Weg zum Heiligtum verschlossen sein kann. Gott ist eine ernste Angelegenheit. Man vergisst das zu leicht in Zeiten wie den unseren.[61]

4. Die Geburt des Kindes

»Draußen schlugen benagelte Stiefelsohlen auf die Steinplatten.« Der Vorsteher scheint Ärger zu bekommen.

Man führt ihn zu einem der Waggons. Eine Frau hat ein Kind bekommen. Und so ist es paradoxerweise der Leiter des Zuges, der Angst hat, Ärger zu bekommen, von den »Rotkreuzkommissionen«, die »überall schnüffeln«. Die Frau soll in ein Lazarett gebracht werden.

Die aus dem Dunkel auftauchenden »Umrisse der Güterwagen« sind das, was der Bahnhofsvorsteher von dem Transport unmittelbar mitbekommt, dazu »mattblinkende Stahlhelme« und ein »vielstimmiges[s] gedämpfte[s] Murmeln und Stöhnen«, das »gequältes Leben verriet« und das er zu überhören versucht.

Wohin mit der jüdischen Frau? In die Wohnung kann er sie als Staatsbeamter nicht nehmen …

»Ihr Hirten erwacht …«, hört man Gesang aus der Wohnung des Vorstehers. Doch in dieser Herberge ist kein Platz. Platz ist dagegen im alten Wiegeschuppen.

Und so kommt Bragulla, der nicht in die Kirche darf, zu einem wichtigeren Gottesdienst.

Das Tier, die Stute, erfasst schneller als er, was los ist. Dann ist er so weit. Etwas durchschneidet »wie ein Messer alle Dünste seines vernebelten Hirnes«.

---

61 Vgl. Asfa-Wossen Asserate, Manieren, Frankfurt am Main 2003, S. 114.

Kleine Kinder haben in dieser Welt nur eine einzige Waffe, aber eine sehr wirksame. Ihr Schreien dringt tatsächlich durch Mauern … Bragulla geht über den Platz, hinüber zum Wiegeschuppen und dort hört er nun »auch die sanfte und beruhigende Stimme einer Frau.« Selbst im allergrößten Elend und in der allergrößten Verlassenheit wird eine Mutter ihr Kind trösten. Selbst wer gar nichts hat, wer selbst trostlos ist, kann noch andere trösten. In uns allen steckt eine erstaunliche, nicht zu erklärende Kraft der Bejahung des Daseins, finden sich tiefere wasserführende Schichten, die, wenn man sie anbohrt, die lechzende Wüste tränken können. »Alles wird gut«, sagt diese Stimme, auch wenn sie es selbst nicht glaubt, denn es glaubt etwas in ihr, das stärker ist als alle Verzweiflung. Da wo der Verstand aufhört, ist in den Heiligen immer noch mehr Leben als Tod. In der Stimme dieser Mutter, in einer vollkommen aussichtslosen Lage, ist mehr Leben als Tod.

Bragulla konnte nichts tun. Der einsame, betrunkene Lohnkutscher konnte gegen Auschwitz nichts tun. Er war auch nicht schuld an dem, was da geschah. Das ging über seinen Kopf. Aber jetzt erkennt er (nicht irgendein, sondern) »das Kind«. Und er sieht den Stern, nicht über der Krippe, sondern, gelb, auf ihrer Brust.

Bisher war die ganze Szenerie in schwarz-grau-weißes Licht getaucht gewesen, wie die in Oberschlesien geförderte Kohle. Erst hier leuchtet eine wärmere Farbe auf. Das Gelb, gedacht als Farbe der Demütigung – Judas und die Verräter wurden in der mittelalterlichen Farbsymbolik gelb dargestellt –, wird zur Farbe des Lichtes, ähnlich wie sich Christus, gerade in der Verspottung, gegen die Absicht der römischen Soldaten, als König offenbart.

»Er sah die Frau, das Kind und den Stern, er sah das Geheimnis, das größte und tiefste der Welt und das schönste zugleich. Und der Kutscher Bragulla tat, was einzig er konnte, er verneigte sich, neigte sich so tief wie noch nie in seinem Leben.«

Ob er sich wirklich tiefer neigte als je zuvor? Es ist seine Seele, die sich vor dem wirklichen Geheimnis verneigt, ähnlich wie die Last des Kindleins den heiligen Christusträger hinabdrückte. Der – zurecht – Ausgeschlossene findet einen Weg zum Geheimnis der Gottessohnschaft. Die Sehnsucht des Herzens, die von Weihnachten weiß, öffnet sein Herz für die neue Schöpfung.

»Ihr Hirten erwacht«: Die Hirten waren die Ausgeschlossenen, die Armen am Rande der Gesellschaft. In der Antike waren sie zumeist Sklaven. Aber sie sind diejenigen, die das weihnachtliche Gloria zuerst hören. Und sie sehen den »Stern der Unglücklichen.« Ähnlich steht Bragulla, der den Weihnachtsabend allein auf seinem Kutschbock verbringen muss, am Rande. Und seine Zeit ist abgelaufen. Selbst das Pferd ist ein Auslaufmodell.

Es entspinnt sich ein ganz kurzer, fast schon liturgisch-ritueller Dialog zwischen den beiden. »Wer bist du«? Bragulla fragt zunächst einmal nach dem Namen der Frau und macht sie damit aus einer Nummer zu einer Person. Sie antwortet nicht direkt, aber gerade damit doch: »Ich bin eine Jüdin«. Ähnlich hatte auch der Herr dem Moses aus dem Dornbusch geantwortet ohne zu antworten, während er in Wirklichkeit viel mehr getan hatte als dies. Er nannte keinen Namen unter Namen, sondern den Namen, der über allen Namen ist und in dem sich Gott als das große, unfassbare Gegenüber zur Welt offenbart. »Ich gehöre zu diesem Gott«, sagt die Jüdin indirekt, »und ich bin zugleich jemand, den man verfolgt. Da tut mein individueller Name nichts zur Sache, denn ich werde nicht wegen meines persönlichen Seins verfolgt. Aber mein Name ist heilig.«

»Du musst dich nicht fürchten«, sagt Bragulla in Umkehrung der Botschaft der Engel zu dieser Frau aus dem jüdischen Volke. Zu Maria. Und er wird zum heiligen Josef.

»Ich will in dir lassen überbleiben ein arm, gering Volk; die werden auf des Herrn Namen trauen.« (Zef 3,12) Ist Israel mit diesem Prophetenspruch gemeint, das in der äußersten Verfolgung seine Hoffnung nur noch auf Gott setzen kann und auf sonst niemand? Oder ist damit auch der arme Kutscher gemeint, der elend ist in seinem Suff, der aber jetzt wie die Hirten das Wunder erkennt und im Vertrauen auf Gott das einzig Richtige tut? Das sachlich Richtige, denn er kann nicht wissen, welche Folgen seine Tat für ihn selbst haben wird.

»Wohin soll ich dich fahren?« – »Ich weiß nicht«, sagt die Frau und zittert. »Überall ist es schlimm.«

»Alles wird gut«, sagt demgegenüber die Geburt des Kindleins. Auch der Erlöser kommt aus dem Volk der Verfolgten. Er ist der »Stern der Unglücklichen«. Das Kind ist geboren und es ist das Zeichen der Hoffnung schlechthin. »Überall ist es gut, wo das Kind ist«, sagt Bragulla, wahrscheinlich kaum ahnend, was er da sagt. Das Kind wird in dieser Welt verfolgt. Wie Josef vor den Häschern des Herodes nach Ägypten floh, muss auch Bragulla über die Grenze. Er will das Kind zu seinem Bruder bringen.

Nun sieht man einen betrunkenen Kutscher auf dem Weg durch die schweren Regenschauer. Er ist zu betrunken, um selbst fahren zu können, aber das Tier kennt den Weg. »Die Menschen schliefen«[62], aber der Hirt ist erwacht.

Und: »Erhellt ist die Nacht«: Das muss man wörtlich nehmen. Es ist kein Tag. Es ist nur Licht in der Finsternis. Ein Oxymoron.

Warum in aller Welt singt der Kutscher, trunken von Glück? – Weil das Kind, unabhängig von allem anderen, einen Neuanfang setzt. Weil es in allem ausweglosen

62 Vgl. Felix Timmermans, Sankt Nikolaus in Not, a. a. O., S. 7.

Dunkel der Welt ein Zeichen der Hoffnung ist. Und weil Bragulla das Geheimnis von Weihnachten erkennt, das ihm sagt, dass sein Leben, unabhängig von allem anderen, von allem Versagen und aller Sucht, einen Wert hat. Ein für alle Mal. Wenn sein ganzes Leben ein gescheitertes ist, das Leben eines nichtsnutzigen Versagers – hier, in der Stunde der Bewährung, hat er sich bewährt.

Er ist Zeuge der Geburt des Erlösers. Es ist, wie wenn er damals dabei gewesen wäre. In jeder Geburt vollzieht sich aufs Neue das Geheimnis der Menschwerdung, ohne dass wir den Unterschied zur Geburt Christi übersehen wollen.

Ähnlich wie jede heilige Messe das Geschehen der Nacht vor seinem Tod vergegenwärtigt, überspringt diese Geburt die Jahrhunderte: »Heute oder gestern oder vor zweitausend Jahren – darauf kommt es nicht an.«

Nun kann auch für ihn alles gut werden. »Wenn das Herz des Menschen nicht gut ist, dann kann nichts anderes gut werden. Und die Güte des Herzens kann letztlich nur von dem kommen, der die Güte – das Gute – selbst ist.«[63]

Wir wissen nicht, ob die Frau des Bruders auf dem kleinen Hof hinter der Grenze die Hände über dem Kopf zusammengeschlagen hat, als ihr Schwager August mit seiner Last ankam, wir wissen nicht, ob dem Bruder die Angst ins Herz gefahren ist, wir wissen nicht, was aus dem Kind und seiner Mutter geworden ist. Soll es ihm in dieser Welt besser ergangen sein als dem göttlichen Kind, das in der wahren Weihnachtsnacht geboren wurde? Hat man es getauft? Wurde es ein jüdisches oder ein christliches Kind? Ein polnisches Kind oder ein deutsches, das zusammen mit all den anderen wenige Jahre später in die verbliebenen Reste Deutschlands vertrieben

63 Benedikt XVI. / Josef Ratzinger, Jesus von Nazareth, Band I, Freiburg – Basel – Wien 2007, S. 62.

wurde? Wurde es überhaupt groß? Hatte es ein sicheres Versteck? Nichts wissen wir.

Wir wissen auch nicht, wie das Leben des Kutschers weitergegangen ist. Falls er noch ein paar Jahre gelebt hat, wurde er selbst wahrscheinlich in einem Transport im Viehwaggon oder zu Fuß auf der Landstraße nach Westen vertrieben, in eine unbestimmte Zukunft. Ob er jemals irgendwo und lebend auf dieser Erde angekommen ist? Ob er die Frau noch einmal sah, die er gerettet hat? Hat er sie überhaupt gerettet oder wurde sie doch noch aufgegriffen? War sie ihm dankbar und konnte sie ihm den Dank irgendwie erstatten? Hat er für diese Fahrt einen Lohn bekommen? Es ist unwahrscheinlich, dass er auf dieser Erde noch einmal das erfahren hat, was man das Glück heißt. Vermutlich war dieses weihnachtliche Glück seine letzte große Lebensfreude.

Welcher Art also war das Glück, das ihm der Himmel in dieser tristen Weihnachtsnacht geschickt hat, als er in die »unermessliche Weite des Landes« hinausfuhr, ohne Ziel, außer dem, das der Stern, der auf der Brust der Frau prangte, ihm wies? Mit Gütern überhäuft hat er ihn ja gerade nicht … Vielleicht hat er ihn mit etwas Wichtigerem beschenkt, auch wenn das für uns sehr schwer zu sehen ist: »Gott«, schrieb der jüdische, aus Litauen stammende, später in Frankreich lebende Philosoph Emanuel Levinas, »erfüllt mich nicht mit Gütern, sondern drängt mich zur Güte, die besser ist als alle Güter, die wir erhalten können.«[64]

---

64 »Il ne me comble pas de biens, mais m'astreint à la bonté, meilleure que les biens à recevoir.« De Dieu qui vient à l'Idée, Paris 1982, S. 114.

Nikolai Semjonowitsch Leskow: Das Tier

»Auch die Tiere vernahmen das heilige Wort«
Das Leben des heiligen Vaters Sserafim

1

Mein Vater war ein zu seiner Zeit sehr bekannter Untersuchungsrichter. Viele wichtige Straffälle wurden ihm anvertraut, so dass er häufig auf Reisen war und Mutter, mich und die Dienstboten allein zu Hause ließ.

Meine Mutter war damals noch sehr jung, und ich ein kleiner Knabe.

Als die Geschichte, von der ich jetzt erzählen will, passierte, war ich erst fünf Jahre alt.

Winter war es, und zwar ein sehr harter Winter. Die Kälte war so streng, dass die Schafe nachts in den Ställen erfroren und Sperlinge und Dohlen erstarrt auf die hartgefrorene Erde herabfielen. Mein Vater befand sich damals in Amtsgeschäften in Jelez und konnte es nicht einmal ermöglichen, zum Weihnachtstage nach Hause zu kommen, so beschloss denn meine Mutter, zu ihm hinzufahren, damit er an diesem schönen und fröhlichen Festtag nicht einsam sei. Der entsetzlichen Kälte wegen nahm Mutter mich nicht auf die lange Reise mit, sondern ließ mich bei ihrer Schwester, meiner Tante, zurück, die die Frau eines Gutsbesitzers aus dem Orlowschen war, über den die Leute nicht gerade gut sprachen. Er war sehr reich, alt und hartherzig. Bosheit und Unerbittlichkeit waren die hervorstechendsten Züge seines Charakters, aber das bedrückte ihn nicht im Geringsten, im Gegenteil, er prahlte sogar mit diesen Eigenschaften, die seiner Meinung nach ein Ausdruck männlicher Kraft und unbeugsamer Seelenstärke waren.

Und darum versuchte er auch, seine Kinder, unter denen ein Knabe in meinem Alter war, zu der gleichen Männlichkeit und Standhaftigkeit zu erziehen.

Alle fürchteten den Onkel, ich aber fürchtete ihn noch mehr als die anderen, da er auch in mir »Männlichkeit entwickeln« wollte; ich war erst drei Jahre alt, als er mich einmal, während eines furchtbaren Gewitters, vor dem ich große Angst hatte, auf den Balkon sperrte, dessen Türe er verschloss; mit dieser Lehre wollte er mir die Furcht vor dem Gewitter abgewöhnen.

Es ist begreiflich, dass ich in seinem Hause nur ungern und voller Scheu zu Gast weilte, aber ich wiederhole, ich war damals erst fünf Jahre alt, und meinen Wünschen wurde vor dem Zwang so gewichtiger Umstände, wie sie für meine Eltern vorlagen, nicht Rechnung getragen.

2

Auf dem Gut meines Onkels befand sich ein mächtiges steinernes Gebäude, das fast einem Schloss glich. Es war ein anspruchsvoller, aber unschöner, ja sogar hässlicher Bau mit zwei Stockwerken, einer runden Kuppel und einem Turm, von dem man allerhand Schreckliches zu erzählen wusste. Dort hatte einst der wahnsinnige Vater des jetzigen Gutsherrn gelebt, nach seinem Tode aber waren jene Zimmer als Apotheke eingerichtet worden. Auch dieser Umstand wirkte aus irgendeinem Grunde grauenerregend und unheimlich; das Unheimlichste jedoch war, dass oben im Turm über eine runde Fensteröffnung Saiten gespannt waren, so dass sich nun da in der Höhe eine richtige »Äolsharfe« befand. Wenn der Wind durch die Saiten dieses eigenwilligen Instrumentes strich, gab es ebenso unerwartete wie seltsame Töne von sich, die von einem leisen, tiefen Grollen zu unruhigem, unharmonischem Stöhnen übergingen und sich oft in einen rasenden Lärm auflösten, als flögen ganze Scharen von Furcht gehetzter besessener Geister dort vorüber. Niemand im Hause liebte diese Harfe, denn man dachte, sie spräche zu dem gestrengen Hausherrn, dieser aber wage nicht, ihr zu antworten, und werde daher immer unbarmherziger, immer noch grausamer … Denn man hatte schon häufig die Beobachtung gemacht, dass, wenn nachts ein Sturm losbrach und die Harfe so laut tönte, dass ihre Klänge über Park und Teiche bis zum Dorf hinüberflogen, der Herr keinen Schlaf fand, morgens finster und streng aufstand und sogleich einen seiner grausamen Befehle erteilte, der die Herzen seiner zahlreichen Sklaven erbeben machte.

Es gehörte zu den Gewohnheiten seines Hauses, dass keinem jemals eine Schuld verziehen wurde. Dies war ein Gesetz, das niemals abgeändert wurde, weder zugunsten eines Menschen noch eines Tieres, noch irgendeines andern Geschöpfes. Onkel wollte von Barmherzigkeit nichts wissen und schätzte sie nicht, da er sie für Schwäche hielt. Unbeugsame Strenge galt ihm höher als jede Nachsicht. Und darum herrschte sowohl im Hause wie auch in den ausgedehnten Dörfern, die diesem reichen Gutsherrn gehörten, ständig freudlose Niedergeschlagenheit, die von den Menschen nach und nach auch auf die Tiere übergegangen war.

3

Mein verstorbener Onkel war ein leidenschaftlicher Liebhaber der Hetzjagd mit Hunden. Mit seinen Windhunden, die er zu diesem Zwecke hielt, jagte er Wölfe, Hasen und Füchse. Außerdem besaß er in seiner Meute noch eine besondere Art von Hunden, die sogar Bären angingen. Diese Hunde wurden »Blutegel« genannt. Denn sie verbissen sich so in das Tier, dass man sie nicht mehr losreißen konnte.

Es kam vor, dass ein Bär einen »Blutegel«, der sich in ihn verbissen hatte, mit einem Schlag seiner furchtbaren Tatze tötete oder in Stücke riss, aber auch dann kam es niemals vor, dass der »Blutegel« lebend von seinem Gegner abließ.

Heute, da man nur noch Treibjagden veranstaltet oder den Bären mit dem Spieß jagt, scheint die Rasse der Blutegelhunde in Russland ganz ausgestorben zu sein; zu der Zeit aber, von der ich erzähle, fehlten sie bei keiner gut zusammengestellten Jagdkoppel. Damals waren freilich auch die Bären in unserer Gegend noch sehr zahlreich, und eine Bärenjagd galt als großes Vergnügen.

Wenn es gelang, ein ganzes Bärennest auszuheben, so nahm man die Bärenjungen aus der Höhle und brachte sie nach Hause. Hier wurden sie meistens in einem geräumigen Steingelass gehalten, das kleine, unmittelbar unter dem Dach liegende Fenster hatte. Diese Fenster waren ohne Glas und nur mit starken Eisengittern versehen. Es kam gelegentlich vor, dass die Bärenjungen aufeinanderkrabbelten und sich mit ihren kräftigen Krallen an die Eisenstäbe hängten. Nur so konnten sie aus ihrem Kerker in Gottes freie Welt hinausblicken.

Wenn man uns vor dem Essen spazierenführte, gingen wir am liebsten zu diesem Gelass, um die hinter dem Gitter hervorlugenden drolligen Schnäuzchen der kleinen Bären zu betrachten. Unser deutscher Lehrer Kolberg verstand es nämlich, ihnen Brotreste, die wir uns zu diesem Zweck vom Frühstück absparten, auf der Spitze seines Stockes hinzureichen.

Diese Bären zu beaufsichtigen und zu füttern, war das Amt eines jungen Hundewärters namens Ferapont; weil es aber dem einfachen Volk schwerfiel, diesen Namen auszusprechen, nannte es ihn einfach »Chrapon« und am häufigsten »Chraposchka«. Ich kann mich noch gut an ihn erinnern: Chraposchka war ein mittelgroßer, sehr gewandter, kräftiger und kühner Bursche von etwa fünfundzwanzig Jahren. Man hielt ihn für einen hübschen Kerl – mit seinem weißen Gesicht und den rosigen Wangen, seinen schwarzen Locken und den schwarzen, großen, etwas hervorstehenden Augen konnte er wohl auch dafür gelten. Zudem war er außerordentlich kühn. Seine Schwester Annuschka, die die Kinderfrau bei ihren Arbeiten unterstützte, erzählte uns sehr unterhaltende Dinge von seiner Verwegenheit und Waghalsigkeit und von seiner ungewöhnlichen Freundschaft mit den Bären, in deren Zwinger er im Sommer und Winter schlief, wobei sie ihn von allen Seiten zu umringen pflegten und ihre Köpfe auf ihn wie auf ein Kissen legten.

Vor dem Hause des Onkels lag ein großes und rundes Blumenbeet, das von einem bemalten Gitter eingefasst war, dahinter erhob sich ein breites Tor, und diesem Tor gegenüber war ein hoher, gerader und geglätteter Baumstamm inmitten eines Rasendammes eingegraben, den man den »Mastbaum« nannte. Diesen Mast krönte ein kleines Holzgerüst, das allgemein »die Laube« hieß.

Aus der Schar der gefangenen jungen Bären wurde immer der »klügste« herausgesucht, nämlich der, der seinem Charakter nach der gelehrigste und zuverlässigste schien. Dieser wurde von seinen Gefährten getrennt und durfte in Freiheit leben, das heißt, er konnte in Hof und Park frei umherschlendern; doch war es in der Hauptsache seine Aufgabe, am »Mastbaum« vor dem Tore Wache zu stehen. Dort verbrachte denn auch der Auserwählte den größten Teil seiner Zeit, wobei er entweder auf einem Strohlager am Fuße des Mastes lag oder hinauf zu der »Laube« kletterte, wo er am liebsten saß und schlief, da ihn dort weder zudringliche Menschen noch Hunde plagen oder necken konnten.

Ein Leben in solcher Freiheit wurde – wie schon gesagt – keineswegs allen Bären gestattet, sondern nur einigen besonders klugen und gutmütigen, und auch diesen keineswegs für ihr ganzes Leben, sondern nur solange sie nicht ihre tierischen, für das Zusammenleben unbequemen Anlagen hervorkehrten, das heißt solange sie sich friedlich betrugen und weder Hühner, Gänse, Kälber noch Menschen anrührten.

Ein Bär, der die Ruhe der Gutsbewohner störte, wurde sofort zum Tode verurteilt, und nichts auf der Welt vermochte, ihn vor der Vollstreckung dieses Urteils zu bewahren.

4

Das Amt Chrapons war es, jeweils den »gelehrigen Bären« auszuwählen. Da er mehr als alle anderen Leute mit den Bären Umgang hatte und überdies als großer Kenner ihrer Wesensart galt, so wurde naturgemäß er allein mit dieser Aufgabe betraut. Er musste freilich auch die Verantwortung tragen, falls er eine ungeschickte Wahl traf, – doch hatte er gleich beim ersten Mal für diese Rolle einen ungewöhnlich begabten und klugen Bären gefunden, der einen seltsamen Namen erhielt, sonst hießen in Russland die Bären allgemein »Mischka«, diesem aber verlieh man den spanischen Namen »Sganarell«. Schon fünf Jahre hatte er in voller Freiheit gelebt und noch keine einzige »Unart« begangen. Wenn man nämlich von einem Bären sagte, dass er »unartig« geworden sei, so bedeutete es, dass er durch einen Überfall oder etwas Ähnliches seine tierische Natur erwiesen hatte.

Der »Unartige« wurde dann zunächst in die »Grube« gesperrt, die sich auf einer großen Wiese zwischen der Tenne und dem Wald befand, und erst nach einiger Zeit auf die Wiese herausgelassen (er kletterte selbst an einem Pfahl empor), um hier von »jungen Blutegeln« (den halberwachsenen jungen Bärenhunden) gehetzt zu werden. Vermochten die jungen Hunde das Tier nicht zu fassen und schien die Gefahr naheliegend, dass es schließlich in den Wald entkommen könne, dann warfen sich zwei der besten Jäger auf ihn, die mit auserlesenen Koppeln erfahrener Hunde in einem Reserveversteck lauerten, und damit war die Sache meistens zu Ende.

Wenn jedoch auch diese Hunde so ungeschickt waren, dass der Bär durchbrechen und die »Insel« (das heißt den Wald), hinter der sich das weite Forstgebiet von Brjansk erstreckte, erreichen konnte, so trat ein eigens für diesen Zweck ausersehener Schütze mit einem langen und schweren Kuchenreutherschen Stutzen hervor, legte diesen zum Zielen »auf die Gabel« und sandte dem Bären die tödliche Kugel nach.

Noch niemals war es vorgekommen, dass ein Bär all diesen Gefahren entronnen war, und allein die Vorstellung der Folgen, die ein solcher Fall nach sich ziehen musste, war schrecklich: jedem einzelnen der Schuldtragenden drohte tödliche Bestrafung.

5

Sganarells Verstand und seine Solidität waren die Ursache davon, dass das eben geschilderte Vergnügen einer Bärenhinrichtung nun schon seit fünf Jahren nicht mehr vorgekommen war.

Sganarell war während dieser Zeit herangewachsen und ein riesiges Tier von ungewöhnlicher Kraft, Schönheit und Gewandtheit geworden. Mit seiner stumpfen runden Schnauze und seinem ziemlich schlanken Körper sah er eher einem kolossalen Pudel als einem Bären ähnlich. Sein Hinterteil war mager und mit kurzem glänzendem Fell bedeckt, Schultern aber und Nacken waren stark entwickelt und mit langen Zotteln behangen. Sganarell war auch klug wie ein Pudel und konnte einige für ein Tier seiner Art merkwürdige Kunststücke: er lief zum Beispiel geschickt und leicht auf den Hinterbeinen, wobei er mit dem Bauch und Hintern wackelte, schlug die Trommel und marschierte wie ein Soldat mit einem großen bemalten Stock, der wie ein Gewehr zugeschnitten war, aber es bereitete ihm auch großes Vergnügen, mit den Bauern zusammen die schwersten Säcke zur Mühle zu schleppen, und ferner hatte er gelernt, sich mit eigenartigem Chic, was überaus lächerlich wirkte, eine hohe spitze Bauernmütze, die mit einer Pfauenfeder oder einem Strohwisch in der Form eines Federbusches verziert war, auf den Kopf zu stülpen.

Doch auch ihm nahte das Verhängnis – auch in Sganarell brach die wilde Natur durch. Kurz bevor ich im Hause meines Onkels ankam, hatte der ruhige Sganarell rasch hintereinander mehrere Dummheiten begangen, von denen die eine immer schwerer war als die andere.

Die Reihenfolge der verbrecherischen Taten war genau die gleiche wie bei seinen Vorgängern: als Auftakt riss er einer Gans den Flügel ab; darauflegte er einem Füllen, das hinter der Mutter herlief, die Pratze auf den Rücken und zerbrach ihm dabei das Rückgrat, und endlich erregten ein alter Blinder und dessen Führer sein Missfallen, und Sganarell wälzte sie im Schnee hin und her, wobei er ihnen freilich Hände und Füße sehr zerquetschte. Der Blinde und sein Führer wurden ins Krankenhaus gebracht, Chrapon jedoch erhielt Befehl, Sganarell abzuführen und in die Grube zu setzen, aus der nur ein Weg wieder herausführte – der *zur Hinrichtung* …

Am Abend erzählte uns Anna, während sie mich und meinen gleichaltrigen Vetter auskleidete, dass sich, als Sganarell zur Grube gebracht wurde, in der er bis zum Vollzug der Todesstrafe bleiben sollte, unendlich rührende Szenen abgespielt hatten. Chrapon hatte Sganarell nicht den üblichen schmerzhaften Ring durch die Schnauze gezogen und auch sonst nicht die geringste Gewalt angewendet, sondern nur gesagt: »Komm mit, Tier!«

Da war der Bär sogleich aufgestanden und mitgegangen, wobei noch etwas besonders Lächerliches vorfiel – Sganarell hatte gerade seine Mütze mit dem Strohbusch auf und hielt außerdem den ganzen Weg bis zur Grube Chrapon umarmt, als wären sie zwei Freunde.

Und Freunde waren sie wohl auch wirklich.

6

Chrapon tat Sganarell sehr leid, aber er hatte keinerlei Möglichkeit, ihm zu helfen. Ich erinnere daran, dass in dem Hause, wo diese Begebenheit stattfand, keinem jemals die geringste Verfehlung verziehen worden war, und so musste denn Sganarell wohl, da er sich kompromittiert hatte, seine Späße unter allen Umständen mit grausamem Tode bezahlen.

Die Hetze auf ihn sollte für die Gäste, die sich zur Weihnachtszeit im Hause meines Onkels zusammenfanden, eine Nachmittagsunterhaltung bilden. Der Befehl dazu wurde den Jägern zur gleichen Zeit übermittelt, da Chrapon den schuldigen Sganarell abführte und in die Grube sperrte.

7

Die Bären wurden auf ziemlich einfache Art in die Grube gesteckt. Die Mündung oder Öffnung der Grube wurde gewöhnlich mit leichtem Reisig, das auf zerbrechlichen Latten lag, überdeckt und das Ganze mit Schnee zugescharrt. Dies tat man, damit der Bär nicht vorzeitig die Falle, die man ihm verräterisch gestellt hatte, entdecken konnte. Das gehorsame Tier wurde zu diesem Platz geführt und vorwärtsgetrieben. Es machte einen oder zwei Schritte und stürzte unversehens in die tiefe Grube, aus der zu entkommen unmöglich war. Hier saß der Bär, bis die Zeit der Hetze gekommen war. Dann stellte man in die Grube einen etwa sieben Ellen langen Balken schräg hinein, und eilfertig kletterte der Bär natürlich an diesem Balken hoch. Und nun setzte die Hetze ein. Wenn jedoch das scharfsinnige Tier Unheil witterte und nicht herauskommen wollte, so zwang man es dazu, indem man mit langen Stangen, die scharfe eiserne Spitzen hatten, nach ihm stach, brennendes Stroh in das Loch hinabwarf oder aus Gewehren und Pistolen blinde Schüsse abgab.

Chrapon hatte Sganarell abgeführt und auf die übliche Weise in sein Gefängnis gestoßen, war dann aber völlig verstört und tief betrübt nach Hause zurückgekehrt. Unglücklicherweise erzählte er seiner Schwester, wie »liebreich« das Tier ihm gefolgt wäre und wie es sich, nachdem es durch das Reisig in die Grube gestürzt, unten hingekauert, die Vorderpfoten wie Hände bittend gefaltet, und dazu gestöhnt habe, gleichsam als weine es.

Ferner gestand Chrapon Anna, dass er, so schnell er nur konnte, von der Grube fortgelaufen sei, um nur nicht mehr das klägliche Stöhnen Sganarells hören zu müssen, da dieses Klagen ihm weh täte und seinem Herzen unerträglich wäre.

»Gott sei Dank«, fügte er hinzu, »dass nicht ich auf ihn zu schießen brauche, falls er ausreißen sollte, da ja andere Leute dazu bestimmt worden sind. Lieber würde ich, wenn mir das befohlen würde, alle Qualen ertragen, als auf ihn schießen.«

8

Anna erzählte es uns, und wir erzählten es dem Erzieher Kolberg, Kolberg aber erzählte es wiederum dem Onkel, um ihn zu unterhalten. Onkel hörte ihn an und sagte nur: »Braver Kerl, dieser Chraposchka!«, und klatschte darauf dreimal in die Hände.

Das bedeutete, dass der Onkel seinen Kammerdiener Ustin Petrowitsch herbeirief, ein altes Männchen aus der Schar der französischen Gefangenen von 1812.

Ustin Petrowitsch, oder eigentlich Justin, erschien in seinem sauberen lila Frack mit silbernen Knöpfen, und Onkel gab Befehl: Morgen bei der Hetzjagd auf Sganarell sei Phlegont, der berühmteste Schütze, der noch nie einen Fehlschuss getan, der eine Jäger, der aus dem Hinterhalt auf den Bären zu schießen habe, der andere aber Chraposchka. Offenbar wollte der Onkel an dem schwierigen Widerstreit von dessen Gefühlen seinen Spaß haben. Denn natürlich harrte seiner schwere Strafe, wenn er sich weigerte, auf Sganarell zu schießen, oder gar versuchte, absichtlich falsch zu zielen, obwohl Sganarell auch dann noch nicht entwischen konnte, da ihn Phlegont, der noch nie einen Fehlschuss getan, seinerseits bestimmt tödlich traf.

Ustin verbeugte sich und ging hinaus, um den Befehl weiterzugeben, wir Kinder aber begriffen sogleich, dass wir Unheil angerichtet hatten, und fühlten, dass mit all diesem etwas ungemein Schweres verknüpft war, von dem Gott allein wissen konnte, wie es enden würde. So vermochten wir weder dem Weihnachtsmahl, das, da es Abend- und Mittagessen zugleich war, ziemlich spät eingenommen wurde, Geschmack abzugewinnen, noch konnten die spät nachts eintreffenden Gäste, die zum Teil sogar ihre Kinder mitbrachten, unser Interesse fesseln.

Wir bemitleideten Sganarell und bemitleideten Ferapont und waren außerstande zu entscheiden, welcher von beiden uns mehr leid täte.

Wir beide, das heißt, ich und mein gleichaltriger Vetter, warfen uns noch lange in unseren Bettchen hin und her. Erst spät schliefen wir ein, schrien jedoch bisweilen in unruhigem Schlaf auf, da uns beiden im Traum der Bär erschien. Und als die Kinderfrau uns damit trösten wollte, dass man ja jetzt den Bären nicht mehr zu fürchten brauche, da er in der Grube sitze und morgen getötet werden sollte, wurde ich von noch größerer Unruhe ergriffen.

Ja, ich wollte sogar von der Kinderfrau wissen, ob es erlaubt sei, für Sganarell zu beten? Diese Frage war für das religiöse Verständnis der Alten zu hoch, und sie erwiderte gähnend und dabei über dem Mund das Kreuz schlagend, dass sie darüber nichts Sicheres wisse, da sie noch nie den Geistlichen danach gefragt habe, dass aber auf jeden Fall auch der Bär ein Geschöpf Gottes sei und mit in der Arche Noah gewesen wäre.

Die Erinnerung an die Arche Noah ließ in mir den Gedanken aufleben, dass Gottes grenzenlose Barmherzigkeit sich nicht einzig auf die Menschen erstrecke, sondern auch auf alle anderen Geschöpfe, und gläubig, wie nur Kinder sind, kniete ich in meinem Bettchen nieder, barg das Gesicht in die Kissen und betete zu Gott, er möge in seiner Allmacht meine heiße Bitte nicht übel anrechnen und Sganarell verschonen.

9

Der Weihnachtstag brach an. Festtäglich gekleidet gingen wir mit unsern Erziehern und Bonnen zum Morgentee. Außer zahlreichen Verwandten und Gästen befand sich im Saal auch die Geistlichkeit: der Priester, der Diakonus und zwei Küster.

Als der Onkel eintrat, stimmten die Geistlichen »Christ ist geboren« an. Darauf gab es Tee, danach einen kleinen Imbiss, und frühzeitig, gegen zwei Uhr, wurde das Feiertagsmahl eingenommen. Denn gleich nach dem Essen sollte die Hetzjagd auf Sganarell stattfinden. Dieses durfte nicht aufgeschoben werden, da es ja um diese Jahreszeit früh dunkelt; eine Hetzjagd in der Dunkelheit aber ist unmöglich, weil der Bär sich dann nur zu leicht den Blicken entziehen kann.

Alles geschah so, wie es angeordnet worden war. Unmittelbar nach Tisch wurden wir umgekleidet, weil auch wir der Hetze auf Sganarell zuschauen sollten. Man zog uns unsere warmen Hasenpelzchen an und die zottigen Stiefel aus Ziegenwolle mit runden Sohlen, und bald darauf saßen wir auch schon in unserem Schlitten.

Zu beiden Seiten der Auffahrt harrten bereits die übrigen zahlreichen langen und geräumigen Troikaschlitten, die mit gestickten Teppichen bedeckt waren, und hier stand auch, von zwei Stallburschen am Zügel gehalten, das englische Reitpferd des Onkels, eine Fuchsstute, die den Namen »Modedame« führte.

Wir brauchten nicht lange auf den Onkel zu warten, er kam in seinem Fuchspelz, auf seinem Kopf war eine Mütze aus dem gleichen Fell; kaum saß er im Sattel, über den ein schwarzes Bärenfell mit Brust- und Schweifriemen, die reich mit Türkisen und »Schlangenköpfchen« verziert waren, gebreitet lag, als sich auch schon der ganze mächtige Zug in Bewegung setzte. Nach zehn oder fünfzehn Minuten hatten wir den Ort der Hetze erreicht und stellten uns im Halbkreis auf. Die Schlitten wurden so postiert, dass sie sich mit halber Wendung dem weiten, ebenen, mit Schnee bedeckten Felde zurichteten, das von eine Kette berittener Jäger eingefasst und in der Ferne vom Walde begrenzt wurde.

Dort am Waldrande aber lagen hinter Büschen die Verstecke oder vielmehr die Hinterhalte, in denen sich Phlegont und Chraposchka zu verbergen hatten.

Diese Verstecke waren nicht zu sehen; einige Eingeweihte jedoch machten uns auf die kaum zu bemerkenden »Gabeln« aufmerksam, auf die die Schützen das Gewehr auflegen sollten, wenn sie auf Sganarell schössen.

Ebenso war auch die Grube, in der der Bär saß, nicht zu sehen, und so wandten wir unsere Augen unwillkürlich den schmucken Reitern zu, die verschiedenartige, aber schöne Waffen um die Schultern gehängt trugen: schwedische Strabusen, deutsche Morgenraths, englische Mortimer und Warschauer Kolletts.

Vor der Kette hielt der Onkel auf seinem Pferd. Man reichte ihm die Leine, an der zwei der schärfsten »Blutegel« zusammengekoppelt waren, und legte an den Bogen seines Sattels ein weißes Tuch.

Die Zahl der jungen Hunde, die ihre Fähigkeiten an dem zum Tode verurteilten Missetäter Sganarell üben sollten, war sehr groß, alle trugen ein äußerst überhebliches Gehaben zur Schau und verrieten heiße Ungeduld, die eigentlich auf mangelhafte Dressur deutete. Sie winselten, bellten und sprangen so zwischen den Pferden herum, dass ihre Koppeln in Unordnung gerieten; die uniformierten Piköre aber hoch zu Ross knallten in einem fort, um die jungen, vor Ungeduld außer Rand und Band geratenen Hunde zum Gehorsam zu bringen. Und alles kochte vor Verlangen, sich auf das Tier zu stürzen, dessen Nähe die Hunde mit ihrer angeborenen scharfen Witterung natürlich längst entdeckt hatten.

Der Augenblick war da, Sganarell aus der Grube zu lassen und den Hunden preiszugeben!

Der Onkel winkte mit dem weißen Tuch, das auf seinem Sattel lag, und sagte: »Los!«

10

Aus der Schar der Jäger, die den Stab des Onkels bildeten, entfernten sich ihrer zehn und schritten querfeldein.

Nach etwa zweihundert Schritten blieben sie stehen und holten aus dem Schnee einen langen, wenn auch nicht sehr dicken Balken, den wir bis jetzt der Entfernung halber nicht hatten sehen können.

Das geschah gerade neben der Grube, in der Sganarell saß, die wir aber, weil wir so weit entfernt hielten, bisher ebenfalls noch nicht wahrgenommen hatten.

Der Balken wurde aufgehoben und das eine Ende sogleich in die Grube hinuntergelassen. Er wurde in einem schiefen Winkel hineingestellt, so dass das Tier ohne

Schwierigkeit auf ihm wie auf einer Leiter herausklettern konnte.

Das andere Ende des Balkens lag auf dem Rand der Grube und ragte etwa um Armlänge darüber hinaus. Gespannt verfolgten aller Augen diese vorbereitende Operation, da nun der allerinteressanteste Moment bald kommen musste. Man erwartete, dass Sganarell sofort herausklettern würde, aber er begriff offenbar, worum es sich handelte, und wollte um keinen Preis heraus.

Nun begann man, Schneeballen in die Grube hinabzuwerfen und mit eisenbeschlagenen Stangen nach dem Tier zu stechen, man hörte sein Brüllen, aber es verließ das Loch nicht. Es knallten blinde Schüsse, mit denen man es aufscheuchen wollte: Sganarell brüllte nur noch zorniger, zeigte sich jedoch ebenso wenig wie zuvor.

Plötzlich jagte eine einfach mit einem einzigen Pferd bespannte Mistfuhre, auf dem ein Haufen trockenen Roggenstrohs lag, im Galopp an uns vorbei.

Das Pferd war hochbeinig und dürr, eines von denen, die man nur noch dazu gebraucht, Futter von der Tenne zu fahren, allein trotz seiner Magerkeit und seines Alters galoppierte es mit erhobenem Schweif und gesträubter Mähne. Es war freilich schwer zu entscheiden, ob seine jetzige Lebhaftigkeit ein Überrest ehemaligen Jugendfeuers, oder ob sie vielleicht nur die Folge der Angst und Verzweiflung war, die die Nähe des Bären dem alten Gaul einflößte.

Offenbar war das letztere wahrscheinlicher, denn das Pferd war nicht nur mit der eisernen Trense aufgezäumt, sondern auch noch mit einem scharfen Strick, der seine altersgrauen Lefzen schon ganz blutig gerissen hatte. Das Pferd machte wilde Sprünge und wollte verzweifelt seitwärts ausbrechen, so dass der Stallbursche vollauf zu tun hatte, ihm mit dem Strick den Kopf in die Höhe zu zerren und gleichzeitig mit der anderen

Hand seinen Rücken unbarmherzig mit der Peitsche zu bearbeiten.

Wie dem auch immer war, das Stroh wurde in drei Haufen geteilt, angezündet und von drei Seiten aus zu gleicher Zeit brennend in die Grube geworfen. Von der Flamme unberührt blieb einzig die Stelle des Grabenrandes, aus der der Balken herausragte. Ein betäubendes, rasendes Brüllen erscholl, in dem etwas wie Stöhnen mitklang, allein ... allein der Bär erschien immer noch nicht ...

Ein Gerücht drang bis zu unserer Kette: Sganarell wäre bereits ganz »versengt«, er hielte die Augen mit den Pfoten bedeckt und hatte sich flach in einem Winkel an den Boden gepresst, so dass man ihn »nicht mehr zwingen könne, herauszukommen.«

Das Arbeitspferd mit den zerrissenen Lefzen jagte wieder im Galopp zurück ... Alle glaubten, dass eine neue Ladung Stroh geholt werden solle. Vorwurfsvolles Murmeln wurde unter den Zuschauern laut: Warum hätten die Veranstalter der Jagd nicht rechtzeitig dafür gesorgt, dass ein genügender Vorrat an Stroh bereitlag? Onkel ärgerte sich und schrie etwas, was ich bei dem Lärm, der jetzt unter den Leuten entstand, dem immer lauter werdenden Winseln der Hunde und dem Knallen der Hetzpeitschen nicht vernehmen konnte.

Aber in alledem lag doch eine gewisse Stimmung, und alles fügte sich irgendwie gut aneinander; schon jagte das Arbeitspferd, ausschlagend und schnaubend, wieder zur Grube, in der Sganarell lag, zurück, aber dieses Mal führte es kein Stroh mit sich: auf dem Schlitten saß jetzt Ferapont.

Der Befehl, den Onkel voll Zorn gegeben hatte, lautete, dass Chraposchka selbst in die Grube hinabsteigen und selbst seinen Freund zur Hetze *herausführen* solle.

11

Und nun war Ferapont an Ort und Stelle. Er schien sehr erregt zu sein, aber er handelte fest und entschlossen. Ohne auch nur im Geringsten dem Befehl seines Herrn zu widerstreben, nahm er vom Schlitten den Strick, mit dem vorher das Stroh zusammengebunden gewesen, und knotete ihn um eine Einkerbung am oberen Ende des Balkens. Den so befestigten Strick nahm er fest in die Hände und ließ sich an ihm längs des Balkens langsam in die Grube hinab ...

Das schreckliche Brüllen Sganarells verstummte und ging in dumpfes Knurren über.

Es klang, als beklage sich das Tier bei seinem Freunde über die grausame Behandlung, die ihm die Menschen zuteilwerden ließen; und dann verstummte auch das Knurren, und es herrschte völlige Stille.

»Er umarmt Chraposchka und leckt ihn ab!«, rief da einer der Leute, die neben der Grube standen.

Einige der Zuschauer, die sich in den Schlitten befanden, seufzten auf, andere runzelten die Stirn.

Vielen tat der Bär bereits leid, und es war augenscheinlich, dass sie kein rechtes Vergnügen mehr verspürten, der Hetze beizuwohnen. Diese zunächst noch flüchtigen Eindrücke wurden aber plötzlich von einem Ereignis verstärkt, das noch unerwarteter war und noch mehr zu rühren vermochte.

Aus der Öffnung der Grube tauchte wie aus dem Schlund der Unterwelt der Lockenkopf Chraposchkas mit seiner runden Jagdmütze auf. Er kletterte in der gleichen Weise herauf, in der er sich hinuntergelassen hatte, das heißt, Ferapont stemmte die Füße gegen den Balken, indem er sich an dem oben festgebundenen Strick in die Höhe zog. Aber Ferapont stieg nicht allein empor: neben ihm trottete, in enger Umarmung mit ihm und die große zottige Pratze auf seine Schulter gelegt, Sganarell heraus. Der Bär war schlecht gelaunt und schien gar nicht unternehmungslustig zu sein. Abgehärmt und erschöpft, und, wie es schien, nicht so sehr von körperlichen Leiden als von der starken moralischen Erschütterung, erinnerte er lebhaft an König Lear. In seinen finster blickenden blutunterlaufenen Augen brannte Zorn und Unwillen. Und wie bei König Lear war sein Haar zerzaust und stellenweise versengt, und hier und da klebten Strohhalme darin. Und zu allem übrigen hatte Sganarell, gleich jenem unglückseligen Gekrönten, ebenfalls etwas wie eine Krone bei sich. Vielleicht um Ferapont seine Liebe zu beweisen, vielleicht aber auch nur rein zufällig trug er die Mütze unterm Arm, die ihm Chraposchka geschenkt und die Sganarell mitgenommen hatte, als er in die Grube gestoßen wurde. Der Bär hatte die Gabe seines Freundes aufbewahrt und jetzt, da sein Herz in der Umarmung des Freundes für einen Augenblick Ruhe gefunden hatte, holte er, kaum dass er wieder festen Boden unter den Füßen fühlte, die arg verknüllte Mütze unter dem Arm hervor und setzte sie sich auf den Scheitel …

Viele mussten bei diesem Anblick lachen, vielen jedoch bereitete er Qual. Und einige wendeten sich sogar eilig ab, um das Tier, dessen schlimmes Ende nun so nahe bevorstand, nicht mehr sehen zu müssen.

12

Während sich dies alles zutrug, heulten die Hunde und tobten wild und waren nicht mehr zum Gehorsam zu zwingen. Selbst die ermahnenden Schläge der Hetzpeitsche blieben ohne Wirkung. Als die Blutegel und die jungen Hunde Sganarell erblickten, stellten sie sich heiser heulend und knurrend auf die Hinterbeine und erwürgten sich fast mit ihren ledernen Halsriemen; Chraposchka aber jagte unterdessen bereits wieder auf seinem Schlitten dem Versteck am Waldrande zu. So war denn Sganarell wiederum allein und stand da und zerrte ungeduldig mit der Tatze, um die sich zufällig der von Chraposchka weggeworfene Strick, dessen eines Ende immer noch an den Balken gebunden war, geschlungen hatte. Das Tier wollte sich offenbar rasch aus der Schlinge lösen oder den Strick zerreißen, um seinem Freunde nachzueilen, aber trotz seiner besonderen Klugheit hatte der Bär eben doch nur die Geschicklichkeit eines Bären, und so bekam denn Sganarell die Schlinge nicht auf, sondern zog sie nur immer fester zusammen.

Als Sganarell sah, dass die Sache nicht nach Wunsch ging, begann er heftig an dem Strick zu zerren, um ihn zu zerreißen, aber der Strick war fest und riss nicht, der Balken aber wurde dabei aus seiner Lage gerissen und stand nun senkrecht in der Grube. Er sah sich um, im gleichen Augenblick aber sprangen ihn zwei Blutegel, die man soeben losgekoppelt hatte, an, und der eine von ihnen schlug noch im Sprung die scharfen Zähne in seinen Nacken.

Sganarell war so sehr mit dem Strick beschäftigt gewesen, dass er nichts dergleichen erwartet hatte, und schien im ersten Augenblick weniger erzürnt als vielmehr verblüfft über diese Frechheit zu sein; als jedoch nach einer halben Sekunde der Blutegel losließ, um sich fester zu verbeißen, holte er mit der Tatze aus und schleuderte ihn mit zerfetztem Leib von sich. Die herausquellenden Eingeweide färbten den Schnee im Nu blutig, den anderen Hund aber zertrat im gleichen Augenblick die Hinterpranke des Bären ... Weit schrecklicher jedoch und noch unerwarteter war das, was derweilen mit dem Balken geschah.

Als Sganarell jene heftige Bewegung mit der Tatze machte, um den Blutegel, der sich verbissen hatte, von sich abzuschleudern, riss er mit der gleichen Bewegung den fest an den Strick gebundenen Balken aus der Grube, und dieser sauste waagerecht durch die Luft. Dadurch straffte sich der Strick, und der Balken flog um Sganarell herum wie um eine Achse und beschrieb mit seinem anderen Ende einen Kreis im Schnee, zerschmetterte jedoch schon bei seinem ersten Umschwung nicht etwa zwei oder drei Hunde, sondern eine ganze Koppel herbeistürzender Hunde und tötete sie sofort. Einige winselten noch und wühlten mit den Pfoten im Schnee, die anderen aber blieben nach diesem Purzelbaum regungslos am Boden liegen.

13

Entweder war das Tier klug genug, um zu begreifen, welch gute Waffe ihm hier zur Verfügung stand, oder der Strick schnitt sich schmerzhaft in seine Pratze, kurz, es brüllte dumpf auf, packte den Strick mit der Tatze und schwang ihn mit solcher Kraft herum, dass der Balken emporflog und mit der Pratze, die den Strick hielt, eine horizontale Linie bildete und zu summen begann, wie ein stark wirbelnder riesengroßer Kreisel. Alles, was in seinen Bereich geriet, musste unbedingt in Trümmer zerschmettert werden. Wenn aber der Strick an irgendeiner Stelle schadhaft war und etwa riss, so musste der abspringende, in zentrifugaler Richtung dahinsausende Balken sicherlich sehr weit, und Gott weiß wohin, fliegen und auf seiner Bahn alles, was sich ihm in den Weg stellte, unfehlbar vernichten.

Alles, Menschen, Pferde und Hunde, auf der ganzen Linie und soweit sich die Kette ausdehnte, war in furchtbarer Gefahr, und jeder von uns wünschte natürlich, der Sicherheit seines Lebens halber, dass der Strick, an dem Sganarell seine riesige Schleuder kreisen ließ, sich als fest erweisen möge. Aber was konnte geschehen, wenn das nicht der Fall war!

Niemand, außer wenigen Jägern und den beiden Schützen, die am Waldrande in ihren Verhauen saßen, zeigte auch nur die geringste Lust, die gefährliche Entscheidung abzuwarten. Das gesamte Publikum, das heißt, alle Gäste und auch die Hausgenossen des Onkels, die als Zuschauer sich zu dieser Lustbarkeit eingefunden hatten, fand an dem Vorgang, der sich hier abspielte, nicht das geringste Vergnügen mehr. In panischem Schrecken befahlen alle den Kutschern, so schnell wie möglich die gefährdete Stelle zu verlassen, und bald jagte alles, sich drängend und einander überholend, in entsetzlicher Unordnung zum Hause zurück. Bei dieser übereilten und ungeordneten Flucht gab es unterwegs mehrere Zusammenstöße, Schlitten stürzten um, hie und da erklang Gelächter, und alle waren voller Schrecken. Die aus dem Schlitten Gestürzten nahmen an, der Balken habe sich bereits losgerissen und sause über ihren Köpfen dahin, andere wieder dachten, das wildgewordene Tier hetze ihnen nach.

Als die Gäste das Haus erreicht hatten, konnten sie endlich zur Ruhe kommen und sich erholen, die wenigen aber, die an Ort und Stelle der Hetzjagd zurückgeblieben waren, mussten etwas noch weit Schrecklicheres erblicken.

14

Es war ausgeschlossen, die Hunde noch einmal auf Sganarell zu hetzen. Denn es war klar, dass er mit seiner schrecklichen Waffe, dem Balken, der ganzen großen Menge der Hunde Herr werden konnte, ohne selbst die geringste Gefahr zu laufen. Der Bär ging nämlich, immer seinen Balken schwingend und sich selbst im Kreise drehend, auf den Wald zu, in dem der Tod auf ihn lauerte, denn hier saßen ja in ihren Verstecken Ferapont und der nie fehlende Phlegont.

Eine gutgezielte Kugel könnte alles schnell und sicher erledigen.

Aber das Schicksal begünstigte Sganarell in erstaunlicher Weise und schien das Tier, da es sich schon einmal in seine Angelegenheiten eingemischt hatte, um jeden Preis retten zu wollen.

Im gleichen Augenblick nämlich, als Sganarell sich in gleicher Höhe mit den Schneewällen befand, hinter denen, auf ihren Gabeln ruhend, die Mündungen der Kuchenreutherschen Stutzen auf ihn gerichtet waren, riss plötzlich der Strick, an dem der Balken immer noch kreiste ... und wie der Pfeil vom Bogen schnellt, so flog der Balken nach der einen Richtung, indes der Bär, das Gleichgewicht verlierend, hinstürzte und kopfüber nach der anderen Seite purzelte.

Vor denen, die auf dem Felde zurückgeblieben waren, rollte sich nun ein neues, schreckliches und sehr lebensvolles Bild ab: der Balken hatte die Gabeln um gerissen und ebenso den Schneewall, hinter dem das Versteck Phlegonts lag, war dann über diesen hinweg geschnellt und mit dem einen Ende in einer abgelegenen Schneewehe steckengeblieben; Sganarell aber hatte inzwischen keine Zeit verloren. Nach drei oder vier Purzelbäumen geriet er ausgerechnet hinter den Schneewall Chraposchkas ...

Sganarell erkannte seinen Freund sofort, blies ihn aus seinem heißen Rachen an und begann ihn mit der Zunge abzulecken, doch da krachte von der Seite Phlegonts her ein Schuss ... und der Bär floh in den Wald; Chraposchka aber ... fiel besinnungslos nieder.

Man hob ihn auf und untersuchte ihn: die Kugel hatte den Arm durchschlagen, aber man fand in der Wunde auch einige Bärenhaare.

Phlegont büßte den Ruf, der beste Schütze zu sein, durch diesen Fehlschuss nicht ein, denn er hatte den Schuss übereilt und ohne Gabelstütze, also ohne die Möglichkeit, genau zielen zu können, abgegeben. Außerdem war die Dämmerung inzwischen hereingebrochen, und endlich waren der Bär und Chraposchka zu nahe beieinander gewesen ...

Unter solchen Umständen musste auch dieser Fehlschuss noch als bemerkenswerte Leistung angesehen werden.

Trotz alledem – *Sganarell war entkommen*. Ihm am gleichen Abend noch nachzusetzen, war ein Ding der Unmöglichkeit; bis zum nächsten Morgen aber wurde der Sinn dessen, dessen Wille hier allen Gesetz war, vollkommen geändert und gleichsam von einem Wunder erleuchtet.

15

Nachdem die Jagd, wie geschildert, mit solchem Misserfolg geendet hatte, kehrte der Onkel nach Hause zurück. Er war zornig und noch strenger als gewöhnlich. Und bevor er noch an der Freitreppe vom Pferde stieg, gab er schon den Befehl, am nächsten Tage bei Tagesanbruch sogleich die Spur des Tieres aufzunehmen und es einzukreisen, damit es auf keinen Fall entweichen könne.

Es war ja klar: Wäre die Jagd richtig geleitet gewesen, hätte sie naturgemäß ganz andere Resultate ergeben müssen.

Voll Bangen erwartete man seine Anordnungen, was mit dem verwundeten Chraposchka geschehen solle. Alle waren der gleichen Meinung, dass er Fürchterliches zu erwarten habe. Denn zum mindesten traf ihn deswegen Schuld, weil er es versäumt hatte, Sganarell sein Jagdmesser in die Brust zu stoßen, als dieser bei ihm war, und stattdessen ihn völlig unbeschädigt aus seiner Umarmung gelassen hatte. Außerdem bestand starker und allem Anschein nach auch begründeter Verdacht, dass Chraposchka mit Überlegung so gehandelt und im entscheidenden Moment absichtlich nicht die Hand gegen seinen zottigen Freund erhoben habe, um ihm dadurch zur Freiheit zu verhelfen.

Der allen bekannte Freundschaftsbund zwischen Chraposchka und Sganarell verlieh diesen Vermutungen große Wahrscheinlichkeit.

Dies war nicht nur die Ansicht aller Jagdteilnehmer, sondern auch die Meinung der Gäste.

Wir lauschten den Gesprächen der Erwachsenen, die sich gegen Abend im großen Saal versammelten, wo für uns nun die Lichter auf dem reichgeschmückten Tannenbaum angezündet wurden, und wir teilten die allgemeinen Vermutungen und die allgemeinen Befürchtungen über das Los, das Ferapont erwartete.

Zunächst jedoch gelangte aus dem Vorzimmer, durch das der Onkel von der Freitreppe aus zu »seiner Flucht« geschritten war, das Gerücht in den Saal, dass in Bezug auf Chraposchka noch keine Befehle erteilt worden seien.

»Ist das wohl ein gutes Zeichen, oder nicht?«, flüsterte jemand, und bei der allgemeinen bedrückten Stimmung drang dieses Flüstern tief in jedes Herz.

Auch Pater Alexej, ein alter Dorfgeistlicher mit dem Bronzekreuz aus dem Jahre 1812, vernahm es. Der Alte seufzte nur und sagte gleichfalls flüsternd: »Betet zu Christus, der heute geboren ward.«

Und bei diesen Worten bekreuzigte er sich, und alle, die im Saale weilten. Erwachsene und Kinder, Herren und Diener, folgten seinem Beispiel. Und es geschah zur rechten Zeit.

Denn noch hatten wir die Hände nicht gesenkt, da öffneten sich weit die Flügeltüren, und einen Stock in der Hand trat der Onkel herein. Seine zwei Lieblingswindhunde begleiteten ihn und der Kammerdiener Justin. Der letztere trug auf einem silbernen Tablett das weiße Tuch und die runde Tabatiere mit dem Bildnis Pauls des Ersten.

16

Für den Onkel stand inmitten des Zimmers auf einem kleinen persischen Teppich vor dem Christbaum ein Voltairesessel bereit. Schweigend ließ er sich darauf nieder und schweigend nahm er von Justin das Tuch und die

Tabatiere entgegen. Und sogleich legten sich auch die beiden Hunde zu seinen Füßen und steckten ihre langen Schnauzen vor.

Onkel trug einen blauseidenen Stepprock mit in Flachstich aufgenähten Litzen und weißen Filigranspangen, die mit großen Türkisen verziert waren. In der Hand hielt er einen dünnen, aber festen Stock aus natürlichem kaukasischen Vogelkirschholz.

Dieses Stöckchen leistete ihm jetzt gute Dienste, denn während der Panik in den Minuten der allgemeinen Flucht hatte die glänzend zugerittene »Modedame« gleichfalls den Kopf verloren, war ausgebrochen und hatte das Bein ihres Reiters empfindlich an einen Baum gepresst.

Onkel fühlte nun starken Schmerz in diesem Bein und hinkte sogar ein wenig.

Dieser neue Umstand war natürlich nicht dazu angetan, gute Empfindungen in seinem erbitterten und zornigen Herzen zu erwecken. Und auch das war falsch, dass wir alle beim Eintritt des Onkels jäh verstummten. Wie die meisten misstrauischen Menschen konnte er das nicht vertragen, und darum beeilte sich Pater Alexej, der ihn gut kannte, die Sache, so gut es ging, zubessern, indem er das unheilverkündende Schweigen brach.

Da wir Kinder gerade einen Kreis um ihn bildeten, wandte sich der Geistliche mit der Frage an uns: Ob wir wohl den Sinn des Liedes »Christ ist geboren« auch ganz verstünden? Und da zeigte es sich, dass nicht nur wir Kinder, nein, auch die Erwachsenen wenig genug davon begriffen. Nun begann der Priester uns die Worte »lobpreiset«, »rühmet« und »erhebet euch« zu erläutern, und als er bei der Bedeutung dieses letzteren Wortes angelangt war, kam auch über seinen Geist und sein Herz sanft »die Erhebung«. Und er sprach von der heiligen Gabe, die auch heute noch wie zu »jener Zeit« selbst der Ärmste zur Krippe des »geborenen Kindleins« bringen dürfe, kühner noch und auch würdiger als Gold, Myrrhen und Weihrauch der Weisen des Altertums. Diese Gabe sei unser Herz, geläutert von seiner Lehre. Der Alte sprach von der Liebe, von der Vergebung und von der Pflicht eines jeden, Freund wie Feind, »im Namen Christi« Gutes zu tun … Und ich glaube, dass in jener Stunde seinen Worten die Kraft der Überzeugung innewohnte … Wir alle verstanden, worum es ging, und wir alle lauschten mit einem eigenen Gefühl, wir beteten gleichsam, dass seine Worte ihr Ziel erreichen möchten, und vielen von uns zitterten an den Wimpern gute Tränen …

Plötzlich fiel etwas zu Boden … Es war der Stock des Onkels … Man reichte ihm diesen, aber er rührte ihn nicht an: Er saß still da, ein wenig zur Seite geneigt, seine Hand hing über die Lehne des Sessels herab und spielte geistesabwesend mit einem großen Türkis von einer Schnalle seines Rockes … Und jetzt ließ er auch diesen fallen … aber diesen … diesen beeilte sich niemand mehr aufzuheben.

Alle Augen hingen an seinem Gesicht. Etwas Ungewöhnliches geschah: *Er weinte*!

Sanft schob der Priester uns Kinder zur Seite, trat auf den Onkel zu und hob schweigend die Hand zum Segen. Der Onkel richtete das Gesicht auf, ergriff die Hand des Alten und küsste sie ganz unerwartet vor uns allen und sagte leise: »Danke!«

Dann blickte er Justin an und ließ Ferapont rufen.

Dieser erschien, bleich und mit verbundenem Arm.

»Hierher!«, befahl ihm der Onkel und zeigte mit der Hand auf den Teppich vor seinem Sessel.

Chraposchka trat näher und fiel auf die Knie.

»Steh auf … erheb dich!«, sagte der Onkel, »ich verzeihe dir.«

Und wieder warf Chraposchka sich ihm zu Füßen.

Mit nervöser und erregter Stimme begann nun der Onkel: »Du hast das Tier geliebt, wie nicht jeder die

Menschen zu lieben vermag. Du hast mich dadurch gerührt und mich an Großmut übertroffen. Ich will dir eine Gnade erweisen: Ich schenke dir den Freibrief und hundert Rubel auf den Weg. Geh, wohin du willst.«

»Ich danke, ich will nirgend wohin gehen«, rief Chraposchka.

»Was?«

»Ich will nirgend wohin gehen«, wiederholte Ferapont.

»Was willst du denn?«

»Für Ihre Gnade will ich Ihnen aus freiem Willen noch getreulicher dienen, als ich es aus Zwang getan habe.«

Des Onkels Augen begannen heftig zu zucken, er drückte mit der einen Hand sein weißes Seidentuch auf sie, während er den andern Arm, sich vorbeugend, um Ferapont legte ... und da verstanden wir alle, dass wir uns zu erheben hätten, und wir verhüllten ebenfalls unsere Augen ... Wie schön war es zu fühlen, dass hier etwas zum Ruhme des höchsten Gottes geschehen sei und dass an Stelle des finsteren Schreckens nun der Friede in Christi Namen mit seinem Duft den Raum erfüllte.

Auch im Dorf, wohin die Kessel mit Dünnbier geschickt worden waren, ließ sich alsbald die Wirkung des bei uns eingekehrten Geistes Christi spüren. Freudenfeuer wurden angezündet, und alle Leute waren heiter und sprachen scherzend zueinander. »Bei uns ist nun geschehen, dass auch das Tier Christi Ruhm in der heiligen Stille verkündet.«

Sganarell wurde nicht weiter verfolgt. Ferapont bekam, wie es ihm versprochen worden war, seinen Freibrief, trat bald darauf an die Stelle Justins und war dem Onkel nicht nur ein treuer Diener, sondern auch ein treuer Freund bis an sein Lebensende. Seine Hände drückten dem Onkel die Augen zu, und er bestattete ihn in Moskau auf dem Wagankowschen Friedhof, wo auch noch heute dessen Grabmal steht. Dort, zu seinen Füßen, ruht auch Ferapont.

Blumen bringt ihnen freilich jetzt niemand mehr, aber in den Schlupfwinkeln und Vorstadtlöchern Moskaus gibt es auch heute noch Leute, die sich gut an den hochgewachsenen weißhaarigen alten Herrn erinnern, der stets wie durch ein Wunder in Erfahrung zu bringen wusste, wo wirkliches Leid zu finden war, und sich entweder selbst zur rechten Zeit einstellte oder zum mindesten seinen braven Diener mit den etwas vorstehenden Augen schickte, und zwar nie mit leeren Händen.

Diese beiden guten Menschen, von denen man noch viel erzählen könnte, waren mein Onkel und sein Ferapont, dem mein Onkel im Scherz einen Spitznamen gegeben hatte: Er nannte ihn *»den Bändiger des Tieres«*.

Interpretation

1. Das Tier

Leskows Geschichte heißt schlicht: »Das Tier«. Ohne Zusatz. Aber gerade dadurch kommt das besonders deutlich zum Ausdruck, was Tier für uns bedeutet: Nicht einfach ein Lebewesen unter uns, irgendwo zwischen Mensch und Pflanze, sondern ein uns ganz ähnliches und doch ganz anderes, Schrecken einjagendes, bedrohliches Geschöpf. Die alte Urangst vor den wilden Tieren, vor denen sich unsere Vorfahren fürchten mussten, die der Mensch jagte, die aber auch ihn jagten, von denen er lebte, und von denen es lebte, die wilden Tiere, die nur Schneewittchen nicht zerrissen, dem Menschen an körperlicher Kraft und Geschicklichkeit meist weit überlegen (und doch ausgeliefert), wild, ungebärdig, ohne oder nur von geringer Vernunft: Das ist das Tier.

Die Tiere finden sich in der freien Natur, abseits unserer Siedlungen, das ist die eine Seite. Die andere ist das Tier in uns, das Tierhafte, Tierische oder, platonisch, griechisch gesprochen, der Thymos: Unser naturwüchsiger Antrieb, unser Motor, der Kessel von Trieben und Leidenschaften, aber auch von natürlichem Verhalten, das instinktiv zum eigenen Überleben notwendig ist. Das Tier in uns, das ist unser Hunger, unsere Gier, unser fleischliches Begehren, das sind der Zorn, die Wut und die Grausamkeit. Diese Triebe, das ist ihnen allen gemeinsam, stellen eine ungebändigte, ungerichtete Urkraft dar: Sie tun, was sie wollen und sie gehorchen uns nicht oder nur widerstrebend und mit Mühe: Wir müssen das Tier bändigen.

Aber, daran erinnert uns die Erzählung gleich zu Anfang: »Auch die Tiere vernahmen das heilige Wort«: Der Ruf der Erlösung richtet sich auch an unsere Verwandten. Die Bibel drückt diese enge Verbindung im 1. Schöpfungsbericht (Gen, 1,1–2,4a) so aus, dass die großen Landtiere ebenfalls am sechsten Schöpfungstag geschaffen sind wie wir, nämlich auf einer Stufe, dass aber Gott vor der Erschaffung des Menschen noch einmal eine Marke setzt: »Lasst uns Menschen machen« (Gen 1, 26): Wir sind doch noch einmal etwas anderes, bei aller Nähe.

Leskows Geschichte ist eine Geschichte der großen Nähe, ja der Freundschaft von Mensch und Tier. Es ist erstaunlich, dass Mensch und Tier befreundet sein können und dass diese Freundschaft den ontologischen Graben zwischen beiden Arten des Lebens verkleinert. Man wird trotz allem Tieren noch keine Personalität zubilligen können. Zu groß ist der Abstand, zu viel fehlt ihnen. In erster Linie fehlt eines, wie ich meine, wenngleich man hier auch andere Kriterien finden könnte und die

Gültigkeit der Unterscheidung nicht von diesen Kriterien abhängt: Ein Tier ist kein ζῷον λόγον ἔχον (zôon lógon échon), also wörtlich übersetzt kein »Tier, das Sprache hat«[65], und das hat hier vor allem die Bedeutung, dass es keine Rechenschaft geben und dass es nichts versprechen kann.[66] Der zweite wesentliche Unterschied ist, dass es keine Biographie hat: Es lebt zu sehr im Augenblick. Es wäre aber denkbar, dass auch gewisse Tiere – fähig, das heilige Wort zu hören – getroffen von diesem Ruf, eines Tages wie einst unsere tierischen Vorfahren die Schwelle zum Personsein überschreiten: Wie weit haben sich nicht die Hunde, die schon seit Zehntausenden von Jahren mit Menschen zusammenleben, von den Wölfen entfernt, im Guten wie im Schlechten? Werden sie eines Tages vollends »aufwachen«?[67]

Manchmal sind die Tiere den Menschen auch in geistlicher Hinsicht überlegen: Im Buch Numeri[68] steht die herrliche Geschichte vom Propheten Bileam, der nach Israel zieht, um das Volk zu verfluchen, dem aber der Herr entgegentritt, so dass er das Volk zuletzt entgegen seiner ursprünglichen Absicht segnet. Aber wo der Mensch »schwer von capé« ist, erkennt das Tier sofort, was los ist. Bileams Esel spürt die Gegenwart Gottes und wirft sich zu Boden. Die Schläge, die er dafür kassiert, sind nicht die einzigen Prügel, die die klugen Esel für ihr störrisches Verhalten von Menschen bezogen haben. Jedenfalls braucht Bileam länger, das richtige Wort zu vernehmen. Aber auch Bileams Esel bleibt ein Tier. Und wenn es die Stimme Gottes vernahm, so geschah das nicht mit der *ratio*, sondern mit dem richtigen Gefühl,

65 Aristoteles, Politik 1253a 2.

66 Es ist insofern treuer als der Mensch, als es aus diesem Grund ein Versprechen auch nicht brechen kann.

67 Vgl. Roger Scruton, Bekenntnisse eines Häretikers, Lüdinghausen – Berlin 2019, S. 29–46.

68 Kapitel 22–24.

sozusagen mit dem Bauchgefühl. Oder dürfen wir schon sagen mit dem Herzen?[69]

2. Das Untier

Leskows Geschichte erschien im Jahre 1883. Damals war der Autor 52 Jahre alt. Wenn man ihm glaubt, dass er hier Selbsterlebtes wiedergibt[70], spielt die Geschichte im Jahre 1836, also im 11. Jahr der Herrschaft Zar Nikolaus' I., des Zaren, der nach dem Trauma des Dekabristenaufstands beim Antritt seiner Herrschaft im Jahre 1825 eisern nicht nur an der Autokratie, sondern auch am System der Leibeigenschaft festhielt. Seinem Nachfolger, Alexander I., dem »Zar(en) Befreier«, blieb es vorbehalten, das System im Jahre 1861 abzuschaffen. »Das Tier« spielt also in der »guten alten Zeit«, im alten Russland der Gutsbesitzer.

Aber Leskow ist kein Sozialreformer. Er trauert den alten Verhältnissen nicht nach, klagt sie aber auch nicht an, weil er weiß, dass die Wandlung zum Guten nicht aus der Gewalt hervorgehen wird und kann.[71] Die Revolution

69 Das Tier spürt, was los ist, es lässt sich vom Verstand nicht ablenken und täuschen, ist andererseits der Vernunft nicht zugänglich.

70 Sie spielt in seiner Heimat, im Gouvernement Orel, sein Vater war Beamter, das passt dazu. Außerdem ist bekannt, dass Leskow einen Teil seiner Kindheit auf dem Gut seines Onkels Strachow verbrachte – dieser Name enthält übrigens das russische Wort für Angst (= страх – strach) und passt insofern perfekt zu unserer Geschichte.

71 Mit dieser Feststellung will ich die russischen Intellektuellen nicht von dem Vorwurf freisprechen, sie hätten ihrerseits zu wenig auf die strukturellen Probleme des russischen Staatswesens geachtet und die russische Ordnung idealisiert, vgl. Robert Pipes, Rußland vor der Revolution. Staat und Gesellschaft im Zarenreich, München 1984. Vgl. z. B. S. 262 zu Nikolaj I. Nowikow: Er war der »Überzeugung, dass die Menschheit nur durch die Besserung des Menschen gebessert werden könne. Er stellte niemals die autokratische Regierungsform, ja

musste er nicht mehr erleben. Hätte er sie erlebt, wäre es ihm wohl kaum anders ergangen als vor ihm Kassandra, der Apoll die Gabe der Prophetie verliehen hatte, freilich mit der schrecklichen Beschränkung – sie hatte ihn abgewiesen –, dass niemand auf sie hören werde.[72]

Noch also ist die Leibeigenschaft Fakt. Auf dem Gut des Onkels, auf dem die Geschichte spielt, ist sie uneingeschränkt in Kraft. Der Onkel ist vorrevolutionär wie ein Löwe, der zuschlägt, wenn es ihm passt, oder eben auch nicht – wenn es ihm so gefällt, ähnlich dem Fürsten Salina aus dem Roman »Der Leopard« des Tommaso di Lampedusa. Auf jeden Fall muss er in seiner Machtausübung auf niemanden Rücksicht nehmen.

»Power tends to corrupt«, schrieb der große katholische Engländer Lord Acton, »absolute power corrupts absolutely«.[73] Auf dem Gut des Onkels zeigt sich die Leibeigenschaft besonders drastisch, sind Mensch und Tier der Gewalt ausgeliefert. »ἐστὶ κακὸν ἐξουσία (estì kakòn exousía)«, möchte man mit Eunapios von Sardeis sagen, »die Macht ist böse«.[74] Aber das ist ein Spezifikum *aller* Gesellschaft. Der Unterschied besteht darin, dass die alten Zeiten die Komplexität der Verhältnisse durch die Tyrannis eines Einzelnen reduzierten.

Und es ist, abgesehen von der Familie des Herrn, eine sehr arme Welt, die aber doch eine Ahnung vom Guten und von der Schönheit hat: wie jede Welt.

Aber wie ist es, ein Fünfjähriger zu sein, wenn die Welt, in der man lebt, nicht nur groß ist, sondern von

---

nicht einmal die Institution der Leibeigenschaft in Frage. Diese Einstellung, die das Gewicht auf den Menschen und nicht auf seine Umwelt legte, wurde zum Kennzeichen des russischen Konservativismus.« Vgl. auch zu den Slawophilen S. 273ff.

72 Ähnlich erging es dem vergilischen Laokoon, Vergil, Aeneis II, 40–233.

73 Lord Acton an M. Creighton, 5.4.1887.

74 Fragment 48.

einem Tier beherrscht wird, das tyrannisch über alle herrscht und allen Angst macht? Ein Grundvertrauen ist da, aber auch die Angst des *kleinen* Herzens: Und Angst fühlt sich in jedem Herzen gleich an!

Der Onkel, bei dem Nikolaj, so nennen wir ihn jedenfalls, die Weihnachtstage eines eiskalten Winters verbringt, war »sehr reich, alt und hartherzig«, böse und unerbittlich. Und er ließ seine Macht auch die Kleinen spüren.

Wie wird man so? Die Frage brauchen wir hier nicht weiter zu erörtern, aber es ist doch bemerkenswert, dass auch dieser Mann sich dabei offensichtlich nicht schlecht fühlte. Vielmehr verstärkte er seinen seelischen Habitus dadurch, dass er seine schlechten Eigenschaften als Ausdruck männlicher Kraft und Seelenstärke las.

Was braucht ein kleines Kind in dieser großen Welt am Dringendsten? Es muss Vertrauen bilden. Und das wird es umso mehr tun können, je behutsamer es an die Herausforderungen herangeführt wird. Denn daran herangeführt werden muss es. Viel leichter als diesen Weg zu gehen, ist es freilich, jemanden einzuschüchtern, ihn abzuhärten und so zum Guten zu zwingen. Wer, wie der Onkel, einen Fünfjährigen bei Gewittern auf den Balkon sperrt, um ihn daran zu gewöhnen, wird vermutlich eher das Gegenteil erreichen und ihm eine lebenslange Angst vor Blitz und Donner einjagen – oder seine Seele so abschrecken, dass sie verhärtet und für keinerlei zarte Empfindungen mehr aufgeschlossen ist.[75]

Wie ist der Onkel erzogen worden?

---

75 Ein trauriges Gegenbeispiel liefert Dostojewskij in seinen »Aufzeichnungen aus einem Totenhause«, Frankfurt am Main 1986 (1860–62), S. 259ff. in der Gestalt des Kalmücken Alexander, der die 4.000 (!) Stockschläge, zu denen er verurteilt worden war, nur ertragen konnte, weil er an dergleichen von Jugend an gewöhnt war.

Die düstere Gestimmtheit des Ortes wird vor allem durch die Äolsharfe manifest, die über ein Fenster des Turmes gespannt war. Sie ist selbst ein Bild des Tieres: Musik ohne musikalischen Sinn, unberechenbar und willkürlich. Denn der Wind weht, wo er will. Und so wird ihr ungeordnetes Treiben von allen als Ausdruck der Irrationalität des Thymos wahrgenommen und der Plötzlichkeit der Ausbrüche von Raserei, die über den Onkel kamen, ohne ihn Erlösung und Frieden finden zu lassen.

Der Gerechtigkeit des Onkels korrespondiert das vollkommene Fehlen jeder Art von Barmherzigkeit. Niemandem wurde jemals eine Schuld verziehen. Und wenn es das Wesen von Heiligen ist, dass sie um sich herum konzentrische Paradieseskreise ziehen, die jeden anstecken, der sich darauf einlässt, wachsen um den Onkel herum Höllenkreise der Angst, die sogar, ganz orientalisch empfunden,[76] die Tiere infizieren.

Der Onkel repräsentiert also in seinem Wesen nicht den allmächtigen Gott, dessen Wesen ja gerade die für uns nicht zu durchschauende Verbindung größter Gerechtigkeit und größtmöglicher Barmherzigkeit darstellt, sondern den Fürsten dieser Welt.

Und er findet in seinem Wesen eine Entsprechung in den sogenannten Blutegeln, in eigens für die Tierhetze gezüchteten Bluthunden, die eher sterben als je von einem Gegner abzulassen.

Einen gewissen Kontrast zu dieser Grausamkeit bildet auf den ersten Blick die Schilderung der jungen Bären, die man auf dem Gut des Onkels in einem Verließ hielt, wenn diese bei einer Bärenjagd gefangengenommen wurden. Sie sind süß, mit »drolligen Schnauzen«. Aber auch sie können nur aus ihrem Kerker »in Gottes

76 Ich habe hier u.a. das gemeinsame Fasten von Mensch und Tier im Ninive des Propheten Jona vor Augen, Jona 3,7.

freie Welt hinausblicken«. Die Welt unter dem Tyrannen ist keine freie Welt.

Aber es gibt eine Ausnahme: Der jeweils klügste Bär durfte, unter Aufsicht des Hundewärters Ferapont bzw. Chrapon oder Chraposchka, am »Mastbaum« vor dem Tor Wache schieben, sich im Übrigen in Hof und Park frei bewegen. Diese Freiheit nahm indes ein jähes Ende, sobald in ihnen die tierischen Anlagen hervortraten. Störte ein Bär die Ruhe der anderen Gutsbewohner, wurde er zum Tod verurteilt »und nichts in der Welt vermochte, ihn vor der Vollstreckung dieses Urteils zu bewahren.«

3. Freundschaft

Der Bärenfreund Ferapont hatte mit Sganarell, der sonderbarerweise einen spanischen Namen trug, einen Glücksgriff getan: Volle fünf Jahre durfte dieser friedliche Bär in Freiheit leben. Und in dieser Zeit entwickelte sich eine ungewöhnliche Freundschaft zwischen Mensch und Tier. Doch auch hier brach irgendwann die tierische Natur durch und so wurde auch Sganarell für das »Vergnügen« einer Bärenhinrichtung bestimmt.

Ein merkwürdiges Vergnügen sollte das sein und es ist Anlass, ein wenig darüber nachzudenken. Was ist der Mensch für ein Wesen, dass er Vergnügen am Quälen von Tieren findet, am Quälen der Schwächeren! Oder ist es umgekehrt? Ist es die Freude daran, das als stärker und als unheimlich empfundene Tier besiegt zu haben und die Erleichterung, diesen Triumph auszukosten? Ist es unsere Angst vor dem Tod, die wir hier auf andere abschieben? Kämpfen wir hier gleichsam gegen den Tod selbst? Das Empfinden bei öffentlichen Schaukämpfen wie bei den römischen Gladiatoren, später das Schauspiel öffentlicher Hinrichtungen mit ihrem Gejohle – wenn auch unser Wort Gala nicht von Galgen kommt –, war offenbar immer sehr tief, aber auch unaussprechlich, da es, weit mehr als ein bloßes Vergnügen zu sein, den Menschen in eine Auseinandersetzung mit Jagderfolg und Sieg und Macht und Schuld hineinzog, aber auch mit seiner eigenen Verwundbarkeit.[77]

Und die Freude am Quälen des Tieres? »Es sind ja nur Tiere!«, sagen wir. Aber eben doch Tiere. Ein Stück Holz können wir nicht quälen, nur ein empfindendes Wesen.

Frühere Zeiten nahmen Tiere im Allgemeinen ernster als wir. Undenkbar heute Veranstaltungen wie die spätmittelalterlichen Mäuseprozesse, bei denen den Mäusen vor der Verhängung der Strafe zum Beispiel des Ersäufens ein förmlicher Prozess gemacht wurde, nach dem sie feierlich zum Verlassen der Felder aufgefordert wurden, widrigenfalls die erwähnte Strafe auf sie wartete.[78] Oder bei den alten Persern die grausame Hinrichtung von Pferden, die ihren Reiter abgeworfen hatten.[79] Heute würden wir sagen: »Das ist doch nur ein Tier, es kann doch nichts dafür.« Aber wenn man jemanden einer Strafe für würdig erachtet, nimmt man ihn ernst. Tiere waren in derartigen Zeiten also noch »jemand«.[80]

---

77 Zu diesem Aspekt der römischen Gladiatur vgl. bes. das Buch von Flaig, Egon, Ritualisierte Politik, Göttingen 2003.

78 Ein besonders berühmtes Beispiel ist der Glurnser Mäuseprozess von 1519. Vgl. Deutsche Alpensagen. Gesammelt und herausgegeben von Johann Nepomuk Ritter von Alpenburg, Wien 1861, Nr. 247.

79 Diese Überlieferung ist mir nur durch den historischen Roman von Artur Swerr, Arzt der Tyrannen. Das Leben des größten praktischen Arztes der Antike, München 1961, S. 261f., bekannt, der den griechischen Arzt Demokedes von Kroton (ca. 550–460 v. Chr.) zum Vorbild hat.

80 Im Buch Exodus (21,28–32) findet sich die Bestimmung, »stößige« Rinder zu töten. – Andererseits möchte ich darauf hinweisen, dass diesbezügliche Überlieferungen fast immer unsicher und umstritten sind oder ihren Grund in besonderen Umständen haben.

Für den kleinen Nikolai hatte die Hinrichtung des Bären Sganarell gar nichts von einem Vergnügen an sich, nur das Entsetzen über die Grausamkeit der Welt, deren Zeuge er nun werden sollte. Abends, beim Auskleiden, berichtet er dem Kindermädchen Anna, Chrapons Schwester, von den rührenden Freundschaftsbeweisen zwischen Mensch und Tier: Chrapon selbst hatte die Aufgabe erhalten, den Bären in die Grube zu führen. Diese arglose Tat führte nun zu ernsten Konsequenzen, da die Begebenheit weitererzählt wurde und schließlich zum Onkel gelangte, der ein besonderes Gefallen an der Idee fand, den Freund des Bären persönlich mit der Aufgabe zu betrauen, an dessen Hinrichtung mitzuwirken und ihn ggf. zu erschießen. So gerieten die Kinder in große Schuld, ohne doch etwas dafür zu können: Ihr unbedachtes Ausplaudern hatte den Stein ins Rollen gebracht.

Aus der großen Not des kindlichen Herzens entstand eine sehr ernste theologische Frage: Ist es erlaubt, für Tiere beten? Die Antwort der Kinderfrau ist ein echtes Apophthegma: Diese Frau, bar jeder theologischen und sonstigen Bildung, überdies nur beiläufig und gelangweilt auf die Frage eingehend, gibt in ihrer Antwort eine große Wahrheit preis, die vielleicht gerade deshalb groß ist, weil sie die Sicht des einfachen gläubigen Volkes wiedergibt und weil die Weisheit der vielen bekanntlich größer ist als das, was sich einer allein ausdenkt: Sie wisse darüber nichts Sicheres, weil »sie noch nie den Geistlichen darüber gefragt habe«, der Bär sei aber auf jeden Fall »auch ein Geschöpf Gottes und mit in der Arche Noah gewesen.«

Diese Antwort ist geeignet zu erklären, was es bedeutet, die Bibel beim Wort zu nehmen. Denn zweifellos hatte diese einfache Frau kein historisch-kritisches Bewusstsein. Aber sie war eben auch keine Fundamentalistin moderner Prägung, die sich die Arche Noah konkret ausmalte und ihre Existenz mit historischen Methoden beweisen wollte. Sie interessierte sich nicht für die »Logistik der Arche Noah«. Und so tat sie das einzig Richtige: Sie blieb nicht an der Außenseite kleben, sondern verwendete die Geschichte wie eine Brille. Sie sah mit ihr und durch sie hindurch auf die Wirklichkeit. Und das bedeutet in diesem Fall: Wir sitzen alle in einem Boot, Tiere und Menschen leben gemeinsam in einer Wirklichkeit, unter einem Himmel, ungeachtet aller Trennlinien. Und so gelangt sie zur völlig richtigen Auskunft: Natürlich darfst du für den Bären beten!

»Christ ist geboren«: Der Weihnachtstag beginnt mit der Verkündigung der Geburt Christi, also mit der Verkündigung einer transzendent-immanenten Wahrheit: auf der einen Seite einer Wahrheit *über* dieser Welt, nicht Teil des Geschehens, überdies, wenn man sie als punktuelles Geschehen betrachtet, schon so lange her, dass man ihr die Relevanz für das Heute gerne absprechen möchte. Auf der anderen Seite einer Wahrheit gerade dieser, unserer Welt: Er ist für uns geboren, er kommt herab zu uns … Der Himmel wird Wirklichkeit.

Auch auf dem Gut des Onkels?

Hier wäre nun Platz für eine kleine Polemik gegen die orthodoxe Kirche: Die Popen stehen machtlos neben der politischen Macht, sie feiern ihren Ritus ohne weitere Folgen für die sonstige Welt, für die sozialen und politischen Realitäten, sie machen mit anstatt zu widersprechen und so bleibt's beim Hokuspokus: Nicht einmal gegen das blutige und ganz und gar nicht weihnachtliche Vergnügen der Bärenhinrichtung haben sie etwas einzuwenden. Und Weihnachten wird zu einem Fest zugleich der Liebe und des Gemetzels. Lassen wir das einstweilen so stehen.

4. Öffentliche Hinrichtung

Es folgt die ausführliche Schilderung des Rituals der Bärenhinrichtung, zu der ich hier nicht viel sagen muss. Ich beschränke mich auf einzelne Beobachtungen:

Da ist die kochende Wut der Bluthunde: Sie kennen nichts anderes als die Gier, den Bären zu zerreißen, vergessen darüber sogar die Gefahr für ihr eigenes Leben. Auch hier zeigt sich das Tier. Und doch soll man nicht vergessen: Diese vom Menschen gezüchteten Hunde handeln auf dessen Befehl.

Dann sieht man die Intelligenz des Bären: Er erkennt instinktiv, was los ist. Das Bauchgefühl, der »Riecher« des Tieres, ist dem des Menschen in vielerlei Hinsicht überlegen.

Und genau zu beobachten ist das allmähliche Umkippen der Stimmung bei den Betrachtern: Der Bär selbst mit seinem kindlich-drolligen Verhalten, aber auch mit seiner Angst, ja Verzweiflung, nimmt die Leute für sich ein. Die angesichts dessen besonders stark empfundene Grausamkeit der Jagdmethoden, die Spieße, das Feuer, die Wahrnehmung des tierischen Elends angesichts der klapprigen Mähre mit den blutenden Lefzen: Das zu sehen, ist eben doch kein rechtes weihnachtliches Vergnügen, wenn auch einige dabei lachen. Aber auch das hat nicht viel zu bedeuten: Aus welchen Gründen lacht man nicht alles!

Mehr als alles andere das Beispiel der Freundschaft zwischen Mensch und Tier. »*Verba docent, exempla trahunt*«[81]: Was die Leute mehr als alles andere bewegt, ist es zu sehen, wie Bär und Mensch in inniger Umarmung angesichts des nahen Todes aus der Grube herauskommen. Sie entkommen gleichsam dem natürlichen Ort des Todes, um ein ganz andersgeartetes Schicksal

81 »Worte lehren, Beispiele ziehen mit sich.«

zu erleiden: Der Mensch soll leben, der Bär sterben. Der blutige Tod kommt, die Freundschaft zu zerreißen.

Was die Menschen bewegt, ist das Beispiel. Es ist wie der Unterschied von Altem und Neuem Testament, kein Gegensatz, sondern eine Fortführung. Was dort gelehrt wurde, wird nun vollendet, wo es hieß »Liebe deinen Nächsten wie dich selbst« (Lev 19, 18), heißt es nun: »Liebet einander, wie ich euch geliebt.« (Joh 13,34)

Als dann Sganarell mit dem kreisenden Balken über eine gefährliche Waffe verfügt, kehrt sich die allgemeine Stimmung in offene Panik. Die Gäste stürmen in chaotischem Durcheinander in die Sicherheit des Hauses zurück. Und die Katastrophe passiert: Sganarell entkommt.

5. Die Bändigung des Tieres

Was nun folgt, ist so ungewöhnlich und so unwahrscheinlich, dass der Vorwurf des Unwahrscheinlichen, ja Kitschigen gegenüber Leskow nicht ausbleiben konnte. Während alles vor dem Donnerwetter zittert, erscheint der Onkel verwandelt. Leskow baut die Spannung mustergültig auf, die Predigt des Popen, das Gebet, vor allem aber »der dünne, aber feste Stock aus natürlichem kaukasischem Vogelkirschholz«. Ein sehr konkret gezeichnetes Detail, das den Eindruck der Authentizität und Echtheit der Erinnerung verstärkt.[82] Umso merkwürdiger, dass Leskow im Text die Auflösung der Situation vorwegnimmt.

82 Warum kaukasisches Kirschbaumholz, warum nicht einfach Stock? – Peter Handke wurde einmal gefragt, warum er von Germbrocken schreibe und nicht von Hefekrümeln. Seine Antwort: »Es waren eben Germbrocken«. So sah er sie in seiner Erinnerung auf dem Tisch liegen und so ähnlich wird es bei Leskow gewesen sein. Das ist die »historische« Wahrheit der Geschichte. Vgl. Mario Wandruszka, Die Mehrsprachigkeit des Menschen, München 1981, S. 35.

Aber sehen wir etwas genauer hin: »Alle waren der … Meinung, dass er (Chraposchka) Fürchterliches zu erwarten habe.« Diese Meinung ist umso berechtigter, als in diesem Haus »keinem jemals eine Schuld verziehen wurde«, wie wir eingangs erfahren haben. Das einzige Element, das Hoffnung gibt, ist die Tatsache, dass bisher noch keine Befehle erteilt wurden. So liegt etwas in der Luft. Pater Alexej »vernahm« ein diesbezügliches, flüsterndes Fragen.

Es ist das hörende Herz, um das einst König Salomo betete (1 Kön 3,9), die Aufmerksamkeit für den göttlichen Geist, das den erlösenden Umschwung ermöglicht. Und der Priester ergreift den Kairos. Die richtige Praxis entspringt aus der richtigen Kontemplation, die *vita activa* folgt aus der *vita contemplativa*.[83] Alle bekreuzigen sich. Sie lassen Christus in ihre Herzen ein. Die orthodoxe Kirche hat nicht versagt.

»Und es geschah zur rechten Zeit.«

Der Kairos ist die richtige Fügung der Elemente. Hundert Jahre lag Dornröschen unerreichbar hinter den Rosenhecken verborgen und alle Prinzen, die zu ihr gelangen wollten, kamen jämmerlich in den Dornen um. Jetzt ist der rechte Augenblick da, jetzt blühen die Rosen »über dem Dorn«[84] und jetzt geben die Zweige den Weg von selbst frei. Manchmal fügt sich alles.

Es ist überhaupt die Frage, wer in der Welt am meisten ausrichtet: Die Aktivisten, die entschlossen handeln und offenen Widerstand leisten oder die Duldenden, Betenden, Wartenden. Letztere sind die, die dann noch

---

83 Vgl. die Beobachtungen des José Ortega y Gasset vor dem Affenkäfig im Madrider Zoo, in: Der Mensch und die Leute (Gesammelte Werke Bd. VI), Stuttgart 1978, S. 19f.

84 Paul Celan, Psalm, in: Die Gedichte. Kommentierte Gesamtausgabe in einem Band. Hrsg. u. komm. v. Barbara Wiedemann. Frankfurt a. M. 2003, S. 133.

da sind, wenn das Gewitter vorüber ist. Und sie bilden den Boden für jeden Widerstand und alle Bewahrung.

Freilich muss man, wenn der rechte Augenblick da ist, entschlossen handeln. »*Nam et, prius quam incipias, consulto, et, ubi consulueris, mature facto opus est.*«[85]

Die Flügeltüren tun sich auf, wie die königliche Tür in der Heiligen Liturgie[86], wie beim Auftritt eines Herrschers. Der Onkel tritt herein. Er setzt sich auf seinen »Thron«. Er schweigt. Eine schmerzhafte Verletzung ist nicht dazu angetan, seine Stimmung zu verbessern. Auch das Schweigen der Leute ist keine gute Wahl. Doch Weihnachten liegt in der Luft. Und der Priester ergreift den Kairos beim Schopf.

»Und das Wort ist Fleisch geworden«: Der Priester fasst das Wort in Worte, er spricht von der Liebe, von der Vergebung und von der Pflicht, Gutes zu tun, er spricht davon, dass wir unser Herz, geläutert von seiner Lehre, dem Kindlein in der Krippe als *heilige Gabe* darbringen sollten. Und so trifft er die Ader und die Gläubigen bleiben nicht am äußeren Buchstaben hängen, sondern verstehen, ergriffen vom Heiligen Geist, den rechten Sinn der Worte.

Der Onkel weint. Und es vollzieht sich an ihm, was der Prophet Ezechiel in seiner großen Vision ausgesprochen hat: »Ich nehme das Herz von Stein aus eurer Brust und gebe euch ein Herz von Fleisch.« (Ez 36,26) Er ist auf wundersame Weise verwandelt: »Auch die Tiere vernahmen das heilige Wort.«

Noch einmal: Kitsch? Noch einmal: Nein!

Die großen Umschwünge vollziehen sich oft genug schnell: Die Liebe auf einen Blick, das schlagartige »Heu-

---

85 Sallust, Catilina c. 1.

86 In der Ostkirche wird nach dem Auszug der Katechumenen die königliche Tür, das ist die mittlere Tür der Ikonostasis, während der Feier der Eucharistie geöffnet, so dass der Altar zu sehen ist.

reka!« des Dichters auf der Suche nach dem richtigen Wort, die religiöse Bekehrung: »Sie ließen ihre Netze liegen und folgten ihm nach.« (Mk 1,19) Der Beispiele sind Legion.

Freilich geht derartigen Bekehrungen meist eine längere Zeit innerer Unruhe und Suche voraus. Aber die sieht man nicht. Sie treten ebenso plötzlich ans Tageslicht wie Wasserquellen. Und so bleibt für uns unsichtbar, was den Onkel im Inneren bewegt hat.

Aber etwas haben wir mit ihm gesehen. Das Beispiel! Es war das Beispiel der Liebe zwischen Mensch und Tier, das Beispiel einer Liebe über den Graben, und das angesichts des grausamen Todes, was den Onkel umgestimmt hat. Und genauso funktioniert Erlösung. Die Kirchenväter haben es schon so gesehen: Es gibt ja verschiedene Weisen, das Tier zu bändigen. Man kann es überwältigen wie Herakles, der den unverwundbaren Nemeischen Löwen erwürgt hat, dessen Fell er seither trägt, man kann es mit der großen Keule erschlagen, wie er es in ungezählten anderen Fällen getan hat. Und man kann es zähmen. Das Tier kann angesichts des Paradieses seine Wildheit verlieren, es kann sich anstecken lassen von der heiligen Atmosphäre. Der heilige Hieronymus bekämpfte den Löwen nicht, der auf ihn zukam. Und siehe da, das Tier hielt ihm seine blutende, eitrige Wunde hin und ließ sich einen Dorn aus der Pranke ziehen.

Es ist der Weihnachtsfriede, der eine Ahnung und einen Vorgeschmack des Paradieses durch die Welt ziehen lässt, der den Onkel ansteckt.

Und noch ein Bild: Man kann die Erlösung sehen wie die Wirkung einer Stimmgabel: Der Chorleiter schlägt sie an, sie vibriert leise, er hält sie ans Ohr, dann gibt er den Ton weiter. Und wenn er die angeschlagene Stimmgabel an eine Tischplatte hält, wird auch diese den Ton aufnehmen und ein vibrierendes Geräusch erzeugen, das man in einem ganzen Saal hören kann.[87]

Die Kirchenväter haben die Erlösung so gesehen: Mit Christus auf gleiche Wellenlänge kommen, in die heiligen Frequenzen einschwingen, den Ton aufnehmen, verstärken und übertragen. Da genügt ein leiser Ton. Wenn wir ihn richtig aufnehmen, kommt es zu einer »heiligen Resonanzkatastrophe«. Und genau das ist hier passiert. Der Onkel hat sich von den Wellen des Weihnachtsfriedens ergreifen lassen. Er hat sich bekehren lassen. Und das heißt doch auch: Er hat eingesehen, dass seine bisherige Haltung für ihn selbst nicht gut war. Er hat verstanden, dass seine Bestimmung gewesen wäre, für das Wohlergehen seiner Untergebenen zu sorgen. Und dass man nur im Guten mit sich selbst befreundet sein kann.

6. Freiheit und Dienst

»Du hast das Tier geliebt, wie nicht jeder die Menschen zu lieben vermag. Du hast mich dadurch gerührt und mich an Großmut übertroffen. Ich will dir eine Gnade erweisen. Ich schenke dir den Freibrief und hundert Rubel auf den Weg. Geh, wohin du willst.«

Der Herr bleibt der Herr. An ihm ist's, dem anderen die Freiheit zu schenken. So lässt er Ferapont gehen. Aber nun vollzieht sich das Paradox von Freiheit und Bindung: »Ich will nirgendwohin gehen. ... Für Ihre Gnade will ich Ihnen aus freiem Willen noch getreulicher dienen, als ich es aus Zwang getan habe.«

Der wahre Dienst geschieht da, wo er freiwillig erfolgt. In gewisser Hinsicht nur da, wo er freiwillig er-

87 Vgl. dazu Gisbert Greshake, Der Wandel der Erlösungsvorstellungen in der Theologiegeschichte, in: Quaestiones disputatae 61, Erlösung und Emanzipation, Freiburg - Basel – Wien 1973, S. 69–101, S. 73.

folgt. Denn was ist ein Diener wert, der seinen Dienst nur missmutig und widerstrebend leistet?

Warum aber überhaupt Dienst? Wir sollen uns doch frei und auf Augenhöhe begegnen! – Nun steht außer Frage, dass unsere Gegenwart wenig Verständnis für Dienstverhältnisse hat. Wo Hierarchien bestehen, werden sie nach Möglichkeit versteckt. Und wir sollen einander doch nicht als Mittel zum Zweck ansehen, sondern als freie Wesen anerkennen.

Es gibt aber ein Gefälle zwischen den Menschen und es gibt nach wie vor die Notwendigkeit einander zu dienen. Eltern dienen ihren Kindern, Krankenschwestern ihren Patienten, Lehrlinge ihren Meistern, und wenn es nur ist, dass sie eine Brotzeit holen. Entscheidend ist dabei nur, dass der andere nicht wie der Sklave, dessen alleiniger Daseinszweck das Wohlsein des Herrn ist, auf seine Dienstfunktion reduziert wird. Wir wollen in ihm immer zugleich den Mitmenschen sehen, der einen Eigenwert hat. In Kants berühmter Formulierung: »Handle so, dass du die Menschheit sowohl in deiner Person, als in der Person eines jeden anderen jederzeit zugleich als Zweck, niemals bloß als Mittel brauchst.«[88]

Der Onkel, bekehrt, erkennt nun Ferapont an, indem er ihm die Freiheit und einen ansehnlichen Geldbetrag schenkt, und umgekehrt kann dieser nun in Freiheit dienen: Der Zwang zerstörte diese Möglichkeit. Wenn ich jemanden lieben »muss«, kann ich es nicht mehr. Treue leistet ihrem Vater König Lear – mit dem Sganarell in der Geschichte verglichen wird! – als einzige der Töchter Cordelia, während die gekauften Versprechen ihrer Schwestern nichts wert sind.[89]

Ein Vorbild dieses Verhaltens findet sich direkt in der Bibel, in einem höchst konkreten Beispiel, das selbst aus

---

88 AA IV, 429.

89 William Shakespeare, König Lear, 1. Aufzug, 1. Szene.

der Praxis kam. Der heilige Paulus schickte den entlaufenen Sklaven Onesimus zu seinem Herrn zurück: In dieser Welt konnte er ihn nicht befreien, aber er gab ihm einen Brief an seinen Herrn Philemon mit. Onesimus, dessen Name übersetzt lautet: der Nützliche, konnte sich mit diesem Begleitschreiben in der Hand sicher sein, dass ihm nichts passieren würde. Dort heißt es, dass er ihm mit Onesimus »sein eigenes Herz« schicke und dass er ihn »nicht mehr als Sklaven, sondern als weit mehr: als geliebten Bruder« annehmen solle (Phlm 16). So wird er ihm als Freier dienen können.

Und das ist nun richtig so. Denn wir Menschen sind dazu bestimmt, einander zu dienen. Wir brauchen einander. Und wir wollen einander dienen und nützlich sein. Denn wie fühlt sich einer, der nicht gebraucht wird? Und wir sollen einander dienen: »Wer nicht arbeiten *will*, soll auch nicht essen«, heißt es ebenfalls beim heiligen Paulus (2 Thess 3,10). Nicht, wie die Sozialisten den Satz aufgegriffen haben – die Linie reicht von August Bebel bis zu den Sowjetverfassungen von 1936 und 1977[90] –, »wer nicht arbeitet, *soll* auch nicht essen«. Wenn einer nicht mehr (oder noch nicht) dienen *kann*, soll er den Dienst der anderen dankbar annehmen und ihnen die Gelegenheit geben, ein gutes Werk zu tun und für seine Gesundheit dankbar zu sein.

Der Onkel wird nun zu einem guten alten Herrn, der »stets wie durch ein Wunder in Erfahrung zu bringen wusste, wo wirkliches Leid zu finden war, und sich entweder selbst zur rechten Zeit einstellte oder mindestens seinen braven Diener mit den etwas vorstehenden Augen schickte, und zwar nie mit leeren Händen.« Er han-

90 August Bebel zitierte die Bibel in dieser Form in seinem Buch »Die Frau und der Sozialismus« (1876). Von dort gelangte es später in die Sowjetverfassungen von 1936 bis 1977, wo es, ohne Nennung der Bibelstelle, zur Begründung der strengen Arbeitspflicht diente (Art. XII.).

delt aus Einsicht und Liebe. Aber sein Handeln ist auch das, was man Buße nennt: Er tut gute Werke und schafft damit ein Gegengewicht zu dem Tort, den er vielen im Laufe seines Lebens angetan hat. Er legt etwas auf seine Habenseite als Gegengewicht gegen sein übergroßes Soll. Dabei lernt er zugleich, dass Geben seliger ist denn Nehmen. Er lernt also die Freude am Tun des Guten. Und je lieber er es tut und je weniger es ihm etwas ausmacht, umso verdienstvoller wird auch dieses noch: Schließlich empfängt man in der Gabe ja auch den Geber und so ist die Gebe selbst wertvoller, wenn sie mit freudigem Herzen geschenkt ist.

Nun müssen wir aufpassen, nicht abzuheben. Wir können die Weltordnung nicht aufheben, in der es Stände und Klassen und Schichten gibt und Eigentum. Und deshalb auch Reiche und Arme. Diese Dinge leichtfertig abzutun oder den Versuch zu unternehmen, sie gewaltsam oder durch eine Revolution abzuschaffen, würde ins Chaos führen und niemandem wirklich helfen. Aber an Weihnachten geht die Türe des Paradieses für einen Moment auf und der Geist einer besseren Welt kommt zu uns herab. Und in einzelnen schönen Akten und Menschen wird dieser Friede Wirklichkeit. Auch das ist ein Kairos.

Die Geschichte schließt damit, dass der Onkel seinen guten Ferapont »den Bändiger des Tieres« nennt. Und damit schließt sich der Kreis: Ferapont, der die Freundschaft des Bären gewann, gelingt es durch sein Beispiel, das wahre Tier zu bändigen: den Menschen.

Tiere sind Tiere, aber sie sind nicht tierisch. Der Mensch, der zum Schwein wird, steigt unter das Tier hinab. »Die Krone der Schöpfung, das Schwein, der Mensch«, schrieb Gottfried Benn.[91] Er kann werden, was

91 Der Arzt, II: Ges. Werke in zwei Bd.n (D. Wellershoff), Wiesbaden 1968, S.12. Op. cit. Jörg Splett, Philosophie für die Theologie, Heiligenkreuz im Wienerwald 2016, S. 165.

das Schwein nie werden kann: schweinisch. Das wahre Ungeheuer ist der Mensch. Das ist seine Gefahr und seine Not. Der Mensch ist aber auch das Wesen, das sich selbst übersteigt. Aber nicht, wenn er nur gebändigt wird: Dann folgt er aus äußerer Anpassung. Zum Engel wird er erst, wenn er gezähmt wird, angesteckt von der Kraft des Guten.

Nun liegt auch der Onkel auf dem Wagankowschen Friedhof, vergessen von der Welt, wiewohl einige Leute aus den Schlupfwinkeln und Vorstadtlöchern Moskaus für einige Zeit sein Andenken bewahrten. Aber er hat ein Grab. Dort liegen, stellvertretend für ihn selbst, seine Gebeine, Symbol des Schreis nach Gerechtigkeit und Auferstehung. Viel Grab und wenig Hoffnung. Aber die Ahnung des Himmlischen Friedens, die er, den Weihnachtsfrieden aufgreifend und verstärkend, in die Welt gebracht hat, ist der einzige Grund dieser Hoffnung, die sonst tatsächlich ganz haltlos wäre.

O. Henry: Das Geschenk der Weisen

Ein Dollar und siebenundachtzig Cent. Das war alles. Und sechzig Cent davon bestanden aus Pennies. Pennies, die man jeweils einzeln oder paarweise dem Krämer und dem Gemüsehändler und dem Metzger abgehandelt hatte, bis einem die Wangen brannten wegen des unausgesprochenen Vorwurfs der Knausrigkeit, der bei einer derartigen Feilscherei unausbleiblich war. Dreimal zählte Della das Geld nach. Ein Dollar und siebenundachtzig Cent. Und am folgenden Tag war Weihnachten!

In dieser Lage blieb offensichtlich nichts anderes übrig, als sich auf die schäbige Couch zu werfen und zu heulen. Das tat Della denn auch. Was zu der philosophischen Überlegung anreizt, dass das Leben im Grunde aus Schluchzen, Seufzen und Lächeln besteht, wobei allerdings das Schluchzen überwiegt.

Während die Frau des Hauses allmählich vom ersten zum zweiten Stadium übergeht, wollen wir uns das Heim ein wenig anschauen. Eine möblierte Wohnung für acht Dollar die Woche. Sie spottet zwar nicht gerade jeder Beschreibung, aber sie unterscheidet sich auch nicht wesentlich von einer Bettlerbehausung.

Unten im Flur befand sich ein Briefkasten, in den nie ein Brief fiel, und eine elektrische Klingel, der kein sterblicher Finger einen Ton entlocken konnte. Dazu gehörte auch noch eine Visitenkarte, die den Namen »Mr. James Dillingham Young« trug.

Dieses »Dillingham« verdankte seine Entstehung einer früheren Epoche des Wohlstandes, als sein Besitzer noch dreißig Dollar in der Woche verdiente. Doch jetzt, da sein Einkommen auf zwanzig Dollar die Woche zusammengeschrumpft war, wirkten die Buchstaben von »Dillingham« etwas verschwommen, als ob sie ernsthaft daran dächten, sich zu einem bescheidenen und anspruchslosen »D« zusammenzuziehen. Aber jedesmal, wenn Mr. James Dillingham Young heimkam und seine Wohnung oben erreichte, wurde er von Mrs. James Dillingham Young, die Ihnen bereits unter dem Namen Della bekannt ist, »Jim« gerufen und stürmisch umarmt. Soweit war also alles in Ordnung.

Della hörte auf zu weinen und bearbeitete ihre Wangen mit der Puderquaste. Sie stand am Fenster und sah bedrückt einer grauen Katze zu, die auf einem grauen Zaun des grauen Hinterhofes einherspazierte. Morgen war Weihnachten, und sie hatte nur einen Dollar siebenundachtzig, um ein Geschenk für Jim zu kaufen. Schon seit Monaten hatte sie jeden entbehrlichen Pfennig gespart und das war das Ergebnis. Mit zwanzig Dollar in der Woche kann man keine großen Sprünge machen. Die Ausgaben waren größer gewesen, als sie vorausgesehen hatte. So ist es immer. Nur ein Dollar siebenundachtzig, um ein Geschenk für Jim zu kaufen. Für ihren Jim. Manche glückliche Stunde hatte sie damit zugebracht, sich etwas Schönes für ihn auszudenken. Etwas Schönes und Seltenes und Kostbares – etwas, was in etwa der Ehre würdig war, Jim als Besitzer zu haben.

Zwischen den Fenstern des Zimmers hing ein schmaler, hoher Wandspiegel. Vielleicht haben Sie schon einmal einen solchen schmalen Spiegel in einer Achtdollarwohnung gesehen. Eine sehr schlanke und sehr flinke Person kann, wenn sie ihr Spiegelbild in einer raschen Folge von Längsstreifen betrachtet, in ihm eine einigermaßen genaue Verstellung ihrer Erscheinung gewinnen. Die schlanke Della verstand sich auf diese Kunst.

Plötzlich wirbelte sie vom Fenster weg und stand vor dem Spiegel. Ihre Augen leuchteten, aber ihr Gesicht hatte innerhalb von zwanzig Sekunden alle Farbe verloren. Schnell löste sie ihr Haar und ließ es in seiner ganzen Länge herabfallen.

Nun, die James Dillingham Youngs besaßen zwei Dinge, auf die sie beide besonders stolz waren. Das eine war Jims goldene Uhr, die schon sein Vater und Großvater getragen hatten. Das andere war Dellas Haar. Hätte die Königin von Saba in der Wohnung auf der anderen Seite des Lichtschachtes gewohnt, dann hätte Della bestimmt einmal ihr Haar zum Trocknen aus dem Fenster gehängt, nur um die Juwelen und Kostbarkeiten Ihrer Majestät wertlos erscheinen zu lassen. Wenn König Salomon der Hausmeister gewesen wäre und alle seine Schätze im Keller aufgestapelt hätte, dann hätte Jim jedes Mal, wenn er an ihm vorbeikam, seine Uhr gezückt, nur um zu sehen, wie er sich vor Neid den Bart ausrupfte.

So fiel jetzt also Dellas wunderschönes Haar an ihr herab, wallend und glänzend wie ein brauner Wasserfall. Es reichte ihr bis unter das Knie und hüllte sie fast wie ein Gewand ein. Doch dann steckte sie es nervös und hastig wieder auf. Zwischendurch zögerte sie einen Augenblick und verharrte reglos, während ein paar Tränen auf den abgetretenen roten Teppich fielen.

Schnell zog sie ihre alte braune Jacke an und setzte ihren alten braunen Hut auf. Ihre Röcke wirbelten, und in ihren Augen stand noch immer der leuchtende Schimmer, als sie zur Tür hinaushuschte, die Treppe hinab und auf die Straße.

Sie blieb vor einem Schild stehen, das die Aufschrift trug: »Mme. Sofronie. Haare aller Art.« Della eilte eine Treppe hinauf und suchte sich zu sammeln, noch ganz außer Atem. Madame, groß, allzu bleich, kühl, sah kaum so aus, als könne sie Sofronie heißen.

»Würden Sie mein Haar kaufen?«, fragte Della.

»Ich kaufe Haar«, antwortete Madame. »Nehmen Sie den Hut ab und lassen Sie mich einmal sehen.«

Herab wogte der braune Wasserfall.

»Zwanzig Dollar«, sagte Madame, wobei sie die Masse mit geübtem Griff anhob.

»Geben Sie mir schnell das Geld«, sagte Della.

Oh, die beiden nächsten Stunden schritten auf rosigen Schwingen einher. (Verzeihen Sie mir diese schiefe Metapher.) Sie durchstöberte nämlich die Geschäfte nach einem Geschenk für Jim.

Sie fand es schließlich. Es war gewiss nur für Jim hergestellt worden und für keinen anderen. Es war nichts Gleichwertiges in sämtlichen Läden aufzutreiben, denn sie hatte sie alle auf den Kopf gestellt. Es war eine einfach und edel gestaltete Platinuhrkette, deren eigentlicher Wert allein in dem kostbaren Material bestand und nicht in aufdringlichen Verzierungen — wie es bei allen wirklich guten Dingen sein sollte. Sie war sogar seiner Uhr würdig. Della hatte sie kaum entdeckt, als sie wusste, dass sie Jim gehören musste. Sie passte zu ihm. Schlichtheit und Wert – diese Bezeichnungen trafen auf beide zu. Einundzwanzig Dollar nahm man ihr dafür ab, und sie eilte mit den siebenundachtzig Cent heim. Wenn Jim seine Uhr an dieser Kette trug, konnte er in jeder Gesellschaft, sooft es ihm beliebte, nach der Zeit sehen. So herrlich die Uhr auch war, er schaute zuweilen nur verstohlen auf sie, weil sie an einem alten Lederriemen und nicht an einer Kette hing.

Als Della zu Hause ankam, wich ihr Freudenrausch ein wenig der nüchternen Überlegung. Sie holte ihre Brennschere hervor, zündete das Gas an und machte sich daran, die Verheerungen, die Großmut und Liebe angerichtet hatten, zu beheben. Und das ist stets eine ungeheure Arbeit, liebe Freunde, eine Mammutarbeit.

Nach vierzig Minuten war ihr Kopf mit winzigen, enganliegenden Löckchen bedeckt, mit denen sie wunderbar aussah – wie ein Schüler, der die Schule geschwänzt hat. Sie betrachtete lange, sorgfältig und kritisch ihr Bild im Spiegel. »Wenn Jim mich nicht umbringt«, sagte sie zu sich selbst, »bevor er mich richtig angeschaut hat, sagt er bestimmt, dass ich wie ein Ballettmädchen von Coney Island aussehe. Aber was hätte ich machen sollen – oh, was hätte ich machen sollen mit einem Dollar und siebenundachtzig Cent?«

Um sieben Uhr war der Kaffee fertig, und die Bratpfanne stand hinten auf dem Herd, heiß und bereit, die Koteletts zu braten.

Jim verspätete sich nie. Della legte die Uhrkette in ihrer Hand zusammen und setzte sich auf die Tischkante in der Nähe der Tür, zu der er immer hereinkam. Dann hörte sie von weitem seine Schritte auf den Stufen der untersten Treppe, und sie wurde einen Augenblick lang blass. Sie hatte die Angewohnheit, bei den unbedeutendsten alltäglichen Anlässen ein kleines Stoßgebet zu sprechen, und so flüsterte sie jetzt: »Bitte, lieber Gott, mach, dass er mich noch immer hübsch findet!«

Die Tür öffnete sich, Jim trat ein und schloss sie wieder. Er sah schmal und sehr ernst aus. Armer Kerl, er war erst zweiundzwanzig – und hatte schon die Last einer Familie zu tragen! Er brauchte dringend einen neuen Mantel, und er hatte keine Handschuhe.

Jim blieb bei der Tür stehen, unbeweglich wie ein Jagdhund, der eine Wachtel wittert. Seine Augen waren auf Della gerichtet, und in ihnen lag ein Ausdruck, den sie nicht deuten konnte und der sie erschreckte. Es war weder Zorn noch Erstaunen, weder Vorwurf noch Entsetzen oder sonst eine Gemütsbewegung, auf die sie gefasst war. Er starrte sie nur an mit diesem sonderbaren Gesichtsausdruck. Della glitt vom Tisch herunter und ging ihm entgegen.

»Jim, Liebling«, rief sie aus, »schau mich doch nicht so an! Ich habe mir mein Haar abschneiden lassen und es verkauft, weil ich es nicht ertragen hätte, zu Weihnachten kein Geschenk für dich zu haben. Es wächst wieder nach – du bist mir doch deswegen nicht böse, oder? Ich musste es einfach tun. Mein Haar wächst furchtbar schnell. Sag ›Frohe Weihnachten‹, Jim, und lass uns glücklich sein! Du weißt nicht, was für ein nettes – was für ein herrliches, nettes Geschenk ich für dich habe.«

»Du hast dein Haar abgeschnitten?«, fragte Jim mühsam, als habe er auch nach schwerster geistiger Anstrengung diese offensichtliche Tatsache noch nicht erfasst.

»Abgeschnitten und verkauft«, sagte Della. »Hast du mich jetzt nicht mehr so lieb wie früher? Ich bin doch dieselbe auch ohne mein Haar.«

Jim sah sich suchend im Zimmer um.

»Du meinst, dass dein Haar verschwunden ist?«, fragte er mit einem fast idiotischen Ausdruck.

»Du brauchst nicht danach zu suchen«, sagte Della. »Es ist verkauft, ich sage es doch – verkauft und verschwunden. Heute ist Heiligabend, mein Junge. Sei doch lieb zu mir, ich habe es doch deinetwegen getan. Die Haare auf meinem Kopf waren vielleicht gezählt«, fuhr sie plötzlich mit ernsthafter Zärtlichkeit fort, »aber niemand kann meine Liebe zu dir zählen. Soll ich jetzt die Koteletts aufsetzen, Jim?«

Auf einmal schien Jim aus seinem Trancezustand zu erwachen. Er umarmte seine Della. Wir aber wollen zehn Sekunden lang mit diskreter Aufmerksamkeit einen belanglosen Gegenstand in der entgegengesetzten Ecke betrachten. Acht Dollar in der Woche oder eine

Million im Jahr – wo liegt da der Unterschied? Ein Mathematiker oder ein Gelehrter würde eine falsche Antwort geben. Die Weisen aus dem Morgenland brachten kostbare Gaben mit, aber die eine war nicht darunter. Diese rätselhafte Behauptung wird sich später aufklären.

Jim zog ein Päckchen aus der Manteltasche und warf es auf den Tisch. »Schätz mich nicht falsch ein, Dell«, sagte er. »Ich glaube nicht, dass es eine Frisur oder einen Haarschnitt oder ein Haarwaschmittel oder sonst etwas in dieser Richtung gibt, weswegen ich mein Mädchen weniger lieben sollte. Aber wenn du das Päckchen da aufmachst, wirst du verstehen, warum ich zuerst so entgeistert war.«

Weiße Finger rissen hastig an der Schnur und an dem Papier. Und dann ein entzückter Freudenschrei, und dann, ach, ein schneller, echt weiblicher Wechsel zu hysterischen Tränen und Klagen, die den sofortigen Einsatz aller tröstenden Kraft des Hausherrn verlangten.

Denn dort lagen die Kämme – die Kammgarnitur für die Seite und den Hinterkopf, die Della schon so lange in einem Schaufenster am Broadway bewundert hatte. Wunderbare Kämme, echt Schildpatt, an den Rändern mit Steinen besetzt – genau in der Farbe, die zu ihrem herrlichen verschwundenen Haar passte. Es waren teure Kämme, das wusste sie, und ihr Herz hatte sie begehrt und ersehnt, ohne die geringste Hoffnung, sie jemals zu besitzen. Und nun gehörten sie ihr, aber die Zöpfe, die diese begehrenswerten Schmuckstücke hatten zieren sollen, waren verschwunden.

Aber sie drückte die Kämme an die Brust, und schließlich hatte sie sich so weit gefasst, dass sie mit tränenverschleierten Augen und mit einem Lächeln aufblicken und sagen konnte: »Mein Haar wächst doch so schnell nach, Jim!«

Und dann sprang Della auf wie eine kleine Katze, die sich verbrüht hat, und rief: »Oh, oh!«

Jim hatte sein wunderschönes Geschenk noch nicht gesehen. Sie hielt es ihm eifrig auf der Handfläche entgegen. Das mattglänzende kostbare Metall leuchtete gleichsam auf im Widerschein ihrer heiter-erregten Seele.

»Ist sie nicht herrlich, Jim? Ich habe die ganze Stadt danach abgesucht. Du musst jetzt bestimmt hundertmal am Tag auf die Uhr schauen. Gib mir deine Uhr. Ich will sehen, wie sie sich daran ausnimmt.«

Anstatt zu gehorchen, warf sich Jim auf die Couch, verschränkte die Hände unter dem Kopf und lächelte.

»Dell«, sagte er, »wir wollen unsere Weihnachtsgeschenke wegpacken und sie noch eine Weile aufheben. Sie sind zu schön, um jetzt schon gebraucht zu werden. Ich habe die Uhr verkauft, um das Geld für die Kämme zu bekommen. Und jetzt setzt du wohl am besten die Koteletts auf.«

Die Weisen aus dem Morgenland waren, wie Sie wissen, kluge Männer – ungemein kluge Männer –, die dem Kind in der Krippe ihre Geschenke brachten. Sie erfanden die Sitte der Weihnachtsgeschenke. Da sie so weise waren, müssen auch ihre Gaben weise gewesen sein, und sie haben wohl auch schon an die Umtauschmöglichkeit für doppelt vorhandene Geschenke gedacht. Und hier habe ich Ihnen so recht und schlecht die wenig aufregende Geschichte zweier törichter Kinder in einer Mietswohnung erzählt, die höchst unklug die größten Schätze ihres Hauses füreinander geopfert haben. Aber im Hinblick auf die Weisen in unserer Zeit muss abschließend gesagt werden, dass von allen, die sich beschenken, diese beiden die weisesten waren. Von allen, die Geschenke machen und erhalten, sind Leute wie diese beiden die weisesten. Überall sind sie die weisesten. Sie sind die wahren Weisen.

Interpretation

1. Die Weisheit des Geschenks

Bleiben wir gleich beim Ende: »Sie sind die wahren Weisen«. Was für eine Aussage! Kann man diese Geschichte lesen, ohne mitgenommen zu sein von der Tragik der gescheiterten Geschenke? Beginnt nicht jeder, der sie gehört hat, unwillkürlich damit, darüber nachzudenken, wie sich beider Fehler wiedergutmachen ließe? Freilich, die Haare werden in einiger Zeit nachgewachsen sein, wenngleich auch das eine ganz schön lange Zeit dauern wird. Und willkürlich beginnt man zu zählen und zu rechnen. Ob man die Uhr zurückkaufen wird können, irgendwo in New York? Wenn ja, zu welchem Aufpreis? Sicher für weit mehr als die siebenundachtzig Cent, die Della noch geblieben sind! So oder so, auf jeden Fall kommt der Leser unwillkürlich zu dem Schluss, dass die Geschenke zwar gut gemeint waren, aber natürlich eine Dummheit. Die Dummheit zweier noch nicht ganz erwachsener Kinder, die es nicht besser wussten und die, sooft sie ihr Geld auch nachzählten, doch noch nicht rechnen konnten.

Indes, der Autor, O. Henry, ist hier anderer Meinung. Er ist sogar ganz entschieden anderer Meinung. Hat er recht? Darf er uns als Autor überhaupt vorschreiben, wie wir hier zu denken haben? Ich glaube, dass man keinen Fehler macht, wenn man ihn ernstnimmt und einmal nachprüft. Vielleicht hat er ja tatsächlich recht!

Es geht um zwei Liebende, die sich beschenken und die dabei alles falsch machen, was man nur falsch machen kann. Weil ihre Geschenke sich verfehlen.

Mich erinnert die Geschichte an den Tjost mittelalterlicher Ritterturniere: Zwei Ritter treten gegeneinander an. Die Rüstung angezogen, das Scharnier heruntergeklappt, die Lanze eingelegt, stürmen sie aufeinander los – ein

Aufprall, die Lanzen splittern, sie treffen sich – und schießen aneinander vorbei. In ähnlicher Manier verfehlen sich auch unsere jungen Leute. Die Geschenke haben ihr Ziel nicht erreicht. Haarscharf haben sie einander verpasst.

Ich denke, wir sollten an dieser Stelle erst einmal darüber nachdenken, was man tut, wenn man jemandem ein Geschenk macht und warum man das überhaupt tut.

Wer jemanden liebt, will ihm gut. »*Ti voglio bene*«, sagt man in Italien. Der Liebende will, dass es dem anderen gut gehe. Nun besteht aber das größte Glück des Liebenden in der Liebe des anderen. Er will von ihm gar nichts, gar nicht *etwas*, er will ihn selbst. Der wahrhaft Liebende, sagt man, lebe »von Luft und Liebe«, weil ihm alle irdischen Vergnügungen nichts sind im Vergleich zu der Seligkeit, den anderen zu haben und von ihm geliebt zu sein: »Denn dem Glück geliebt zu werden, / gleicht kein ander' Glück auf Erden«.[92] Was soll man dem anderen also schenken? Sich selbst!

Dieser Gedanke hat sich uns tief eingebrannt. Wie oft stoßen wir darauf gerade in der christlichen Religion: Du sollst Gott lieben in reiner Liebe, sollst ihm Dein Herz schenken, ohne etwas anderes zu begehren als ihn selbst. Auf keinen Fall sollst du dich von dieser Herzensbewegung loskaufen, ihm einen schalen Ersatz anbieten, ja nicht sollst du versuchen, ihn mit Opfergaben zu besänftigen, noch schlimmer, aus dem Glauben ein Geschäft zu machen, einen Ablasshandel, ein *do ut des*,[93] ein Geschenk, das doch nur einen eigennützigen Zweck verfolgt.

Die Gabe ist vergiftet, sie steht unter Verdacht und das nicht erst seit Luther: »*Quidquid id est, timeo Danaos et dona ferentis*«:[94] Seit dem trojanischen Pferd wissen

92 Johann Gottfried Herder, Der Cid nach spanischen Romanzen besungen, 27. Romanze (1805).

93 »Ich gebe, damit du gibst.«

94 Verg. II, 49: »Was es auch sei, ich fürchte die Danaer, auch wenn sie Geschenke bringen.«

wir, dass Geschenke ein Mittel sein können, uneinnehmbare Festungen »von hinten« doch noch einzunehmen und so versucht auch Goethes Mephistopheles, das Herz des unschuldigen Gretchens für Faust mit Geschenken zu »bezirzen«: »Gleich schenken, das ist brav, da wird er reüssieren!«[95]

Aber es ist auch an dieser Stelle falsch, vom Verdacht auszugehen. Der Betrug mit Hilfe des Geschenks funktioniert doch überhaupt nur, weil eben das Schenken eine spontane, ursprüngliche Handlung des Menschen ist, die seiner innersten Natur entspringt. Wer kennt das nicht? Ein kleines Kind, das eine Tüte mit Gummibärchen geschenkt bekommt und diese sofort an alle Versammelten weiterverschenkt, ohne zu rechnen, ohne Absicht und Hintergedanken: Gleich ist die Tüte leer. Aber Geschenke kommen und gehen: Es bekommt, es gibt, es bekommt wieder. »Taler, Taler, du sollst wandern …« Freilich muss das Kind irgendwann lernen zu rechnen, in einer Welt der Knappheit, trotz allen Überflusses, und des Betrugs. Damit es selbst nicht zu kurz kommt. Aber der Kreislauf der Gabe ist der Antrieb jeder Gesellschaft, anthropologisches Urfaktum, und auch das wissen wir nicht erst seit Marcel Mauss und seinen faszinierenden Forschungen zur »Gabe«.[96]

Wir Menschen brauchen einander, um zu leben, das kommt darin zum Ausdruck. Wir können allein nicht sein und wir können ohne Geschenke nicht sein.

Doch bleiben wir bei unserer Geschichte: Was denkt sich Della, als sie sich aus reiner Unvernunft ihre Haare abschneiden lässt, das Schönste, was sie hat, was denkt sie, bevor sie sie der »Vernunft« opfert? Wir erinnern

95 Faust v. 2674.

96 In seinem »Essai sur le don«: Die Gabe. Form und Funktion des Austauschs in archaischen Gesellschaften, in: ders., Soziologie und Anthropologie Bd. II, Frankfurt am Main – Berlin – Wien 1978, S. 9–144 (Paris 1950, 1973).

uns: Die Besitzerin des Haarladens hieß Mme. Sofronie.[97] D.h. aber nichts anderes als »Mme. Vernunft«.

Dellas ganzes Trachten und Fühlen geht, weit entfernt von aller Berechnung, nur darauf hin, wie sie ihrem geliebten Jim eine Freude machen kann. Sie denkt nicht materialistisch. Warum dann aber überhaupt ein Geschenk? Hätte es nicht auch ihm reichen müssen zu wissen, dass er in seinem jugendlichen Alter eine Frau sein Eigen nennen durfte, die ihn über alles liebte?

Eine Frau »sein Eigen« nennen – gut, dass die Geschichte in der Vergangenheit spielt, denn heutzutage versteht man bei solchen Ausdrücken keinen Spaß mehr. Ja, natürlich ist hier unser Denken vergiftet, aber doch nur, weil wir die Hingabe denunziert haben und Eigentum nur noch als Besitzanspruch denken wollen, während es doch darum geht, uns einander hinzugeben, in völliger Freiheit und Gegenseitigkeit, so dass wir wahrhaft frei werden. Frei nicht in Gegensatz zur Bindung, sondern *aus* Bindung, denn in der Liebe bilden Freiheit und Bindung keinen Gegensatz mehr, wo ich doch nirgendwo freier bin als bei dem, bei dem mein Herz daheim ist. Bin ich jemandes Angehöriger, gehöre ich ihm nicht, wie ihm »sein« Auto gehört oder »sein« Bankkonto. Der wahre Liebende gehört sich selbst nie mehr, als wenn er beim anderen ist, er findet sich paradoxerweise gerade dann, wenn er sich selbst vergisst. Und so ist es auch mit der Liebe zu Gott: »Wer seine Seele gewinnen will, wird sie verlieren, wer sie aber um meinetwillen verliert, wird sie gewinnen.«[98] Viele Menschen können nicht (mehr)

97 Eigentlich kommt das Wort von sophrosyne und das bezeichnet die planende, rechnende, »haushaltende« Vernunft bzw. Besonnenheit. Interessanterweise kommt auch bei Boccaccio eine Frau Sofronie vor, am zehnten Tag, in der achten Geschichte, a.a.O. S. 804–824.

98 Eines der wichtigsten Worte Jesus: Mt 10,39; 16,25; Mk 8,35; Lk 9,4; 17,33; vgl. Joh 12,25.

lieben, weil sie vor der Selbstaufgabe Angst haben. Aber das Glück der Liebe besteht gerade in der Abhängigkeit.

Auch Dellas Glück besteht in der Abhängigkeit, im Sich-Verschenken. Und sie zielt auf Jim. Und sie denkt: »*Ti voglio bene*«, ich meine es dir gut.

Warum also beschenken wir einander? Weil wir uns gegenseitig etwas Gutes tun wollen. Wir Menschen sind viel zu sehr leib-seelische Wesen, als dass uns die reine Liebe genügen würde. Rein, das will jetzt sagen, pure, ausdruckslose, »bleifreie« Liebe. Della denkt an ihren Jim. Und wenn sieht sie da vor sich? Den jungen Mann, den sie liebt, ihren einzigen, den Unverwechselbaren. Aber sie sieht auch einen Mann, der darunter leidet, nicht mehr Geld zu haben und seiner Frau kein besseres Zuhause bieten zu können als eine schäbige Mietswohnung. Und sie sieht einen Mann, der doch einmal »mehr war«, der eine besondere Würde besitzt, die er nur nicht mehr ausdrücken kann. Der Beweis seiner Vornehmheit ist allein noch die schöne goldene Uhr. Sie beweist, sagen wir es ebenso übertrieben wie präzise, seine königliche Abkunft. Della sucht nach einem Geschenk, das diese Würde wiederherstellen kann, das es ihm ermöglicht zu zeigen, wer er ist. Wenn er in jeder Gesellschaft seine goldene Uhr aus der Tasche ziehen kann, um nachzusehen, wie spät es ist, die goldene Uhr, die er jetzt verstecken muss, weil sie nur an einem schäbigen Lederriemen befestigt ist.

Wir Menschen können nicht wie die Engel leben, über den Dingen schwebend.

So trifft Dellas Geschenk auf ein Bedürfnis ihres Geliebten. *Das* will sie befriedigen und so will sie ihm ihre Liebe zeigen, indem sie ihm eine Freude macht. Liebe verwirklicht sich darin, dass wir einander eine Freude machen.

Und so hofft sie natürlich auch, dass Jim *ihr* eine Freude machen wird. Wie enttäuscht wäre sie, wenn sie alles gäbe, was sie hat, er ihr aber nichts zurückschenken würde! »Habe ich denn gar keinen Wert für Dich?«, würde sie sich fragen. Und ihre größte Freude wäre, ein Geschenk zu erhalten, das sie sich insgeheim wünscht.

Und so ist es immer: Ich schenke dir etwas, seien es Blumen, seien es Schmuck oder Gold, ich schenke dir etwas Wertvolles. Das tut dir gut. Und der Empfänger freut sich doppelt: Er freut sich über das Geschenk, doch mehr noch freut er sich über die Tatsache, dass der andere es ihm zugedacht hat. Hätte der andere aber unter dieser Prämisse auf das Geschenk verzichtet: »Du weißt doch, dass ich dich auch so liebe« – hätte er ihm auch die Liebe vorenthalten. Das Geschenk ist der Liebesbeweis. In ihm wird die Liebe Fleisch. Noch einmal: Es geht ihr nicht primär um die Befriedigung des Bedürfnisses, sondern um den anderen. Aber dadurch, dass ich dem anderen ein Bedürfnis erfülle, zeige ich ihm meine Liebe. Und dadurch, dass er mir ein Bedürfnis erfüllt, zeigt er mir seine Liebe. »Das Materielle«, schrieb Jean Paul, »ist noch weniger als der stinkende Dünger, den die saugende Blume zum Duft umarbeitet, mit dem sie ihren Kelch umringt.«[99] Das Bedürfnis stirbt, aber es ist nur eine Stufe zum Glück. »Über« dem Geschenk treffen sich die Seelen.

Ich will nun nicht einer Kultur des übertriebenen Schenkens das Wort reden, im Gegenteil. Wir tun hier heute oft viel zu viel und bringen einander nur in Verlegenheit. Vergessen wir nicht: Die Gabe ist seit Adam und Eva vergiftet, nirgends wird so viel geheuchelt wie hier. Es

99 Op. cit. Robert Spaemann, Reflexion und Spontaneität. Studien über Fénelon, Stuttgart [2]1990, S. 283 (S. 270–294 über »Fénelon und Jean Paul«; vgl. Jörg Splett, Philosophie für die Theologie, Heiligenkreuz im Wienerwald 2016, S. 188f. Vgl. das traditionelle Priestergebet vor der Kommunion: »*Et de munere temporali fiat nobis remedium sempiternum*«: »Aus dem zeitlichen Geschenk werde uns ein ewiges Heilmittel.« Anselm Schott OSB, Das Meßbuch der Heiligen Kirche Freiburg i.Br. [57]1954, S. 416.

geht mir um die Werke der Liebe. Liebe zeigt sich darin, dass ich dem anderen helfe, wenn er mich braucht – und darin, dass ich auf seine Hilfe rechnen darf, wenn ich ihn brauche. Und schon darin, dass ich erkenne, wann er mich braucht – und er erkennt, wenn ich ihn brauche. Wiewohl auch hier Vorsicht geboten ist: Ich kann dem anderen nicht jeden Wunsch von den Augen ablesen, er muss mir schon sagen, was ihm fehlt. Wir sollen hier nichts fordern und uns nicht überfordern: Die Liebe muss frei bleiben.

Und Della ist frei. Sie schenkt nicht, weil man an Weihnachten schenken muss, sondern weil sie es nicht erträgt, dass ihr Jim an Weihnachten ohne Geschenk dasteht. Und so gibt sie alles, was sie hat. Sie gibt sich ihm ganz.

Dellas wunderschöne Haare reichten, aufgelöst, bis zu den Knien. Sie waren also lang genug, sie ganz einzuhüllen wie die büßende Maria Magdalena. So zeigen sie Della ganz, wie ein Kleid eine Frau ganz zeigt, und gewissermaßen noch schöner als sie ohnehin war. »Im Himmelreich«, heißt es im apokryphen Philippusevangelium, »sind die Kleider wertvoller als die, die sie angezogen haben.«[100] D.h. dass der himmlische Glanz, der uns umgeben wird, hinzufügt, was uns noch fehlt. Ähnlich interpretiere ich Dellas Haar: Es ist, was bei Jim die goldene Uhr war, Beweis edler Abkunft. Es macht sie wahrhaft königlich. Dellas Haar ist so schön, dass die Königin von Saba, dieser Inbegriff einer mit allem Glanz des Morgenlandes angetanen Königin, vor Neid erblassen würde. Aber wie Jims Uhr Gold ist, das nicht glänzt – worin besteht eigentlich der Wert von Gold, wenn es nicht glänzt? –, so bleibt es auch hier beim »würde«: Die Königin von Saba sieht es nicht, wenn Della ihr Haar löst und es in den Hinterhof einer amerikanischen Mietskaserne herabfallen lässt. Niemand sieht die königliche Schönheit (wir erinnern uns an Timmermans).

100 Philippusevangelium 24.

Niemand? Jim kennt das Haar seiner Frau, er liebt sie in und mit ihrem Haar: Wäre sie noch dieselbe ohne ihr Haar, könnte er sie noch genauso lieben? Für Männer ist es ein Schock, wenn ihre Frauen sich die Haare schneiden lassen, manchmal erkennen sie sie danach nicht mehr. Denn nicht nur Kleider, auch Haare machen Leute.

Und das ist nun wiederum keine Äußerlichkeit. Mit unserem Leib drücken wir uns aus. Er ist unser wahres Bild. Wenn Jim Della mit ihren Haaren sieht, sieht er *sie*.

Ich habe gerade von dem Bedürfnis des anderen gesprochen, auf das die Gabe zu antworten sucht. Was schenken diese Liebenden einander denn? Jeder will dem andern, den er schön findet, etwas schenken, was ihn noch schöner macht. Die Liebenden wollen einander schmücken. Schmuck ist ja nicht dazu da, etwas zu verbergen, er will nicht täuschen. Ganz im Gegenteil: Wenn Della ihrem Jim eine ebenso schlichte wie wertvolle Platinkette schenkt, will sie, dass dieser seine Uhr und damit seinen Adel zeigen kann, damit die Leute sehen, was für ein wertvoller Mensch er ist. Und ebenso will Jim die Kämme und Spangen für seine Della, damit sie ihr Haar besser präsentieren kann, damit dieses Haar leuchtet und ihr Gold also glänzt. Und so zielen die beiden Schenkenden tatsächlich auf die Mitte des anderen. Sie wollen sie fassen, wie man einen Brillanten fasst.

Wir nähern uns dem Geheimnis des Geschenks der Weisen. Niemand, wir erinnern uns, war laut O. Henry weiser als sie, die Seher aus dem Osten, die Erfinder der Weihnachtsgeschenke. Die beiden Liebenden wollen dem jeweils anderen alles geben. Ihre Liebe besteht darin, sich selbst zu vergessen, nicht das Ihrige zu suchen (1 Kor 13,5), sondern Pfeil zu sein, der auf den anderen zielt. Deshalb der Verzicht beider auf das Wertvollste, was sie haben. Nicht, weil Liebe sich quälen und kasteien will, sondern weil sie sich verliert. Liebe ist Ausdruck von Selbstvergessenheit und nur deshalb gibt es die große Liebe nicht ohne den Verzicht. Das ist ja auch der Sinn des großen Zeichens des Zölibats. Der Zölibatär sagt ja nicht zu Gott: »Herr, ich verzichte auf die schmutzige – weil eben auch körperliche – Liebe«, sondern »ich schenke dir das Wertvollste, was ich habe.« Dabei ist sie nie verkappter Eigennutz, Geben, damit man erhält, sondern stets der Einstieg in ein Spiel des Gebens und Empfangens, der Annahme und des Schenkens. Liebende müssen einander finden, die Liebe ist schon tot, wenn sich der eine an den anderen heranmacht.[101] Sie müssen das Ballspiel der Liebe spielen, das Hin und Her und sie müssen miteinander tanzen. Die Liebe will zuerst geben, sich selbst in Hingerissenheit, aber dann will sie und soll sie auch haben. Und sie darf auch haben wollen. Wie ja auch jeder will, dass der andere ihn hat, wenn er sich ihm schenkt. Die Liebe will nichts, aber sie hofft auf Antwort; sie will nichts für sich, aber alles für das gemeinsame Haus, das sie errichtet.[102]

Unsere Liebenden sind Könige, aber es sind arme Könige. Doch daran scheitert die Liebe nicht. »*Rex est, qui metuet nihil, / rex est qui cupiet nihil: / hoc regnum sibi quisque dat*«, heißt es bei Seneca.[103] »Froh zu sein, bedarf es wenig und wer froh ist, der ist König«, lautet die sinngemäße Übersetzung des Volksmundes. Aber Seneca macht einen Fehler: Sein König ist wunschlos und er schenkt sich sein Reich selbst. Unsere Liebenden sind

---

101 Vgl. dazu Roger Scruton, Bekenntnisse eines Häretikers. Zwölf konservative Streifzüge, Lüdinghausen / Berlin 2019, S. 75.

102 Deshalb kann der Liebende auf alles verzichten, aber nicht auf die Liebe zum anderen, vgl. dazu Graham Greene, The End of the Affair, London 1951 und den großen Streit zwischen Bossuet und Fénelon um den »amour pur«, vgl. Robert Spaemann, Reflexion und Spontaneität. Studie zu Fénelon, Stuttgart Neuauflage 1990.

103 Seneca, Thyestes V. 387–390. (»König ist der, der vor nichts Angst hat, / König ist der, der nichts begehrt: / Dieses Reich gibt sich jeder selbst.«)

nicht wunschlos. Sie möchten das Aufleuchten der Freude in den Augen des anderen sehen. Das ist ihr tiefster Herzenswunsch und zugleich der legitimste aller Wünsche. Die Schenkenden warten aufeinander, dann werden sie zu Pfeilen, um »gesammelt im Absprung *mehr* ... zu sein als sie selbst«[104]. Sie treffen sich – und schießen aneinander vorbei.[105] Aber nein, und nur deshalb verdienen sie die Weisesten genannt zu werden, die Geschenke schießen aneinander vorbei. Die Herzen treffen sich. Sie haben alles gegeben, sie sind Könige.

»Ich ziehe den Mann, der des Vermögens entbehrt, dem Vermögen vor, das eines Mannes entbehrt«, heißt es in der Falkenlegende in Boccaccios Decamerone.[106]

Bei Seneca erleidet der das schwere Todesschicksal, der »allen anderen viel zu gut bekannt«, »sich selbst unbekannt stirbt«.[107] Der antike Weise ist am mächtigsten allein. Hier ist es anders: Unsere Könige kennen und erkennen sich. Und so sind sie zusammen mehr, als sie jeder nur für sich wären. Hier wird O. Henry dezidiert christlich und wenn er es nicht sagt, so ist er's doch: Der stirbt einen schweren Tod, möchte ich die Stelle weiter-

---

104 Im Original: »*mehr* zu sein als er selbst«, Rainer Maria Rilke, 1. Duineser Elegie, v. 53, in: Duineser Elegien. Die Sonette an Orpheus, Frankfurt am Main 1974, S. 12. (Im Original kursiv gedruckt.)

105 Vgl. Richard von St. Viktor. Jörg Splett, Leben als Mitsein. Vom trinitarisch Menschlichen, Frankfurt am Main 1990, S. 68, spricht von der »Heillosigkeit des bloßen Ich-Du-Gegenübers ... weil beider Liebe dann ›auf Verschiedenes zielt‹. Entweder sie zerstören sich im Aufeinandertreffen (Tristan und Isolde) oder sie lösen sich in ein unpersönliches Einssein auf«.

106 Giovanni Boccaccio, Das Dekameron (Il Decamerone), Fünfter Tag, achte Geschichte, München 2013 / 2020, S. 471–478, S. 478. Das Grundmotiv des »Geschenks der Liebenden« ist natürlich weit älter als O. Henrys Geschichte, doch will ich den Verästelungen hier nicht nachgehen.

107 Thyestes 401–403: »illi mors gravis incubat/ qui, notus nimis omnibus /ignotus moritur sibi.«

führen, der nur von außen betrachtet wurde und von sich selbst, der aber von den Augen und dem Herzen des Liebenden nicht erkannt worden ist. Denn von den Augen des Liebenden erkannt worden zu sein, heißt ein für alle Mal erkannt worden zu sein. Denn die Liebe hört nicht auf (1 Kor 13, 8).

2. O. Henry

Doch werfen wir noch einen Blick auf den Verfasser dieser weihnachtlichen Liebesgeschichte. Was war das für ein Mensch, der so ein scharfes Auge für die Liebe eines jungen Paares hatte und für seine Tragik? William Sydney Porter, so der richtige Name von O. Henry[108], geboren 1862 in North Carolina, verlor seine Mutter schon im Alter von drei Jahren. Offenbar halfen ihm die Bücher ins Leben hineinzufinden. Porter las unentwegt, aber er verkroch sich nicht, sondern wurde zu einem geselligen Menschen, der unter die Leute ging, der ihnen Geschichten erzählte und aus dem Umgang mit den Menschen den Stoff für seine nächsten Erzählungen nahm. Er hatte ein bewegtes Leben, ging nach Texas, heiratete eine tuberkulosekranke, aber wohlhabende Frau, die er liebte, arbeitete in verschiedenen Berufen, zuletzt in einer Bank. Das wurde diesem ebenso kreativen wie unordentlichen Mann zum Verhängnis: Wahrscheinlich war es nur Schlamperei, aber nach drei Jahren sah er sich mit dem Vorwurf der Unterschlagung konfrontiert und verlor seinen Job. Er begann nun zu schreiben, bis ihn die Strafverfolgung einholte und er inhaftiert wurde. Sein Schwiegervater befreite ihn durch eine Kaution aus dem Gefängnis, doch bekam er es am Tag vor seinem Prozess mit der Panik: Hals über Kopf floh er nach Honduras, wo er erst einmal

108 Genaugenommen war er das auch nicht, da er seinen Geburtsnamen William Swaim Porter erst 1898 zu William Sydney Porter änderte.

sicher war und weiterschreiben konnte: In dieser »Bananenrepublik« – der Begriff wurde von ihm geprägt – hätte er nun bleiben können, aber die Liebe holte ihn zurück: Da seine schwerkranke Frau nicht mehr in der Lage war, ihm zu folgen, ging er zurück, wohl wissend, dass ihm das das Gefängnis einbringen würde. Er konnte sie noch sehen, ein halbes Jahr vor ihrem Tod, wurde aber selbst wenige Wochen nach seiner Rückkehr in ein Gefängnis in Ohio gesteckt. Dort schrieb er weiter, Geschichten, die er unter verschiedenen Pseudonymen veröffentlichte. Das berühmteste von ihnen war O. Henry.

Schon nach drei Jahren wurde er wegen guter Führung wieder entlassen. Und nun kam seine große Zeit: Er ging in die Mitte des Geschehens, nach New York. Jetzt veröffentlichte er jede Woche eine von insgesamt 381 Kurzgeschichten, die von einer wachsenden Fangemeinde sehr, von den Kritikern meist wenig geschätzt wurden – mit Ausnahmen: Das »Geschenk der Weisen« fand auch in ihren Augen eine wohlwollende Aufnahme. Und Porter fand noch einmal das Glück: 1907 heiratete er eine wiedergefundene Jugendliebe. Doch lange konnte er sich seines Glücks und seiner Bekanntheit nicht erfreuen: Der schwere Trinker starb, von seiner zweiten Frau verlassen, 1910 im Alter von 48 Jahren an einer Leberzirrhose. Kann man's ihm verdenken? Ein leichtes Leben hatte er jedenfalls nicht. Das Bestimmende war doch das Auf und Ab.

3. Bethlehems Stall

Eine Mischung von Tristesse und Lebensbejahung bestimmt auch den Schauplatz unserer Geschichte: Wir finden die Liebenden irgendwo in New York, Anfang des 20. Jahrhunderts, in einem Viertel, das schon bessere Zeiten gesehen hat. Die Wohnung des jungen Paares, von dem die Geschichte erzählt, ist nicht ganz arm, zum Sterben zu viel, zum Leben zu wenig. Und wenn das Leben nach einer Bemerkung des Autors »im Grunde aus Schluchzen, Seufzen und Lächeln besteht« – wir erinnern uns an Felix Timmermans: Da waren es Sehnsucht, Kummer und Freude –, so nimmt doch der Kummer den ersten Platz ein.

Bemerkenswert scheint mir noch zu sein, dass der Namen auf dem Briefkasten zu nicht viel mehr als einem »D« zusammengezogen war: Die Vokale sind weg, er wird unleserlich, ähnlich den vier Buchstaben des Gottesnamens. Der Name ist ja der Weg, eine Person zu finden, sie anzusprechen, ihre Mitte zu treffen: Nun ist er fast unleserlich, aber er ist noch da, wie eine abgestürzte Computerdatei, die man aus den Tiefen der Festplatte wieder herausziehen und aufrufen kann ... »Das geknickte Rohr zerbricht er nicht, den glimmenden Docht löscht er nicht aus ...« (Jes 42,3): Wo das Paradies verloren ist, lässt es sich vielleicht wiederfinden ... Das »D« genügt, um »Mr. James Dillingham Young« zu finden.

So kennen wir das auch von vielen Weihnachtsbildern und Krippen: Der Stall von Bethlehem, in dem das Christkind zur Welt kommt, ist ein zerfallener Palast, eine Ruine ohne Dach, mit gebrochenen, aber doch schönen Marmorsäulen und Zierelementen, die verraten, dass diese Welt *eigentlich* ein Palast *ist*.[109] »Gott, Du hast den Menschen in seiner Würde wunderbar erschaffen und noch wunderbarer erneuert«, heißt es in den alten Offertoriumsgebeten[110]: »Im Anfang« schuf Gott die Welt schön: »Und er sah, dass es gut war«, heißt es nicht weniger als

109 Vgl. Apg 15, 16f.: »Damit stimmen die Worte der Propheten überein, die geschrieben haben: Danach werde ich mich umwenden und die zerfallene Hütte Davids wieder aufrichten; ich werde sie aus ihren Trümmern wieder aufrichten und werde sie wiederherstellen, damit die übrigen Menschen den Herrn suchen, auch alle Völker, über denen mein Name ausgerufen ist – spricht der Herr, der das ausführt, was ihm seit Ewigkeit bekannt ist.«

110 Anselm Schott OSB, a.a.O., S. 393.

zehn Mal im ersten Schöpfungsbericht. Die Geburt des Erlösers bedeutet nun, dass Gott diese Welt nicht vergessen hat und seinen Sohn in das Elend hineinschickt, um sie, die ihren Ursprung vergessen hat, wieder zum Geber der Gabe zurückzuführen. Man kann den Schauplatz in seiner Tristesse also als kurze Reminiszenz an die Erbsünde lesen, an die Lehre, dass dieses Leben nicht mehr so ist, wie es einmal war, an diese so oft missverstandene Lehre, die ineins darauf beharrt, dass es nicht so kommen musste, wie es kam und dass es auch wieder besser werden kann und wird. Und dass es auch besser *ist,* als man meint: Die armselige Wohnung des Paares, mit dem abgegriffenen und kaum noch leserlichen Namen auf dem Türschild wird zur Bühne, auf der ein großes Stück gespielt wird, mitten in der dreimal grauen Alltäglichkeit erscheint die wahrhaft königliche Größe zweier Liebender. Denn »soweit war ... alles in Ordnung.«[111]

Die Leute, um die es geht, sind tatsächlich Könige, auch wenn man das auf den ersten Blick nicht sehen mag.[112] Aber das war bei dem Neugeborenen von Bethlehem ja nicht anders. Wie dieser werden sie königlich geliebt und wie Maria und Josef verweisen sie auf eine königliche oder edle Abkunft. Sie sind von königlicher Würde, die danach ruft, geehrt zu werden. Davon haben wir oben ja gehört.

Und es ist egal, wo eine Geschichte spielt. Es muss nicht in der Hauptstadt sein. Im Gegenteil: »Du Betlehem-Ephrata, so klein unter den Gauen Judas«, lautet die berühmte Prophetie des Micha.[113] Und damit ist keineswegs

111 S. 109.

112 Zunächst zeigt sich das darin, wie diese frisch Verheirateten sich lieben.

113 Micha 5, 1.3: »Aber du, Bethlehem-Ephrata / so klein unter den Gauen Judas, aus dir wird einer hervorgehen, der über Israel herrschen soll. Sein Ursprung liegt in ferner Vorzeit, / in längst vergangenen Tagen.« Vgl. Mt 2,6: »Du Betlehem, bist keineswegs die geringste unter den Fürstenstädten Judas.« Man darf

gesagt, dass man die Geburt des Erlösers dort erwartete. Im Gegenteil. Als sie dort eintrat, erinnerte man sich an dieses Wort. Wo spielen die großen Ereignisse der Weltgeschichte? In Coaltown in Illinois oder in Grovers' Corners, möchte man mit Thornton Wilder sagen, auf einem blank gescheuerten Kanonendeck mit Herman Melville.[114] Und da gilt kein »Pavia ist eine zu unbedeutende Stadt, als dass eine Nachricht, die von dort kommt, den Kaiser ernsthaft erschüttern könnte«.[115] Es ist umgekehrt. Die Orte, an denen wichtige Dinge passieren, werden später zum Mittelpunkt. Mehr als eine Milliarde Menschen richtet ihre Gebete heute auf eine unbedeutende Handelsstadt mitten in der arabischen Wüste. Und Jerusalem war als weltliches Zentrum auch nicht viel wichtiger. Jeder Ort – als solcher: *was* dort passiert und wer dort verehrt wird, macht natürlich einen Unterschied – ist unmittelbar zu Gott.

Und dort geschieht etwas wahrhaft Wichtiges, etwas von bleibender Bedeutung: Die festliche Begegnung eines jungen Paares, der Beginn von allem, jedenfalls von unser aller Leben.

Es geht nicht gerade weihnachtlich zu, aber wir sind hier ja auch sozusagen noch vor Weihnachten, irgendwann in der Vorgeschichte der Geburt von Bethlehem. Delilla, an die Della mit ihrem Namen erinnert, ist nicht Maria. Aber sie ist ein Typus, ein Vorbild für Maria, »die schönste aller Frauen«, wenn auch seitenverkehrt: Sie war es, die

---

seit der Geburt Kaiser Friedrichs II. am 26.12.1194 hier natürlich auch an Jesi denken.

114 Die Schauplätze von seinem Roman »Der 8. Schöpfungstag« (»The Eigth Day«), 1967, und seines berühmten Stücks »Unsere kleine Stadt« (»Our Town«), 1938. Herman Melville, Vortoppmann Billy Budd und andere Erzählungen (Übersetzung von Ilse Hecht), Leipzig 1956, S. 347–480.

115 Friedrich Dürrenmatt drückte sich etwas prosaischer aus: »Pavia ist eine zu unbedeutende Stadt, als dass die Nachricht wirklich schlimm sein könnte.« Romulus der Große (Uraufgeführt Basel 1949), Zürich 1980, S. 14.

Samson das lange Haar abschnitt und damit den großen Kämpfer gegen die Philister ohne ihr Wissen wehrlos machte und in die Hände seiner Feinde gab; sie ist gleichwohl Instrument der Vorsehung geworden, da Samson zuletzt noch einen gewaltigen Schlag gegen die Philister führen konnte, nachdem sein Haar nachgewachsen war.

Als Della das Haus verlässt, ahnt man, was passieren wird. Der königliche Glanz des Haares, das keiner sieht, ist ein vollkommen nutzloser Luxus, das Letzte, was unser ärmliches Paar braucht. Er ist wider alle Vernunft. Und so übersteht es den Zusammenstoß mit Mrs. Sofronie nicht, die schon durch ihren Namen zeigt, wofür sie steht: eben für die Vernunft. Zwanzig Dollar sind mehr »wert« als ebenso schönes wie nutzloses Haar. Der Wert des Haares ist unschätzbar, sein Preis liegt bei genau 20 Dollar. Es geht in dieser Erzählung also auch um den so wichtigen Unterschied von Wert und Preis. Zu der Zeit, in der unsere Geschichte spielt, schrieb Thorstein Veblen seine »Theorie der feinen Leute«, in der er das Aufkommen dieses falschen Parameters registrierte.[116] Man begann damals von »20-Dollar-Kleidern« zu sprechen. Was bei Kleidern ja hingehen mag – sie haben eben *auch* ihren Preis, was man ja nicht idealistisch vergessen darf: wenn man sie sich nicht leisten kann, gibt es auch keine »wertvollen« Kleider –, die wirklich wichtigen Dinge auf dieser Welt aber haben nur einen Wert und eben keinen Preis. Man kann sie nicht kaufen. Sie kommen vielmehr aus freigiebigster Freigiebigkeit.[117]

---

116 In: Theorie der feinen Leute. Eine ökonomische Untersuchung der Institutionen, Frankfurt am Main 2007 (The Theory of the Leisure Class, 1899).

117 Vgl. Roger Scruton, Bekenntnisse eines Häretikers. Zwölf konservative Streifzüge, Lüdinghausen – Berlin 2019, S. 9–27, S. 22. »Gemälde und Skulpturen kann man besitzen, kaufen und verkaufen. Also stellen sie einen großen Markt dar, und es spielt keine Rolle, ob sie einen Wert haben oder nur einen

Und unsere Leute beschenken sich, wie wir oben gesehen haben, tatsächlich, in freigiebigster Freigiebigkeit. Und darin bestand ja eben ihre Weisheit.

Und damit ist die Bahn frei für das Fest und für alles Weitere, das für uns in vollkommenem Nebel bleibt. Aber der Nebel oder besser die Wolke ist ja immer auch Bild für die abwesende Anwesenheit Gottes, zugleich Vorenthalt und Gegenwart.

Wir haben hier eine Weihnachtsgeschichte ohne Weihnachten vor uns, eine Vorweihnachtsgeschichte. Aber auch die Geburt des Menschensohnes kam, wie jede Geburt aus dem Schatten des Geheimnisses. Wenn die Liebe des jungen Paares ist, was sie verspricht, wird aus ihr das neue Leben hervorgehen. Wenn die Liebe nicht aneinander vorbeischießt, sondern die Liebenden sich treffen, werden sie sich öffnen, hinein in die dritte Dimension.

Ein Stall war die Bühne für die wichtigste Geburt der Menschheitsgeschichte. Jeder Ort ist ein guter Ort für ein umstürzendes Ereignis. »Warum sind Sie katholisch geworden?«, wurde Fabrice Hadjadj gefragt. »Weil die Vögel singen und die Frauen schön sind«, lautete seine Antwort: »Nichts kann eine Konversion erklären. Es handelt sich um ein Ereignis, das geschieht. Es ist nicht voraussehbar, es gibt keine ausschließliche Kausalität.«[118] Unsere Geschichte endet mit einem Ereignis und einer erneuten Begegnung. Und damit ist die Bühne frei für Weihnachten: »Lasst uns die Koteletts braten …«

Alles Weitere liegt in Gottes Hand.

Preis. … Eine Symphonie oder einen Roman kann man nicht in derselben Weise besitzen wie einen Damien Hirst … Entsprechend wird bei Symphonien und Romanen sehr viel seltener hochgestapelt als in den visuellen Künsten.«

118 Weltwoche Nr. 51/52. 18, S. 56f.; vgl. »Alles Vergängliche ist nur ein Gleichnis; das Unzulängliche, hier wird's Ereignis.« Faust II, 12104-07.

Hans Christian Andersen: Der Tannenbaum

Draußen im Walde stand ein niedlicher, kleiner Tannenbaum; er hatte einen guten Platz, Sonne konnte er bekommen, Luft war genug da, und ringsumher wuchsen viel größere Kameraden, sowohl Tannen als Fichten. Aber dem kleinen Tannenbaum schien nichts so wichtig wie das Wachsen; er achtete nicht der warmen Sonne und der frischen Luft, er kümmerte sich nicht um die Bauernkinder, die da gingen und plauderten, wenn sie herausgekommen waren, um Erdbeeren und Himbeeren zu sammeln. Oft kamen sie mit einem ganzen Topf voll oder hatten Erdbeeren auf einen Strohhalm gezogen, dann setzten sie sich neben den kleinen Tannenbaum und sagten: »Wie niedlich klein ist der!« Das mochte der Baum gar nicht hören.

Im folgenden Jahre war er ein langes Glied größer, und das Jahr darauf war er um noch eins länger, denn bei den Tannenbäumen kann man immer an den vielen Gliedern, die sie haben, sehen, wie viele Jahre sie gewachsen sind.

»Oh, wäre ich doch so ein großer Baum wie die andern!«, seufzte das kleine Bäumchen. »Dann könnte ich meine Zweige so weit umher ausbreiten und mit der Krone in die Welt hinausblicken! Die Vögel würden dann Nester zwischen meinen Zweigen bauen, und wenn der Wind weht, könnte ich so vornehm nicken, gerade wie die andern dort!«

Er hatte gar keine Freude am Sonnenschein, an den Vögeln und den roten Wolken, die morgens und abends über ihn hinsegelten.

War es nun Winter und der Schnee lag ringsumher funkelnd weiß, so kam häufig ein Hase angesprungen und setzte gerade über den kleinen Baum weg. Oh, das war ärgerlich! Aber zwei Winter vergingen, und im dritten war das Bäumchen so groß, dass der Hase um es herumlaufen musste. »Oh, wachsen, wachsen, groß und alt werden, das ist doch das einzige Schöne in dieser Welt!«, dachte der Baum.

Im Herbst kamen immer Holzhauer und fällten einige der größten Bäume; das geschah jedes Jahr, und dem jungen Tannenbaum, der nun ganz gut gewachsen war, schauderte dabei; denn die großen, prächtigen Bäume fielen mit Knacken und Krachen zur Erde, die Zweige wurden abgehauen, die Bäume sahen ganz nackt, lang und schmal aus; sie waren fast nicht zu erkennen. Aber dann wurden sie auf Wagen gelegt, und Pferde zogen sie davon, aus dem Walde hinaus.

Wohin sollten sie? Was stand ihnen bevor?

Im Frühjahr, als die Schwalben und Störche kamen, fragte sie der Baum: »Wisst ihr nicht, wohin sie geführt wurden? Seid ihr ihnen begegnet?«

Die Schwalben wussten nichts, aber der Storch sah nachdenkend aus, nickte mit dem Kopfe und sagte: »Ja, ich glaube wohl; mir begegneten viele neue Schiffe, als ich aus Ägypten flog; auf den Schiffen waren prächtige Mastbäume; ich darf annehmen, dass sie es waren, sie hatten Tannengeruch; ich kann vielmals von ihnen grüßen, sie sind schön und stolz!«

»Oh, wäre ich doch auch groß genug, um über das Meer hinfahren zu können! Was ist das eigentlich, dieses Meer, und wie sieht es aus?«

»Ja, das ist viel zu weitläufig zu erklären!«, sagte der Storch, und damit ging er.

»Freue dich deiner Jugend!«, sagten die Sonnenstrahlen, »freue dich deines frischen Wachstums, des jungen Lebens, das in dir ist!«

Und der Wind küsste den Baum, und der Tau weinte Tränen über ihn, aber das verstand der Tannenbaum nicht.

Wenn es gegen die Weihnachtszeit war, wurden ganz junge Bäume gefällt, Bäume, die oft nicht einmal so groß oder gleichen Alters mit diesem Tannenbaume waren, der weder Rast noch Ruhe hatte, sondern immer davon wollte; diese jungen Bäume, und es waren gerade die allerschönsten, behielten immer alle ihre Zweige; sie wurden auf Wagen gelegt, und Pferde zogen sie zum Walde hinaus.

»Wohin sollen diese?«, fragte der Tannenbaum. »Sie sind nicht größer als ich, einer ist sogar viel kleiner; weswegen behalten sie alle ihre Zweige? Wohin fahren sie?«

»Das wissen wir! Das wissen wir!«, zwitscherten die Meisen. »Unten in der Stadt haben wir in die Fenster gesehen! Wir wissen, wohin sie fahren! Oh, sie gelangen zur größten Pracht und Herrlichkeit, die man sich denken kann! Wir haben in die Fenster gesehen und erblickt, dass sie mitten in der warmen Stube aufgepflanzt und mit den schönsten Sachen, vergoldeten Äpfeln, Honigkuchen, Spielzeug, und vielen hundert Lichtern geschmückt werden.»

»Und dann?«, fragte der Tannenbaum und bebte in allen Zweigen. »Und dann? Was geschieht dann?«

»Ja, mehr haben wir nicht gesehen! Das war unvergleichlich schön!«

»Ob ich wohl bestimmt bin, diesen strahlenden Weg zu betreten?«, jubelte der Tannenbaum. »Das ist noch besser, als über das Meer zu ziehen! Wie leide ich an Sehnsucht! Wäre es doch Weihnachten! Nun bin ich hoch und entfaltet wie die andern, die im vorigen Jahre davongeführt wurden! Oh, wäre ich erst auf dem Wagen, wäre ich doch in der warmen Stube mit all der Pracht und Herrlichkeit! Und dann? Ja, dann kommt noch etwas Besseres, noch Schöneres, warum würden sie mich sonst so schmücken? Es muss noch etwas Größeres, Herrlicheres kommen! Aber was? Oh, ich leide, ich sehne mich, ich weiß selbst nicht, wie mir ist!«

»Freue dich unser!«, sagten die Luft und das Sonnenlicht, »freue dich deiner frischen Jugend im Freien!«

Aber er freute sich durchaus nicht; er wuchs und wuchs, Winter und Sommer stand er grün; dunkelgrün stand er da, die Leute, die ihn sahen, sagten: »Das ist ein schöner Baum!«, und zur Weihnachtszeit wurde er von allen zuerst gefällt. Die Axt hieb tief durch das Mark; der Baum fiel mit einem Seufzer zu Boden, er fühlte einen Schmerz, eine Ohnmacht, er konnte gar nicht an irgendein Glück denken, er war betrübt, von der Heimat scheiden zu müssen, von dem Flecke, auf dem er emporgeschossen war; er wusste ja, dass er die lieben, alten Kameraden, die kleinen Büsche und Blumen ringsumher nie mehr sehen werde, ja vielleicht nicht einmal die Vögel. Die Abreise hatte durchaus nichts Behagliches.

Der Baum kam erst wieder zu sich selbst, als er im Hofe mit andern Bäumen abgeladen wurde und einen Mann sagen hörte: »Dieser hier ist prächtig! Wir wollen nur den!«

Nun kamen zwei Diener im vollen Staat und trugen den Tannenbaum in einen großen, schönen Saal. Ringsherum an den Wänden hingen Bilder, und bei dem großen Kachelofen standen große chinesische Vasen mit Löwen auf den Deckeln; da waren Wiegestühle, seidene Sofas, große Tische voll von Bilderbüchern und Spielzeug für hundertmal hundert Taler; wenigstens sagten das die Kinder. Der Tannenbaum wurde in ein großes, mit Sand gefülltes Fass gestellt, aber niemand konnte sehen, dass es ein Fass war, denn es wurde rundherum mit grünem Zeug behängt und stand auf einem großen, bunten Teppich. Oh, wie der Baum bebte! Was würde da wohl vorgehen? Sowohl die Diener als die Fräulein schmückten ihn. An einen Zweig hängten sie kleine, aus farbigem Papier ausgeschnittene Netze, und jedes Netz war mit Zuckerwerk gefüllt. Vergoldete Äpfel und Walnüsse hingen herab, als wären sie festgewachsen, und über hundert rote, blaue und weiße kleine Lichter wurden in den Zweigen festgesteckt. Puppen, die leibhaft wie die Menschen aussahen – der Baum hatte früher nie solche gesehen –, schwebten im Grünen, und hoch oben in der Spitze wurde ein Stern von Flittergold befestigt. Das war prächtig, ganz außerordentlich prächtig!

»Heute Abend«, sagten alle, »heute Abend wird er strahlen!« Und sie waren außer sich vor Freude.

»Oh«, dachte der Baum, »wäre es doch Abend! Würden nur die Lichter bald angezündet! Und was dann wohl geschieht? Ob da wohl Bäume aus dem Walde kommen, mich zu sehen? Ob die Meisen gegen die Fensterscheiben fliegen? Ob ich hier festwachse und Winter und Sommer geschmückt stehen werde?«

Ja, er wusste gut Bescheid; aber er hatte ordentlich Borkenschmerzen vor lauter Sehnsucht, und Borkenschmerzen sind für einen Baum ebenso schlimm wie Kopfschmerzen für uns andere.

Nun wurden die Lichter angezündet. Welcher Glanz, welche Pracht! Der Baum bebte in allen Zweigen dabei, so dass eins der Lichter das Grüne anbrannte; es sengte ordentlich.

»Gott bewahre uns!«, schrien die Fräulein und löschten es hastig aus.

Nun durfte der Baum nicht einmal beben. Oh, das war ein Grauen! Ihm war bange, etwas von seinem Staate zu verlieren; er war ganz betäubt von all dem Glanze. Da gingen beide Flügeltüren auf, und eine Menge Kinder stürzte herein, als wollten sie den ganzen Baum umwerfen, die älteren Leute kamen bedächtig nach; die Kleinen standen ganz stumm, aber nur einen Augenblick, dann jubelten sie wieder, dass es laut schallte; sie tanzten um den Baum herum, und ein Geschenk nach dem andern wurde abgepflückt und verteilt.

»Was machen sie?«, dachte der Baum. »Was soll geschehen?« Die Lichter brannten gerade bis auf die Zweige herunter, und je nachdem sie niederbrannten, wurden sie ausgelöscht, und dann erhielten die Kinder die Erlaubnis, den Baum zu plündern. Sie stürzten auf ihn zu, dass es in allen Zweigen knackte; wäre er nicht mit der Spitze und mit dem Goldstern an der Decke festgemacht gewesen, so wäre er umgefallen.

Die Kinder tanzten mit ihrem prächtigen Spielzeug herum, niemand sah nach dem Baume, ausgenommen das alte Kindermädchen, das zwischen die Zweige blickte; aber es geschah nur, um zu sehen, ob nicht noch eine Feige oder ein Apfel vergessen sei.

»Eine Geschichte, eine Geschichte!«, riefen die Kinder und zogen einen kleinen, dicken Mann gegen den Baum hin, und er setzte sich gerade unter ihn, »denn so sind wir im Grünen«, sagte er, »und der Baum kann besonders Nutzen davon haben, zuzuhören! Aber ich erzähle nur eine Geschichte. Wollt ihr die von Ivede-Avede oder die von Klumpe-Dumpe hören, der die Treppen hinunterfiel und doch erhöht wurde und die Prinzessin bekam?«

»Ivede-Avede!«, schrien einige. »Klumpe-Dumpe!«, schrien andere. Das war ein Rufen! Nur der Tannenbaum schwieg ganz still und dachte: »Komme ich gar nicht mit, werde ich nichts dabei zu tun haben?« Er hatte ja geleistet, was er sollte.

Der Mann erzählte von Klumpe-Dumpe, der die Treppen hinunterfiel und doch erhöht wurde und die Prinzessin bekam. Und die Kinder klatschten in die Hände und riefen: »Erzähle, erzähle!« Sie wollten auch die Geschichte von Ivede-Avede hören, aber sie bekamen nur die von Klumpe-Dumpe. Der Tannenbaum stand ganz stumm und gedankenvoll, nie hatten die Vögel im Walde dergleichen erzählt. Klumpe-Dumpe fiel die Treppen hinunter und bekam doch die Prinzessin! »Ja, ja, so geht es in der Welt zu!«, dachte der Tannenbaum und glaubte, dass es wahr sei, weil ein so netter Mann es erzählt hatte. »Ja, ja! Vielleicht falle ich auch die Treppe hinunter und bekomme eine Prinzessin!« Und er freute sich, den nächsten Tag wieder mit Lichtern und Spielzeug, Gold und Früchten und dem Stern von Flittergold aufgeputzt zu werden.

»Morgen werde ich nicht zittern!«, dachte er. »Ich will mich recht aller meiner Herrlichkeit freuen. Morgen werde ich wieder die Geschichte von Klumpe-Dumpe und vielleicht auch die von Ivede-Avede hören.« Und der Baum stand die ganze Nacht still und gedankenvoll.

Am Morgen kamen die Diener und das Mädchen herein.

»Nun beginnt der Staat aufs neue!«, dachte der Baum; aber sie schleppten ihn zum Zimmer hinaus, die Treppe hinauf, auf den Boden und stellten ihn in einen dunklen Winkel, wohin kein Tageslicht schien. »Was soll das bedeuten?«, dachte der Baum. »Was soll ich hier wohl machen? Was mag ich hier wohl hören sollen?« Er lehnte sich gegen die Mauer und dachte und dachte. Und er hatte Zeit genug, denn es vergingen Tage und Nächte; niemand kam herauf, und als endlich jemand kam, so geschah es, um einige große Kasten in den Winkel zu stellen; der Baum stand ganz versteckt, man musste glauben, dass er ganz vergessen war.

»Nun ist es Winter draußen!«, dachte der Baum. »Die Erde ist hart und mit Schnee bedeckt, die Menschen können mich nicht pflanzen; deshalb soll ich wohl bis zum Frühjahr hier im Schutz stehen! Wie wohlbedacht ist das! Wie die Menschen doch so gut sind! Wäre es hier nur nicht so dunkel und schrecklich einsam! Nicht einmal ein kleiner Hase! Das war doch niedlich da draußen im Walde, wenn der Schnee lag und der Hase vorbeisprang, ja selbst als er über mich hinwegsprang; aber damals mochte ich es nicht leiden. Hier oben ist es doch schrecklich einsam!«

»Piep, piep!«, sagte da eine kleine Maus und huschte hervor; und dann kam noch eine kleine. Sie beschnüffelten den Tannenbaum, und dann schlüpften sie zwischen seine Zweige.

»Es ist eine gräuliche Kälte!«, sagten die kleinen Mäuse. »Sonst ist hier gut sein; nicht wahr, du alter Tannenbaum?«

»Ich bin gar nicht alt!«, sagte der Tannenbaum, »es gibt viele, die weit älter sind denn ich!«

»Woher kommst du?«, fragten die Mäuse, »und was weißt du?« Sie waren gewaltig neugierig. »Erzähle uns doch von den schönsten Orten auf Erden! Bist du dort gewesen? Bist du in der Speisekammer gewesen, wo Käse auf den Brettern liegen und Schinken unter der Decke hängen, wo man auf Talglicht tanzt, mager hineingeht und fett herauskommt?«

»Das kenne ich nicht«, sagte der Baum, »aber den Wald kenne ich, wo die Sonne scheint und die Vögel singen!« Und dann erzählte er alles aus seiner Jugend. Die kleinen Mäuse hatten früher nie dergleichen gehört, sie horchten auf und sagten: »Wie viel du gesehen hast! Wie glücklich du gewesen bist!«

»Ich?«, sagte der Tannenbaum und dachte über das, was er selbst erzählte, nach. »Ja, es waren im Grunde ganz fröhliche Zeiten!« Aber dann erzählte er vom Weihnachtsabend, wo er mit Zuckerwerk und Lichtern geschmückt war.

»Oh«, sagten die kleinen Mäuse, »wie glücklich du gewesen bist, du alter Tannenbaum!«

»Ich bin gar nicht alt!«, sagte der Baum, »erst in diesem Winter bin ich aus dem Walde gekommen! Ich bin in meinem allerbesten Alter, ich bin nur so aufgeschossen.«

»Wie schön du erzählst!«, sagten die kleinen Mäuse, und in der nächsten Nacht kamen sie mit vier anderen kleinen Mäusen, die den Baum erzählen hören sollten, und je mehr er erzählte, desto deutlicher erinnerte er sich selbst an alles und dachte: »Es waren doch ganz fröhliche Zeiten! Aber sie können wiederkommen, können wiederkommen! Klumpe-Dumpe fiel die Treppe hinunter und bekam doch die Prinzessin; vielleicht kann ich auch eine Prinzessin bekommen.« Und dann dachte der Tannenbaum an eine kleine, niedliche Birke, die draußen im Walde wuchs; das war für den Tannenbaum eine wirkliche, schöne Prinzessin.

»Wer ist Klumpe-Dumpe?«, fragten die kleinen Mäuse. Da erzählte der Tannenbaum das ganze Märchen, er konnte sich jedes einzelnen Wortes entsinnen; die kleinen Mäuse sprangen aus reiner Freude bis an die Spitze des Baumes. In der folgenden Nacht kamen weit mehr Mäuse und am Sonntage sogar zwei Ratten, aber die meinten, die Geschichte sei nicht hübsch, und das betrübte die kleinen Mäuse, denn nun hielten sie auch weniger davon.

»Wissen Sie nur die eine Geschichte?«, fragten die Ratten.

»Nur die eine«, antwortete der Baum, »die hörte ich an meinem glücklichsten Abend, aber damals dachte ich nicht daran, wie glücklich ich war.«

»Das ist eine höchst jämmerliche Geschichte! Kennen Sie keine von Speck und Talglicht? Keine Speisekammergeschichte?«

»Nein!«, sagte der Baum.

»Ja, dann danken wir dafür!«, erwiderten die Ratten und gingen zu den Ihrigen zurück.

Die kleinen Mäuse blieben zuletzt auch weg, und da seufzte der Baum: »Es war doch ganz hübsch, als sie um mich herumsaßen, die beweglichen kleinen Mäuse, und zuhörten, wie ich erzählte! Nun ist auch das vorbei!

Aber ich werde gerne daran denken, wenn ich wieder hervorgenommen werde.«

Aber wann geschah das? Ja, es war eines Morgens, da kamen Leute und wirtschafteten auf dem Boden; die Kasten wurden weggesetzt, der Baum wurde hervorgezogen; sie warfen ihn freilich ziemlich hart gegen den Fußboden, aber ein Diener schleppte ihn gleich nach der Treppe hin, wo der Tag leuchtete.

»Nun beginnt das Leben wieder!«, dachte der Baum; er fühlte die frische Luft, die ersten Sonnenstrahlen, und nun war er draußen im Hofe. Alles ging geschwind, der Baum vergaß völlig, sich selbst zu betrachten, da war so vieles ringsumher zu sehen. Der Hof stieß an einen Garten, und alles blühte darin; die Rosen hingen frisch und duftend über das kleine Gitter hinaus, die Lindenbäume blühten, und die Schwalben flogen umher und sagten: »Quirrevirrevit, mein Mann ist kommen!« Aber es war nicht der Tannenbaum, den sie meinten.

»Nun werde ich leben!«, jubelte der und breitete seine Zweige weit aus; aber ach, die waren alle vertrocknet und gelb; und er lag da zwischen Unkraut und Nesseln. Der Stern von Goldpapier saß noch oben in der Spitze und glänzte im hellen Sonnenschein.

Im Hofe selbst spielten ein paar der munteren Kinder, die zur Weihnachtszeit den Baum umtanzt hatten und so froh über ihn gewesen waren. Eins der kleinsten lief hin und riss den Goldstern ab.

»Sieh, was da noch an dem hässlichen, alten Tannenbaum sitzt!«, sagte es und trat auf die Zweige, so dass sie unter seinen Stiefeln knackten.

Der Baum sah auf all die Blumenpracht und Frische im Garten, er betrachtete sich selbst und wünschte, dass er in seinem dunklen Winkel auf dem Boden geblieben wäre; er gedachte seiner frischen Jugend im Walde, des lustigen Weihnachtsabends und der kleinen Mäuse, die so munter die Geschichte von Klumpe-Dumpe angehört hatten.

»Vorbei, vorbei!«, sagte der arme Baum. »Hätte ich mich doch gefreut, als ich es noch konnte! Vorbei, vorbei!«

Der Diener kam und hieb den Baum in kleine Stücke, ein ganzes Bund lag da; hell flackerte es auf unter dem großen Braukessel. Der Baum seufzte tief, und jeder Seufzer war einem kleinen Schusse gleich; deshalb liefen die Kinder, die da spielten, herbei und setzten sich vor das Feuer, blickten hinein und riefen: »Piff, paff!« Aber bei jedem Knalle, der ein tiefer Seufzer war, dachte der Baum an einen Sommerabend im Walde oder an eine Winternacht da draußen, wenn die Sterne funkelten; er dachte an den Weihnachtsabend und an Klumpe-Dumpe, das einzige Märchen, das er gehört hatte und zu erzählen wusste – und dann war der Baum verbrannt.

Die Knaben spielten im Garten, und der kleinste hatte den Goldstern auf der Brust, den der Baum an seinem glücklichsten Abend getragen hatte. Nun war der vorbei, und mit dem Baum war es vorbei und mit der Geschichte auch; vorbei, vorbei. Und so geht es mit allen Geschichten!

Interpretation

1. Warten auf das Glück

Eine typische Andersengeschichte: Knapp, dicht, verrätselt, irgendwie auch schön und doch so, dass über aller Welt eine tiefe Traurigkeit liegt, selbst in aller Schönheit ein Rest von Unfreiheit und Ungenügen, selbst in aller Herrlichkeit ein Rest von Vergeblichkeit, eine Welt im Griff der Sünde und der Melancholie, durchbrochen von festlichen Ahnungen des Heiteren und doch im Ende schwer.

Wovon ist hier die Rede, warum darf auch diese Geschichte in einer Sammlung von Weihnachtsgeschichten einen Platz bekommen?

Die Geschichte beginnt wie unser aller Leben mit dem unlösbaren Rätsel des Daseins: »Im Walde stand ein niedlicher, kleiner Tannenbaum …«: Alles Leben beginnt irgendwo, anfangslos möchte man am Liebsten sagen, und es beginnt klein und süß. Und dieses Leben beginnt gut: Das Bäumchen hat einen guten Platz, es ist alles da, was es zum Leben braucht und es ist auch nicht allein. Was hindert das Bäumchen daran, sein Leben zu genießen oder, einfacher gesagt, einfach zu leben?

Andersens Tannenbaum ist ein Mensch und das hindert ihn daran zu leben. Sein Dasein wäre ja kein Problem, wenn er nur so vor sich hin wachsen würde, wie es die Bäume tun, wenn er einfach das wäre, was er ist, einfach ein Baum im Wald. Und wenn für den alles passt, dann passt alles und dann gibt es auch kein Problem. Aber für Andersens Tannenbäumchen ist das Dasein, oder anders gesagt das Baumsein selbst ein Problem. Die Welt ist ihm zu klein und zu groß zugleich. Er will mehr sein als er selbst, über sich hinauswachsen, will sein wie die anderen, schließlich seine Grenzen überschreiten.

Das Bäumchen hat keine Augen für die Schönheit der Welt zu seinen Füßen oder die Welt über seinem Wipfel, weil es nicht da bleibt, wo es ist und nicht da bleiben kann, wo es ist, sondern weil es über sich hinaus will und hinaus muss.

Es träumt von den großen Bäumen: Wenn ich nur wäre wie einer von denen! Die Großen sehen weiter, ihnen gehört die Ferne und die Vögel bauen ihre Nester in ihren Zweigen: Das Bäumchen will mehr sein als es selbst. Die großen Bäume sind mehr als sie selbst. So scheint es jedenfalls dem kleinen Bäumchen.

Scheint es nur ihm so? Wenn der Hase im Winter

über es hinweghüpft, auch dann noch, wenn er um es herumläuft, sieht es sich selbst von außen, gespiegelt in der Wahrnehmung der anderen. Und die bestätigen ihm: Du bist niedlich, du bist klein und du bist kein großer Baum.

Indes auch die großen Bäume bleiben nicht, was sie sind: Im Herbst kommen die Holzhauer in den Wald und fällen einige von ihnen. Und wenn sie krachend und knackend zur Erde fallen, schaudert es dem kleinen Bäumchen: Sie verwandeln sich und sehen auf einmal ganz anders aus als zuvor, »nackt, lang und schmal«. Es ist das Entsetzen vor dem Tod und vor der ungeheuren Verwandlung, die er mit den Menschen anstellt, die das Bäumchen hier erlebt. Und dann fährt man die Bäume, die Toten, aus dem Wald hinaus, unwiderruflich. Auch das eine Überschreitung der Grenzen, die Gott den Lebewesen »zum Aufenthalte gezeichnet«,[119] doch keine, die geeignet scheint, das Rätsel des Daseins aufzuhellen. Vielmehr bekommt die Frage nach dem Wohin des Darüberhinaus jetzt erst ihr volles Gewicht.

Die Vögel müssen es wissen, vor allem die großen unter ihnen, die Zugvögel wie der Storch. Der fliegt am Weitesten weg und er berichtet nun von dem großen Horizont, der unser Dasein umgibt, vom Meer. Die Bäume werden zu den Masten, mit denen die großen Schiffe über das Meer dahingleiten. So stillen, scheint es, auch die großen Bäume ihre Sehnsucht.

Aber das Rätsel des Daseins wird nicht gelöst.

Die Elemente, die Sonnenstrahlen, der Tau und der Wind versuchen, das Bäumchen vom Träumen abzuhalten und erinnern es an die elementaren Freuden des Daseins: »Bleib einer von uns!«, rufen sie sozusagen, »bleib hier, wo du bist und wo du hingehörst. Versäum dein Leben nicht, indem du von einem anderen träumst, genieße,

119 Friedrich Hölderlin, Rheinhymne, v. 128f. (Sämtliche Werke, Bd. 1, Sonderausgabe Wiesbaden S. 318).

was du bist!« Aber es hilft nicht, das Bäumchen ist ein Mensch und es versteht die Elemente nicht mehr.

Im nächsten Winter werden auch kleine Bäume gefällt. Schrecken und Hoffnung zugleich.

Und nun haben die Meisen etwas zu sagen, die kleinen Vögel, die nicht weit, nicht aufs Meer hinausfliegen, die aber die Stadt kennen. In ihrem Bericht taucht vor dem Auge der große, erleuchtete Festsaal auf, eine himmlische Stadt, ein himmlisches Jerusalem. Hier gibt es alles, was das Herz erwärmt, was das Leben süß macht, vor allem aber das Licht. Die städtischen Weihnachtszimmer sind »unvergleichlich schön«.

Vergeblich, dass die Elemente warnen – »Bleib hier!« –, der Baum muss dorthin, wovon er gehört hat, die Sehnsucht treibt ihn fort. Und dagegen hilft keine Vernunft und keine Warnung. Luft und Sonne verstehen das Bäumchen nicht und können es nicht verstehen.[120]

Der kleine Tannenbaum ist nicht nur vom Schicksal wohlbedacht, er ist auch ein schöner Baum. Und so wird »er von allen zuerst gefällt«: Nun spürt er selbst den Abschiedsschmerz, nun wird er groß, indem er das Unwiederbringliche kennenlernt, indem er erfährt, dass hinter jedem Aufbruch zum Neuen auch ein Verlust des liebgewonnenen Alten steckt. Des Liebgewonnenen? Ja! Im Abschied erkennt er, dass er seine Heimat liebgewonnen hatte und nun tut es ihm weh darum, dass er sie nie wieder sehen wird.

Der Baum wird verkauft und er wird geschmückt: Über der neuen Aufregung vergisst er die alte Heimat. Jetzt schickt sich die Verheißung an, in Erfüllung zu ge-

120 Man könnte aristotelisch sagen, dass sein *oikeios topos* sozusagen anderswo liegt, dass seine Natur nicht wie die des Steines nach unten drängt, sondern in eine andere Richtung, anders gesprochen nicht entsprechend dem zweiten Hauptsatz der Thermodynamik in Richtung endgültigem Verfall, sondern in negativer Geotropie hin zur Sonne.

hen. Er bebt. Und alles das war »außerordentlich prächtig.« Und wieder kann er es kaum erwarten, bis das Fest endlich losgeht.

Anstatt die Zeit zu genießen, dieses ach so knappe Gut, wollen wir, dass sie möglichst schnell verrinnt, auch dann, wenn sie eine gute, erfüllte Zeit ist, eine Zeit voll von Erwartung.

Das Nicht-warten-Können tut weh wie Kopfweh. Ja, der Baum ist ein Mensch! Und bevor er richtig leuchtet, versengt er sich schon am Licht.

Doch dann, endlich, doch noch das Licht, die reine Freude des Lichts! Rein ja, wäre nicht auch da die Angst gewesen und die ungeheure Anspannung und Verkrampfung: Der Augenblick überfordert uns, wenn er da ist, sodass wir ihn gar nicht so genießen können, wie wir sollten. Erst im Nachhinein wissen wir, was er war, aber dann ist es schon wieder zu spät.

Man soll den Tag nicht vor dem Abend loben. Aber dann – in der Nacht – ist auch das wirkliche Glück nur ein geträumtes! – Doch dann stürzen die Kinder herein, stürzen auf den Baum zu und springen vor Freude um ihn herum. Und sie sehen nur ihn.

Nur ihn? Es ist wie bei der Liebe: Jetzt wo du mich siehst, wo du mich bekommst, siehst du da mich – oder nur das, was ich zu bieten habe? Die Kinder interessieren sich gar nicht richtig für den Baum. Ihr Hauptinteresse gilt den Geschenken. Und selbst das Kindermädchen, das »zwischen die Zweige blickte,« sieht nur nach, ob sich zwischen den Zweigen noch eine Feige oder ein Apfel versteckt.

Dann wendet sich alle Aufmerksamkeit der Kinder auf die Geschichte, die der kleine dicke Mann erzählt, die Geschichte von Klumpe-Dumpe, »der die Treppen hinunterfiel und doch die Prinzessin bekam«. Der Baum bildet nur noch den Hintergrund des Geschehens, aber er darf zuhören und das ist vielleicht das Beste, was er leisten kann. Und er versteht die Geschichte ganz richtig. Es ist eine Geschichte vom anfänglichen Scheitern und der endlichen Erlösung: Ist auch das eine kurzgefasste Glaubensgeschichte? »Wer sein Leben verliert, wird es gewinnen ...«? Das Bäumchen hofft.

Aber es ist nicht die Geschichte des Glaubens, es ist nur die alte Geschichte vom Rad der Fortuna: »*O fortuna, / velut luna, / statu variabilis*«[121]: Das Rad des Schicksals hebt den einen und versenkt den anderen und vice versa: Es geht nur um die ewige Vergänglichkeit und das ewige Auf und Ab der Zeit.

Die Geschichte von Klumpe-Dumpe enthält eine falsche Verheißung, sie trügt. Das Fest währt nicht ewig, die Zeit reißt alles mit sich hinfort, unerbittlich. Das Fest ist nur ein Moment und das Leben geht weiter, am Bäumchen vorbei. Die Zeit fließt unaufhörlich und nichts beendet ihren Fluss. Auch das Schöne muss sterben, alles reißt der Tod hinweg.

Und das Fest wird auch nicht erneuert, es ist vorbei, ein für alle Mal vorbei.

Der dunkle Speicher, in den der Tannenbaum nun gesteckt wird, ist eine Art Vorhölle, ein Limbus: Symbol des Lebens ohne Erwartung, ohne Hoffnung, ohne Perspektive. Im Wald, wo alles schön war rundum, da hoffte das Bäumchen auf mehr. Hier ist so wenig Licht, dass es nicht einmal mehr zum Hoffen Anlass gibt. Der Dachboden ist ein Altersheim, der Wartesaal eines stillgelegten Bahnhofs. Ort eines Lebens, das den Namen Leben nicht mehr verdient.

Doch die Hoffnung stirbt zuletzt: Es ist ja Winter. Das ist ein vertrautes Muster. Im Winter stirbt das Leben ab, im Frühjahr bricht es mit Macht wieder hervor. Es gilt

---

121 »O Schicksal, / wie der Mond / so wechselhaft im Zustand.« So eine möglichst wortgetreue Übersetzung des berühmten Stücks aus der mittelalterlichen Liedersammlung der Carmina Burana.

durchzuhalten. »Nie wieder in ein Altersheim«, pflegte meine Oma zu sagen und tatsächlich, sie konnte ihm wieder entkommen.

»Es ist eine gräuliche Kälte!«, sagten die kleinen Mäuse. »Sonst ist hier gut sein; nicht wahr, du alter Tannenbaum?«

Der Baum wehrt sich: »Ich bin gar nicht alt!« Aber das Alter kommt unmerklich und viel zu schnell. Wer vieles gelernt und Erfahrungen gemacht hat, ist alt. Und das Bäumchen erzählt den Mäusen von allem, was es erlebt hat. Und, o Wunder, es wird von ihnen beneidet: »Wie glücklich du gewesen bist!« Da ist sie wieder die Antinomie des Glücks: Wenn wir es erleben, wissen wir noch nicht, dass, ja *ob* wir glücklich sind und wenn's vorbei ist und wir erkennen es, dann ist es vorbei![122] Das Tannenbäumchen hat alles erlebt, was ein Tannenbäumchen erleben kann und hat es nicht gewusst!

Aber jetzt weiß es, wie glücklich es *war*. Wenn es den kleinen Mäusen seine Geschichte erzählt, erlebt es sie wiederkäuend neu und so erlebt es in der Reflexion sein Leben ein zweites Mal.

Die Kunst wird zu einem »deuteros plous«,[123] zu einem zweiten Anlauf, das Leben doch noch zu gewinnen. Aber kann man das Leben nachholen, indem man es in Literatur verwandelt?

Die Frage ist doch, ob man es überhaupt gewinnen kann, indem man es einfach auslebt. Denn alles, was der Mensch beginnt und also richtig macht, ist doch nie genug. Er lebt vom Darüberhinaus. »Eine befriedigte Wirklichkeit würde den Menschen mit seiner Endlichkeit versöhnen und ihn nicht mehr in Dimensionen ausschweifen lassen, die wesentlich imaginär sind und jenseits jeder

---

122 Vgl. zu dieser Erkenntnis besonders Solons Begegnung mit König Kroisos, Herodot 1, 30–33 und bes. 85–91.

123 Der Ausdruck, wörtlich »zweite Schifffahrt« – wird von Sokrates im platonischen Dialog Phaidon verwendet 95a–102a.

möglichen *conditio humana* liegen. Dieses Argument müsste freilich auch alle Kunst als Surrogat realer Erfüllung denunzieren.«[124] Der Baum, der den Mäusen seine Geschichte erzählt, ist längst weise geworden. Aber auch das Erzählen erweist sich als eine überaus vergängliche Sache. Anfangs hören die Mäuse zu, aber als die Ratten kommen, gelangt auch diese sekundäre Glück an sein schnelles Ende: Die Literatur, könnte man sagen, kommt schnell aus der Mode: Die Leute wollen keine Geschichten vom Leben hören, sie wollen nicht weise werden und die bitteren, aber guten Lehren erfahren, die das klüger gewordene Bäumchen zu vermitteln hat: Sie wollen derbere, sinnlichere Sachen hören. Und da mag jeder selbst überlegen, was für ihn oder für das Publikum Geschichten von Speck und Talglicht sind.

Wenn sich der Zeitgeschmack ändert, können die Stücke sein, wie sie wollen, sie interessieren doch niemanden mehr.

Und dann geht auch diese Zeit zu Ende: der Frühling ist da. Und er kommt mit aller Pracht des Lebens und des Überschwangs, dessen der Frühling fähig ist; mit dem Duft von Rosen und Linden und mit der Verheißung des Glücks der Liebe.

»Nun werde ich leben!«, jubelt der Baum. Doch jetzt ist er tatsächlich zu alt: Seine Zweige sind vertrocknet und gelb und der Stern von Goldpapier, der Stern der Verheißung überirdischen Lebens, ist nur noch Erinnerung an eine unerfüllte, entgangene Vergangenheit, Bild für das, was der Baum einmal war oder hätte sein können, gewissermaßen Beweis der Wahrheit seiner Erinnerung, jedoch nur noch für ihn selbst. Er hat Geschichte, aber die anderen sehen's nicht. Für sie ist er nur ein alter, hässlicher und vertrockneter Baum. Schicksal des Alters!

---

124 Robert Spaemann, Glück und Wohlwollen. Versuch über Ethik, Stuttgart 1989, S. 86.

Doch gerade jetzt, da alles vorbei ist, wird er selbst noch einmal zu einem lustigen Licht für die anderen: Als er verbrannt wird, freuen sich die Kinder an dem lustigen Geprassel. Aber es ist wie bei Andersens Zeitgenossen und Landsmann Kierkegaard: Wenn der Dichter singt, freuen sich die Leute, aber sie wissen nicht, welche Schmerzen er erleiden muss, um singen zu können. Auch das Knacken des Feuers erzählt eine Geschichte. Hier wird aufgezehrt, was das Bäumchen in seinem so kurzen und doch so langen Leben gewesen ist.

Der Goldstern überlebt den Baum noch eine Weile: Die Knaben spielen damit. Dann wird's auch mit ihm vorbei sein, so wie's mit allem zu Ende geht und nichts bleibt.

»La vie est brève / Un peu de rêve / Un peu d'amour / Et puis, bonjour!

La vie est vaine / Un peu de haine / Un peu d'espoir / Et puis bonsoir!«[125]

Und das soll nun eine Weihnachtsgeschichte gewesen sein, eine Geschichte so abgrundtiefer Trostlosigkeit, dass nicht einmal das flackernde Licht des Weihnachtsabends sie aufhellen konnte?

2. Kein Trost?

Wie soll man die Geschichte deuten? Enthält sie gar keinen Trost?

Beginnen wir erst einmal mit der Moral von der Geschicht', die, soweit ich sehe, heutzutage ohnehin überwiegend moralisch – und damit oberflächlich – interpretiert wird.[126] Man könnte den Tannenbaum ja, wie man es heutzutage mit der Vergangenheit vorzugsweise tut,

125 Léon de Montenaeken und Mustafa Kemal Atatürk, in: Klaus Kreiser, Atatürk. Eine Biographie, München 2008, S. 83.

126 Man vergleiche dazu einfach den Wikipedia-Artikel https://de.wikipedia.org/wiki/Der_Tannenbaum: 21.9.2020, unter dem Unterpunkt »Analyse«.

kritisieren, könnte ihm sein falsches Leben zum Vorwurf machen: »Du wolltest mehr oder zu viel, du warst hochmütig, du hättest erkennen müssen, dass du nur ein kleiner Waldbaum bist wie alle anderen auch, du hättest dich nicht über die anderen stellen dürfen und mehr sein wollen als sie. Dafür bist du bestraft worden und es ist dir recht geschehen!« So geben wir dem Baum noch eins mit und tun damit das Gleiche, was wir ihm vorwerfen: Wir stellen uns über ihn und halten uns selbst für klüger.

Dabei hätte es gar nichts geändert, wenn der Tannenbaum anders gedacht hätte: Was mit ihm geschah, geschah sowieso mit ihm und er konnte es nicht beeinflussen. Und das ist auch im Leben der Menschen weithin so. Wenn der Krieg kommt, heißt es mitmarschieren und du wirst nicht gefragt …

Das kann also die Antwort nicht sein.

Doch kann man diese Frage auch ernsthaft und ergebnisoffen stellen: Hat das Bäumchen unvernünftig gehandelt? Wäre es klüger gewesen, Waldbaum bleiben zu wollen?

Dann könnten wir zu dem Schluss kommen, dass der Tannenbaum zu viel sein, dass er glänzen wollte und bekommen hat, was er wollte. Aber der Kerzenflimmer und das Lichtgewitter, das er erlebte, waren falsch, sie waren eine Täuschung, vergängliche Vorspiegelung des Himmels, aber kein nachhaltiges »katastematisches Glück«[127], nichts Bleibendes, Dauerhaftes, Sattmachendes. Der Glanz war unvernünftig. Die Ekstase, könnte man sagen, ist immer nur ein Moment, der vergeht, aber sie ist keine Antwort.

127 Mit diesem Ausdruck bezeichnete Epikur die dauerhafte Lust bzw. das dauernde Wohlbefinden im Unterschied zur kinetischen, vergänglichen, vgl. Friedo Ricken SJ (Hrsg.), Philosophen der Antike, Bd. 2, Stuttgart [4]2007, S. 54f.; Cic., Fin. II, 31f.; vgl. II, 9f.; und die *epistola de electione* bei Diogenes Laertios, X 138.

Man kann aber auch an Herakles denken, den großen Heroen, der vor die Alternative gestellt wurde, ein langes, angenehmes, aber auch ruhm- und ehrloses Leben zu führen oder aber ein kurzes Heldenleben, das mit einem frühen Tod enden würde, aber auch mit ewigem, »unverwelklichem« Nachruhm, und der sich für das kurze, aber doch bleibende Leben entschied.[128]

Lieber Stadtmaus oder lieber Landmaus? Im Ende ist das doch Charaktersache, Wahl zwischen gleichwertigen Möglichkeiten.

Man kann die Geschichte moralisieren: Bleib bescheiden, wünsch dir keine anderen Blätter, bleib, was du bist, greif nicht nach den Sternen, du wirst abstürzen: Gegen die Hybris.

Aber man kann es auch umgekehrt sehen: Das Bäumchen hat doch gelebt: »*Einmal* / lebt ich wie Götter und mehr bedarfs nicht.«[129] Die Dauer macht das Kraut nicht fett, was zählt, ist der erfüllte Augenblick.

Man kann das Bäumchen sehen wie einen Stier, der jahrelang aufgepäppelt wird, um dann zwanzig Minuten in der Arena zu kämpfen, und so sein Leben in einem großen Auftritt auszubluten. Und man kann es sehen wie das Maultier des Papstes, das sieben Jahre trainierte, um die ganze gesammelte Kraft in einen einzigen Fußtritt zu legen, von dem man heute, nach 700 Jahren noch spricht.[130] War er das nicht wert?

Doch auch das ist kein Ausweg: Denn am anderen Morgen wird das Bäumchen hoffen, dass es so weitergeht. Wer einmal Lunte gerochen hat, will immer so

128 Die wichtigste Stelle dazu ist Xenophon, Memorabilia II, 1, 21–34. Vgl. Mt 7,13f.

129 Friedrich Hölderlin in seinem Gedicht »An die Parzen« (1798), Wiesbaden o.J. (Sonderausgabe), S. 173.

130 Vgl. die Geschichte von Alphonse Daudet, Das Maultier des Papstes, in: Französische Erzähler, Bd. 2, von Alfred de Vigny bis Samuel Beckett, Zürich 1993, S. 321–335.

weitermachen: das Sehnen wird so leicht nicht gestillt, es erhofft sich mehr. Es geht aber nicht so weiter.

Alles wird fortgerissen im weiteren Gang der Dinge in seiner Unerbittlichkeit. Und wir wissen: Neue Christbäume wachsen auf, werden geschlagen, gefeiert und – weggeworfen. Alles vergeht: Eine Geschichte der Vergeblichkeit und der Hoffnungslosigkeit.

Eine Weihnachtsgeschichte. Eher eine depressive Geschichte, Ausdruck der Verzweiflung eines Menschen aus dem Zeitalter nach der Aufklärung, in der das Licht leuchtet, aber die Herzen nicht mehr erhellt. Und das darf man nicht vergessen: Andersen gehört wie Kierkegaard in die Zeit, in der das Scheitern der Aufklärung nicht mehr übersehen werden konnte. Die Aufklärung suchte das Licht, aber sie fand es nicht. Wie auch, wo sie doch das Licht, das alle Menschen erleuchtet, nicht mehr sah und so die Leute gegen ihren Willen »hinter das Licht« führte.[131]

Man kann das auch philosophischer formulieren: Die Aufklärung »litt« zum einen unter dem, trotz Kant, nie ganz überwundenen Gegensatz von Rationalismus und Empirismus. Zum anderen versah sie ihre moralischen Forderungen zwar mit der ganzen Autorität des ins zweite Glied zurückgedrängten göttlichen Gesetzgebers, konnte sie aber ohne ihn nicht mehr rechtfertigen. Die mit hohem Pathos verkündeten Menschenrechte kamen über den ontologischen Status von Einhörnern nicht hinaus, wie sich Alasdair MacIntyre bildhaft ausdrückt.[132] Das Licht, das

131 Der Ausdruck stammt von Guido Rodheudt, in: Vatican-Magazin Jg. 8, Nr. 6/7, 2014, S. 79.

132 Alasdair McIntyre, Der Verlust der Tugend. Zur moralischen Krise der Gegenwart, Neuausgabe Frankfurt – New York 2006 (1981), S. 98f. »Und der letzte Fürsprecher dieser Rechte, Ronald Dworkin (Taking Rights Seriously, 1976) räumt ein, dass das Bestehen solcher Rechte nicht nachgewiesen werden kann, bemerkt zu diesem Punkt jedoch, dass aus der Tatsache, dass eine Behauptung nicht nachgewiesen werden kann, nicht folgt, dass sie nicht zutrifft.« S. 81 »Was zwar richtig ist, aber genau-

trügt, ist das Licht der Aufklärung und Andersen fand das Licht nicht, das zur gleichen Zeit John Henry Kardinal Newman in England zum Glauben zurückführte.

Man kann, wenn man will, aber das ist natürlich alles andere als zwingend, die Geschichte sogar schon als Antiutopie lesen. Alles Leuchten, das wir erhoffen und auf das wir uns freuen, ist vergeblich, ein kurzer Moment. Auch die zur selben Zeit von Marx versprochene Weltrevolution erscheint angesichts der metaphysischen Situation des Menschen als leere Vertröstung, nicht geeignet, wirklich Licht zu bringen. Das Leben genügt sich nicht, gleich welches.

3. Hoffnung

Eine Antiweihnachtsgeschichte. Gibt es keine Hoffnung? Doch, aber sie liegt woanders. Wenn die Vergänglichkeit keinen Trost enthält, da sie zwar alte Schmerzen vergessen lässt, aber doch immer nur um den Preis, dass »neue neu geboren werden«[133], so liegt die Hoffnung doch jenseits der Vergänglichkeit. Und das Licht des Weihnachtsabends ist eine solche Erinnerung an das ewige Licht. Das ewige Licht steigt auf die Welt hernieder, um sie – wenigstens für einen Augenblick – daran zu erinnern, dass sie aus dem Licht kommt und für das Licht bestimmt ist.

Das ewige Licht leuchtet in unseren Kirchen vor dem Tabernakel, dem Allerheiligsten, weil das geopferte Lamm ein für alle Mal und für immer vor dem Angesicht Gottes steht. Dieses Opfer hört nicht auf. Die Liebe ist ewig.

so gut für die Verteidigung der Behauptung, es gäbe Einhörner und Hexen verwendet werden kann.« Ebd. S. 99.

133 Vgl. Karoline von Günderode in ihrem Gedicht »Die eine Klage«, Strophe 3: »Dass für Freuden, die verloren / Neue werden neu geboren.«

Und Lichter leuchten vor unseren Gräbern. Am Schönsten tun sie das am Heiligen Abend, wenn auf jedem Grab ein Licht daran erinnert, dass da jemand liegt, der nicht vergessen ist und der doch *ist*, wo äußerlich nichts ist, gar nichts ist. Und was schreiben wir auf unsere Gräber? »Hier ruhet in Frieden«: Dieser Frieden darf nicht psychologisch missverstanden werden, er ist ontologisch zu sehen: Unser Leben, immer unterwegs im Getriebensein dieser Welt, kommt endlich zum Frieden – so unsere Hoffnung –, das kleine Schiff unseres Lebens, umhergetrieben von den Stürmen dieser Welt, kommt ans Land. Es kommt zur endgültigen Ruhe, zu einer Ruhe, die keine Pause vor der nächsten Wiedergeburt ist, die ja zugleich immer Wiedertod bedeutet, sondern es kommt im Hafen an, am endgültigen Ort seiner Bestimmung.

Und so lautet die biblische Verheißung. In der Wieskirche bei Steingaden, der vielleicht schönsten Barockkirche der Welt, hat der Maler Johann Baptist Zimmermann diese Verheißung an die Decke gemalt: »*Tempus non erit amplius*« steht auf dem großen Himmelstor, das den Betrachter anblickt, gleich wohin er sich im Raum bewegt, denn jeder Mensch führt sein eigenes Leben und für jeden Menschen gibt es einen eigenen Weg zu Gott, und das heißt »Zeit wird nicht mehr sein«: Wir werden von der Geschichte erlöst werden. Die Hoffnung liegt also jenseits dieser Geschichte und jenseits der Geschichte überhaupt.

Doch noch etwas: Das Bäumchen mit seinem Leuchten erinnert an die schönen Herrnhuter Weihnachtssterne. In ihrem Leuchten symbolisieren diese Christus, das Licht. Christus ist das göttliche Licht, das für uns scheint. Aber so schön diese Sterne auch sind und so sehr ich, der ich damit aufgewachsen bin, sie liebe: Die Hoffnung sieht doch noch anders aus. Licht blendet. Das Bäumchen aber will doch nicht nur leuchten, es will auch selbst gesehen werden. Die christliche Hoffnung hat der heilige Augustinus in das Wort gefasst: »*videntem videre*«[134]: Das erhoffte Ende des Lebens besteht darin »den Sehenden zu sehen«, also den zu sehen, der mich schon immer gesehen hat und bei ihm ankommen: nicht im Wald, nicht im Weihnachtszimmer, nicht im Dachboden und auch nicht im Feuer der Erneuerung,[135] sondern ankommen vor dem liebenden Blick Gottes.

Jetzt aber leben wir auf dieser Welt wie der kleine Tannenbaum, im Land des Todesschattens, eines Schattens, der in unserer Zeit immer breiter wird, wie es den Anschein hat, ungeachtet der Tatsache, dass wir den irdischen Tod immer weiter hinausschieben können. Und vielleicht hat Andersen Recht in seiner Verzweiflung und alles fällt im Ende zu Asche zusammen.

Aber das Licht hat doch geleuchtet! Und war es nicht, gegen die offene Logik dieser Erzählung, aber der geheimen Hoffnung des Dichters folgend, Zeugnis für das Licht wie das Licht des »Lichtbringers« Luzifer? In der St.-Mang-Kirche von Füssen, da, wo der Erbauer der Wieskirche, der junge Dominikus Zimmermann[136] gearbeitet und unter Johann Jakob Herkomer gelernt hat, finden sich zwei Leuchter von Thomas Seitz, gehalten von Drachen, die den Kopf unwillig wegdrehen, weil sie nicht Licht für das Licht sein wollen, die sich aber der Gewalt des Lichtes beugen und gegen ihren Willen leuchten müssen. Ähnlich lese ich Andersens Antiweihnachtsgeschichte als Zeugnis für das wahre und einzige Licht. Es ist unerheblich, was der Tannenbaum wollte. Entscheidend ist allein, ob sein Leben gesehen worden ist und gesehen wird. Kaum vorzustellen, gewiss. Aber was sollte das Leben sonst sein? Dieses große Wunder kann nur durch ein noch größeres aufgehellt werden.

134 Augustinus, Sermo 69, II 3.

135 Es ist nicht verboten, in dem Feuer eine Reminiszenz an den stoischen Weltenbrand zu sehen.

136 Johann Baptist Zimmermann war sein Bruder.

Maria durch ein Dornwald ging

Maria durch ein Dornwald ging,
Kyrie eleison.
Maria durch ein Dornwald ging,
der hat in sieben Jahrn kein Laub getragen.
Jesus und Maria.

Was trug Maria unter ihrem Herzen?
Kyrie eleison.
Ein kleines Kindlein ohne Schmerzen,
das trug Maria unter ihrem Herzen.
Jesus und Maria.

Da haben die Dornen Rosen getragen,
Kyrie eleison.
Als das Kindlein durch den Wald getragen,
da haben die Dornen Rosen getragen.
Jesus und Maria.

Interpretation

Dieses Lied ist ein Lied, das ganz tief an die Seele rührt, gerade weil es von einer so großen Schlichtheit ist.

Aber warum berührt es uns so, warum gefällt dieses uralte Lied auch heutigen Menschen noch? Dieses Lied, das ursprünglich ein Wallfahrtslied war, ist heute ja beinahe das Adventslied schlechthin, mit seiner ebenso einfachen wie klaren Melodie.

»Maria durch ein Dornwald ging«: Dornen, man kann sie fühlen, wie sie stechen, wenn man daran denkt: Dornen bedeuten Trockenheit und Dürre.

»*der hat in sieben Jahrn kein Laub getragen*«*:* Sieben Jahre ohne Laub! Sieben magere Jahre, das ist ja der Inbegriff einer ganzen Epoche ohne Wasser, ohne Leben.

»*Kyrie eleison*«: Das heißt: »Herr, erbarme dich«. Und es hat nichts mit einer Bitte um Vergebung der Sünden zu tun, es ist der uralte Huldigungsruf an den Kaiser, dann an den Herrn: Du bist der Herr! Du bist größer als unser Verstand und deshalb dürfen wir hoffen. Dann erst, dann aber auch: Hilf uns, du *musst* uns helfen, du *kannst* uns helfen, du *wirst* uns helfen … Grammatikalisch ist es ein Imperativ Aorist. Also: Hilf uns nicht irgendwann, hilf uns sofort!

Maria geht durch diesen Wald: Die schönste aller Frauen, nicht in Blick auf Modeleigenschaften, sondern in Blick auf die innere Schönheit, die unbefleckt Empfangene, also die Frau ohne Sünde, die gerade Frau, die ganz auf Gott ausgerichtet ist.

Der Wald: Das bedeutet ja auch Weite und Schönheit: Selbst ein Dornwald hat seine ihm eigene Schönheit. Er bedeutet aber auch: Ein Labyrinth, manchmal Weglosigkeit, Einsamkeit, irgendwo verstrickt sein zwischen den Dornen, man denke nur an Hänsel und Gretel: Ein Bild der Verlorenheit in dieser Welt.

Der Dornwald in seiner Aussichtslosigkeit ist auch *unsere* Welt, unsere Welt, die Gott aus den Augen verloren hat … die ihn nicht mehr braucht. Bis wir schmerzhaft fühlen, dass er fehlt und dass wir ihn doch brauchen. Ob wir ihn dann noch finden?

Was für ein Kontrast zwischen der zarten Jungfrau, und den Dornen, durch die sie sich die Füße zertritt!

Aber wir singen: »*Jesus und Maria*«: Sie ist nicht allein. Man sieht nur Maria, aber es ist die Frau, die das Kind unter dem Herzen trägt. Maria ist unterwegs zu ihrer Base Elisabeth, die ebenfalls in der Hoffnung ist.

Jesus wird dort, noch im Mutterleibe, zum ersten Mal Johannes dem Täufer begegnen.

Und damit wandelt sich der Wald zu einem Zeichen der Hoffnung.

Der Dornwald, so kahl und abweisend er sich zeigen mag, ist immer zugleich auch Erinnerung an blühendes Leben. Jeder Wald hat einmal grün angefangen, das Grün war zuerst da, es stand am Anfang! Die Dornen zeigen, was die Theologie Erbsünde nennt: Die Welt ist gut geschaffen, aber das Leben ist beschädigt, beschädigt durch die Sünde, also durch die Abkehr von Gott. Alles war schon einmal anders. Oder anders gesagt: Alles hätte anders werden können und sollen.

Doch Gott lässt seine Schöpfung nicht im Stich: »*Als Maria das Kindlein durch den Wald getragen, da haben die Dornen Rosen getragen, Jesus und Maria.*«

Die Rosen: Über dem Dorn blühen sie. Als Echo des Vorübergangs des Erlösers, als Zeichen des Beginns der Überwindung des Elends. Was für ein Hoffnungszeichen!

Als die Athener nach dem großen Perserkrieg in ihre zerstörte Stadt zurückkamen, fanden sie den heiligen Ölbaum auf der Akropolis niedergehackt. Doch im nächsten Frühjahr schlug er wieder aus und wuchs erneut empor. *Succisa virescit.* Der Niedergehauene grünt.

An Weihnachten singen wir von der Wurzel Jesse, aus der ein Ros entsprungen ist: Aus dem toten Holz des ungläubigen Gottesvolkes Israel, aus Davids Stamm entspringt das neue Leben: Es war nicht tot. Es war immer mehr Leben da als Tod. Auch im Dornwald ist immer mehr Leben da als Tod. Immer mehr Ja als Nein!

Und genau das heißt Weihnachten: Gott erneuert sein Ja zur Welt. Er hält uns in der Hand und lässt uns nicht untergehen.

Literaturverzeichnis

Timmermans, Felix, St. Nikolaus in Not (De nood van Sinterklaas, 1924) und andere Erzählungen. Aus dem Flämischen übertragen von Anna Valeton-Hoos, Frankfurt am Main – Leipzig [32]1992 ([1]1931), S. 5–23.

Keller, Paul, Das Niklasschiff (1907), in: Gregor-Dellin, Annemarie (Hrsg.), Ein Licht auf Erden. Advents- und Weihnachtsbuch, Berlin – Darmstadt – Wien – München 1968, S. 21–27.

Buzzati, Dino, Die Nacht des 24. Dezember (La notte del 24. Dicembre, 1945), in: Natalis, Gottfried, Weihnachtserzählungen des 20. Jahrhunderts, Frankfurt am Main – Leipzig 1994, S. 19–24.

Waggerl, Karl Heinrich, Der Räuber Horrificus, in: Gregor-Dellin, Annemarie (Hrsg.), Ein Licht auf Erden. Advents- und Weihnachtsbuch, Berlin – Darmstadt – Wien – München 1968, S. 76–77.

Lipinsky-Gottersdorf, Hans, Der Stern der Unglücklichen (1958), in: ebd., S. 137–148.

O. Henry, Das Geschenk der Weisen (The Gift of the Magi, 1905), in: ebd., S. 109–115.

Leskow, Nikolaj, Das Tier (Зверь, 1883), übersetzt von Henry von Heiseler, in: Martini-Wode, Angela (Hrsg.), Leskow, Weihnachtsgeschichten, Frankfurt am Main 1988, S. 9–49.

Andersen, Hans Christian, Der Tannenbaum (Grantræet, 1844), in: Sämmtliche Märchen (1862), in: https://www.projekt-gutenberg.org/andersen/maerchen/chap138.html.

Maria durch ein Dornwald ging (um 1850 erstmals gedruckt, aber wohl schon aus dem 16. Jahrhundert stammend), in: Gotteslob. Katholisches Gebet- und Gesangbuch, hrsg. von den (Erz-)Bischöfen Deutschlands, Österreichs und dem Bischof von Bozen-Brixen, 2013, Nr. 224.

Von *Felix Hornstein* ist im Patrimonium-Verlag ebenfalls erschienen:

Literarische Gratwanderungen

Der Mensch auf der Suche nach Gott

Mit einem Vorwort von Hanna-Barbara Gerl-Falkovitz

Was haben Otfried Preußlers »Krabat«, die Sage von Orpheus und Eurydike und Julian Barnes' »A History of the World in 10 ½ Chapters« gemein? Jugendliteratur, griechische Mythologie und eine unkonventionelle Geschichte der Menschheit in Geschichten – zwischen ihnen, aber auch Homers »Odyssee« und der Legende des heiligen Christophorus, die Felix Hornstein zur Grundlage seiner Interpretationen macht, scheint kein Zusammenhang zu bestehen – oder doch? Allen lassen sich aus christlich-katholischer Perspektive wertvolle Einsichten abgewinnen.

Felix Hornstein stellt in diesem Zusammenhang nicht nur Bezüge zur Bibel her, sondern auch zur Gottesfrage und er sucht Spuren Gottes in bekannten Werken der Weltliteratur. So wird nicht nur die Parallele zwischen Moses' Auszug aus Ägypten und der »Odyssee« deutlich, Hornstein eröffnet auf einer literarischen Gratwanderung vor dem Hintergrund seines persönlichen Glaubens eine völlig neue Perspektive auf die vorgestellten Texte …

224 Seiten, Paperback
ISBN-13: 978-3-86417-136-9

EUR 14,80 [D]
EUR 15,30 [A]